SIX COLLATIONS OF NEW TESTAMENT MANUSCRIPTS

EDITED BY

KIRSOPP LAKE AND SILVA NEW

WIPF & STOCK · Eugene, Oregon

Wipf and Stock Publishers
199 W 8th Ave, Suite 3
Eugene, OR 97401

Six Collations of New Testament Manuscripts
By Lake, Kirsopp and New, Silva
ISBN 13: 978-1-55635-700-8
ISBN 10: 1-55635-700-1
Publication date 11/8/2007
Previously published by Harvard University Press, 1932

IACOBO HARDY ROPES
EDITORUM EDITORI
CONSILI AUXILI AMICITIAE
MEMORES
OPUSCULUM HOC QUANTULUMCUNQUE
DEDICAVERUNT EDITORES

PREFACE

THE collations here published have been made by various members of a small group who have set themselves the task of examining the families into which the manuscripts of the Gospel of Mark may be divided. Before long they hope to publish some results as to the nature of these families and the relations which subsist between them. But in the process of their work they have secured various collations which seem of sufficient interest to deserve separate publication for the use of other students.

I. Codex Athous Dionysiou 10, known to students of the New Testament as Ω, was photographed in 1921 by Professor R. P. Blake. It has been collated with Lloyd's edition of the Received Text by Mrs. Frederick Winslow. Von Soden classes it as one of the three oldest of the manuscripts which in his opinion present the earliest variety of the K-text. Its text is therefore important not only in Mark, at which we are working, but also in the other Gospels, which may have greater interest for other students. Whether it really represents a different type from the Ecclesiastical text (von Soden's K^x), found in most late manuscripts, is perhaps still open to doubt.

II. Codex Michigan 15, formerly Burdett-Coutts III. 5, is Gregory's 543, a member of the Ferrar group. It was first published in Scrivener's posthumous *Adversaria Critica Sacra*, 1893, but his work was not wholly accurate and the present volume includes a new collation by Professor Jacob Geerlings of the University of Utah.

III. The importance of Codex Saba 411 (Gregory's 1342) was first noticed by Professor R. P. Blake in 1927. The photographs of the Gospel of Mark (the only part which has an interesting text) have been collated by Mrs. New.

IV. Codex Sinai 260 (Gregory's 1241) was first noted by von Soden as having an interesting text. The collation now published was made by Professor Lake on Mt. Sinai in 1927, and was compared with the codex by Mrs. New in 1930.

V. Codex Athous Laurae 184 (Gregory's 1739) is the famous manuscript discovered by Professor Eduard von der Goltz and described in his *Eine textkritische Arbeit des zehnten bezw. sechsten Jahrhunderts* (Texte und Untersuchungen xvii), 1899. Professor J. de Zwaan and Professor Lake had the opportunity of examining the manuscript in 1911, and the marginal notes are printed from their copy. It was not possible at that time to take photographs, but in 1921 Professor R. P. Blake made a photostat copy of the whole manuscript, which has been collated by Professor M. S. Enslin of Crozer Theological Seminary.

VI. Codex Patmos 16 (Gregory's 1175) was first pointed out by von Soden as a valuable witness to the Neutral text of Acts. Professor Lake photographed it in 1926, and the collation has been made from these photographs by Mrs. New.

All the photographs used in these collations are accessible in the J. Pierpont Morgan Collection in the Harvard University Library.

CONTENTS

I. ATHOS, DIONYSIOU 10 (Ω; GREG. 045; VON SODEN ε61), GOSPELS   3
    Mary W. Winslow

II. UNIVERSITY OF MICHIGAN 15, FORMERLY BURDETT-COUTTS III. 5 (GREG. 543; VON SODEN ε257), GOSPELS   26
    Jacob Geerlings

III. JERUSALEM, PATRIARCHAL LIBRARY, ST. SABA 411 (GREG. 1342; VON SODEN ε1311), MARK   77
    Silva New

IV. SINAI 260 (GREG. 1241; VON SODEN δ371), GOSPELS   95
    Kirsopp Lake

V. ATHOS, LAURA 184 [B'64] (GREG. 1739; VON SODEN α78), ACTS, CATHOLIC EPISTLES, PAUL   141
    Kirsopp Lake, J. de Zwaan, Morton S. Enslin

VI. PATMOS, MONASTERY OF ST. JOHN THE DIVINE 16 (GREG. 1175, FORMERLY 389[act]; VON SODEN α74), ACTS   220
    Silva New

PLATES

I. CODEX Ω (ATHOS, DIONYSIOU 10)

II. CODEX 543 (UNIVERSITY OF MICHIGAN 15)

III. CODEX 1342 (JERUSALEM, ST. SABA 411)

IV. CODEX 1739 (ATHOS, LAURA 184 [B' 64])

V. CODEX 1739: SUBSCRIPTION TO PAULINE EPISTLES

VI. CODEX 1739 AND VENICE ARISTOTLE (CODEX MARCIANUS 201)

VII. CODEX 1175 (PATMOS, MONASTERY OF ST. JOHN THE DIVINE 16)

SIX COLLATIONS
OF
NEW TESTAMENT MANUSCRIPTS

I
CODEX Ω

Athos, Dionysiou 10 (Greg. 045; von Soden ε61)

Mary W. Winslow

Codex Ω of the Gospels is commonly attributed to the 8th or 9th century. The hand in which it is written is usually described as 'uncial,' but may perhaps equally well be termed 'minuscule'; and the character of the pictures which form a part of the codex, as well as its palaeographical characteristics, raise the question whether a date in a later century is not more probable. It presents the type of text called by Westcott and Hort 'Syrian,' and is assigned by H. von Soden (*Die Schriften des Neuen Testaments*, pp. 718–721, 765–774) to the K¹-group, which, he holds, offers the oldest form of the K-text. Among the codices supporting this text Codex Ω is one of the three uncials, the others being Codex V (9th century) and Codex S (A.D. 949). The following collation was made with Lloyd's Oxford edition of the Received Text.

Matthew

ΕΥΑΓΓΕΛΙΟΝ ΚΑΤΑ ΜΑΤΘΑΙΟΝ

i. 1 δαβιδ] δᾱδ (so throughout)
  6 σολομωντα] σολομωνα
  11 μετοικεσιας] μετοικησιας
  12 μετοικεσιαν] μετοικησιαν
    (From 11 to 14 the last letter or letters of each line are lacking)
  13 ελιακειμ] ελιακιμ
  14 αχειμ bis] αχιμ bis
  16 ιησους] ι̅ς̅ (so throughout)
  17 μετοικεσιας bis] μετοικησιας bis
  20 γεννηθεν] γενηθεν
ii. 1 ιησου] ιησου χριστου
    βηθλεεμ] βιθλεεμ
    ιεροσολυμα] ιερουσαλημ
  5 βηθλεεμ] βιθλεεμ
    ουτω] ουτος
  6 βηθλεεμ] βιθλεεμ
  8 και πεμψας] κα..ψ..
    βηθλεεμ] β....εμ
    απαγγειλατε] απαγγει....
    καγω ελθων] κα...λθων
  9 ειδον] ιδον

ii. 10 μεγαλην] μεγαλιν
i. 10 f. σφοδρα και ελθοντες] σφοδ
...... θοντες
11 οικιαν] illegible
ευρον] ειδον
μετα μαριας της μητρος αυτου]
..τα μαρι............
του
πεσοντες] πεσον...
αυτω 2°] illegible
τους] illegible
αυτων αυ...
13 αγγελος... σοι] αγ......
...... αι..τα........ρ
...... λεγων.........
αλαβε το π... ιον και την
μητερα αυτου... φευ....
........ον και.........
.... σοι
16 βηθλεεμ] βεθλεεμ
18 θρηνος] θρινος
κλαυθμος] κλαθμος
22 μερη] μερει
23 ναζαρετ] ναζαρεθ
iii. 1 εν δε] εν
3 βοωντος] βοωντες
ετοιμασατε] ετοιμασαται
8 καρπους αξιους] καρπον αξιον
9 εγειραι] εγειρε
11 και πυρι] om
12 συναξει] συναξη
14 αυτον] αυτω
15 ουτω] ουτως
iv. 3 γενωνται] γενονται
10 υπαγε] add οπισω μου
13 ναζαρετ] ναζαρεθ
νεφθαλειμ] νεφθαλιμ
15 νεφθαλειμ] νεφθαλιμ
18 αμφιβληστρον] αμφιβλιστρον
21 ειδεν] ιδεν
24 σεληνιαζομενους] σελινιαζομενους

v. 16 ουτω] ουτως
19 ουτω] ουτως
20 η δικαιοσυνη υμων] υμων η δικαιοσυνη
21 ερρεθη] ερρηθη and so throughout
22 εικη] om
ειπη] ειπει
γεενναν] γεεναν
23 κακει] και εκει
μνησθης] μνησθεις
25 ισθι] ισθη
26 εσχατον] αισχατον
27 τοις αρχαιοις] om
28 αυτης] αυτην
44 μισουντας] μισουσιν
επηρεαζοντων] επερεαζοντων
47 αδελφους] φιλους
τελωναι] τελωνας
ουτω] ουτως
vi. 5 αν] om
7 εθνικοι] εθνηκοι
16 αυτων 1°] εαυτων
18 εν τω φανερω] om
27 προσθειναι] προσθηναι
34 μεριμνησητε] μεριμνησειτε
αρκετον] add γαρ
vii. 2 αντιμετρηθησεται] μετρηθησεται
3 το 2°] τω
δοκον] δοκων
10 και εαν] η και εαν
12 ουτω] ουτος
13 ευρυχωρος] ευρυχορος
14 οτι] τι
τεθλιμμενη] τεθλημμενη
15 δε 1°] om
17 ουτω] ουτως
viii. 4 αλλα υπαγε] αλλ υπαγε
μωσης] μωυσης
5 δε] add αυτω
6 βασανιζομενος] βασινιζομενος

CODEX Ω

8 ικανος] ικανως
εισελθης] εισελθεις
λογον] λογω
11 ανακλιθησονται] ανακληθησονται
13 εκατονταρχω] εκατονταρχη
15 αυτοις] αυτω
20 κλινη] κλινει
22 ακολουθει] ακολουθη
24 ωστε] add και
25 αυτου] om
26 δειλοι] δηλοι
εστε] εσται
γαληνη] γαλινη
28 γεργεσηνων] γεργεσινων
ισχυειν] εσχυειν
παρελθειν] απελθειν
31 χοιρων] χυρων
34 απο] εκ
ix. 2 σοι] σου
5 σοι] σου
εγειραι] εγειρε
9 ακολουθει] ακολουθη
13 αλλ] αλλα
17 αμφοτερα] αμφοτεροι
18 αρχων] add εις
20 αιμορροουσα] αιμοροουσα
22 και ιδων] ιδων
24 κατεγελων] κατεγελουν
30 ενεβριμησατο] ενεβρημησατο
31 διεφημισαν] διεφημησαν
33 οτι] om
36 εσπλαγχνισθη] εσπλαχνισθη
εκλελυμενοι] εσκυλμενοι
ερριμμενοι] ερρημενοι
38 εκβαλη] εκβαλει
x. 5 τουτους] add δε
8 νεκρους εγειρετε] om
10 πηραν] πειραν
14 ος] ως
15 γομορρων] γομορων
16 εν μεσω] εμμεσω
17 παραδωσουσι] παραδοσουσιν
25 εκαλεσαν] επεκαλεσαν
27 υμιν] ημιν
28 αποκτεινοντων] αποκτενοντων
32 ομολογησει] ομολογηση
ουρανοις] τοις ουρανοις
33 ουρανοις] τοις ουρανοις
35 νυμφην] νυμφιν
42 ος] ως
xi. 7 εξηλθετε] εξηλθατε
11 γεννητοις] γενητοις
16 παιδαριοις] παιδιοις
εταιροις] ετεροις
21 σοι 1°] σου
χοραζιν] χοραζει
σοι 2°] σου
βηθσαιδαν] βηθσαιδα
23 υψωθεισα] υψωθης
29 ευρησετε] ευρησεται
xii. 3 αυτος] om
6 μειζων] μειζον
8 και] om
12 ποσω] ποσο
13 αποκατεσταθη] απεκατεσταθη
19 ερισει] ερησει
28 εγω εν πνευματι θεου] εν πνευματι θεου εγω
32 αν 1°] εαν
εν τουτω τω αιωνι] εν τω νυν αιωνι
33 γινωσκεται] επιγιν..κεται
34 αγαθα] τα αγαθα
35 της καρδιας] om
37 καταδικασθηση] κατακριθηση
42 βασιλισσα] βασιλεισσα
σολομωντος] σολομωνος
45 εσχατα] αισχατα
xiii. 3 σπειρειν] σπειραι
4 πετεινα] πετηνα
7 απεπνιξαν] απεπνηξαν
14 επ] om
ακουσετε] ακουσητε

xiii.14 βλεψετε] βλεψητε
15 επιστρεψωσι] επιστρεψουσι
23 τον λογον] των λογων
26 και 2°] om
27 τα] om
30 μεχρι] μεχρη
τω] om
αποθηκην] αποθηκιν
32 πετεινα] πετηνα
40 κατακαιεται] καιεται
44 πωλει] πολει
47 βληθειση] βληθηση
48 αναβιβασαντες] add αυτην
καθισαντες] καθησαντες
55 ιωσης] ιωαννης
56 αι] om
xiv. 10 απεκεφαλισε] απεκεφαλησεν
14 ειδε] add supra linea ο ιησους
εσπλαγχνισθη] εσπλαγχνησθη
15 αγορασωσιν] αγωρασωσιν
19 και 2°] om
22 αυτου] om
34 γεννησαρετ] γεννησαρεθ
35 περιχωρον] περιχορον
xv. 4 σου] om
5 ος αν] ως εαν
ωφεληθης] ωφεληθεις
η την μητερα αυτου] om
8 τω] το
και τοις χειλεσι με τιμα] om
23 αυτον] αυτων
24 απολωλοτα] απωλωλοτα
25 ελθουσα] απελθουσα
προσεκυνει] προσεκυνησεν
32 σπλαγχνιζομαι] σπλαχνιζομαι
ημερας] ημεραι
xvi. 2 πυρραζει] πυραζει
3 πυρραζει] πυραζει

δυνασθε] συνιετε
8 αυτοις] om
11 αρτου] αρτων
12 αλλ] αλλα
24 απαρνησασθω] απαρνισασθω
26 ανταλλαγμα] ανταλαγμα
28 εστηκοτων] εστωτες
γευσωνται] γευσονται
xvii. 2 εγενετο] εγενοντο
3 μωσης] μωυσης
4 μωση] μωυσει
9 απο] εκ
12 ουτω] ουτως
15 αυτω] αυτον
σεληνιαζεται] σελενιαζεται
17 δε] om
εσομαι] εσωμε
19 αυτο] αυτω
24 διδραχμα bis] διδραγμα bis
27 την] om
αγκιστρον] αγγιστρον
αναβαντα] αναβαινοντα
xviii. 5 τοιουτον] τοιουτο
6 επι] εις
12 εννενηκονταεννεα] ενενηκονταενεα
πλανωμενον] πλανομενον
13 εννενηκονταεννεα] ενενηκονταενεα
15 ελεγξον] ελλεγξον
19 παλιν] παλιν αμην
25 ειχε] ηχεν
27 σπλαγχνισθεις] σπλασχνισθεις
28 επνιγε] επνηγεν
ο 2°] ει
29 παντα] om
31 αυτων] εαυτων
35 ουτω] ουτως
μου] υμων
xix. 3 προσηλθον] προσιλθον

... εφανηρωσεν ...αυτοῖς ὅτι τρίτον ... ἐκ νεκ[ρῶν] ...

ὅτε ἠρίστησαν λέγει τῷ
σίμωνι πέτρῳ ὁ
ι̅ς̅ σίμων ἰωνᾶ ἀγαπᾷς
με πλέον τούτων· λέ
γει αὐτῷ ναὶ κ̅ε̅ συ
οιδας, ὅτι φιλῶ σε·
λέγει αὐτῷ· βόσκε τὰ ἀρ
νία μου· λέγει αὐτῷ
πάλιν δεύτερον· σίμω
ἰωνᾶ ἀγαπᾷς με; λέ
γει αὐτῷ ναὶ κ̅ε̅ συ οἶ
δας ὅτι φιλῶ σε λέ
γει αὐτῷ ποίμαινε τὰ
πρόβατά μου· λέγει
αὐτῷ τρίτον· σίμων
ἰωνᾶ φιλεῖς με; ἐλυ
πήθη ὁ πέτρος, ὅτι εἶ
πεν αὐτῷ τὸ τρίτον.
φιλεῖς με· καὶ εἶπεν
αὐτῷ κ̅ε̅ συ πάντα οἶ
δας συ γινώσκεις ὅτι
φιλῶ σε· λέγει αὐ
τῷ βόσκε τὰ πρόβα
τά μου· ἀμὴν ἀμὴν
λέγω σοι ὅτε ἦς νεώ

[τερος ἐζώννυες] σε
αυτον και περιεπά
τεις ὅπου ἤθελες· ὅταν
δε γηράσῃς, ἐκτενεῖς
τὰς χεῖράς σου, καὶ ἄ
λλος σε ζώσει, και οἴσει
ὅπου οὐ θέλεις· τοῦτο
δὲ εἶπεν, σημαίνων
ποίῳ θανάτῳ δοξά
σει τὸν θ̅ν̅ καὶ τοῦτο
εἰπὼν, λέγει αὐτῷ·
ἀκολούθει μοι· ἐπι
στραφεὶς δὲ ὁ πέτρος
βλέπει τὸν μαθητὴν
ὃν ἠγάπα ὁ ι̅ς̅ ἀκολου
θοῦντα· ὃς καὶ ἀνέ
πεσεν ἐν τῷ δείπνῳ
ἐπὶ τὸ στῆθος αὐτοῦ,
καὶ εἶπεν· κ̅ε̅ τίς ἐς
τιν ὁ παραδιδούς σε·
τοῦτον ἰδὼν ὁ πέτρος
λέγει τῷ ι̅υ̅· κ̅ε̅ οὗ
τος δέ τί· λέγει αὐτῷ
ὁ ι̅ς̅ ἐὰν αὐτὸν θέλω

φαρισαιοι] add τω ιησου
4 αρσεν] αρρεν
5 προσκολληθησεται] κολληθησεται
γυναικι] γυναικη
7 μωσης] μωυσης
8 μωσης] μωυσης
ουτω] ουτως
9 ει] om
12 ουτω] ουτως
14 αφετε] αφεται
κωλυετε] κολυετε
18 φονευσεις] φωνευσεις
19 σου 1°] om
21 δευρο] δευρω
24 ευκοπωτερον] ευκοποτερον
28 καθιση] καθηση
καθισεσθη] καθησεσθε
xx. 3 την τριτην] om
4 κακεινοις] και εκεινοις
5 παλιν] add και
εννατην] ενατην
7 υπαγετε] υπαγεται
8 εσχατων] αισχατων
15 ει] η
20–34] missing
xxi. 1 βηθφαγη] βιθφαγη
ο ιησους] om
8 εαυτων] om
εστρωννυον] εστρωννοιων
11 ναζαρετ] ναζαρεθ
12 εισηλθεν] εισελθεν
ο ιησους] om
πωλουντας] πολουντας
πωλουντων] πολουντων
14 τυφλοι και χωλοι] χωλοι και τυφλοι
16 κατηρτισω] κατηρτησω
17 βηθανιαν] βιθανιαν
20 verse omitted but added in margin.
25 ουν] om
41 εκδοσεται] εκδωσεται
43 εθνει] εθνη
xxii. 5 εμποριαν] εμπορειαν
7 ακουσας δε] και ακουσας
βασιλευς] βασιλευς εκεινος
ενεπρησε] ενεπρισεν
16 μελει] μελλει
23 οι] om
24 μωσης] μωυσης
29 αυτοις] om
34 εφιμωσε] εφημωσεν
37 ειπεν] εφη
τη 1° and 2°] om
40 κρεμανται] κρεμμανται
46 επερωτησαι] επερωτησε
xxiii. 2 μωσεως] μωυσεως
εκαθισαν] εκαθησαν
3 αν] εαν
13 κατεσθιετε] κατεσθιεται
ληψεσθε] λιψεσθε
15 περιαγετε] περιαγεται
19 μωροι] μοροι
αγιαζον] αγιαζων
21 ομοσας] ομνυων
25 ακρασιας] αδικιας
28 ουτω] ουτως
36 υμιν] add οτι
ταυτα παντα] παντα ταυτα
xxiv. 2 παντα ταυτα] ταυτα παντα
ου μη] ου
3 της 2°] om
9 των] om
15 εστος] εστως
17 τι] τα
18 επιστρεψατω] επιστραψατω
20 εν] om
21 ουδ ου] ουδε
22 κολοβωθησονται] κολοβοθησονται
24 δωσουσι] δωσου

xxiv. 26 ταμειοις] ταμεειοις
34 παντα ταυτα] ταυτα παντα
36 της 2°] om
41 μυλωνι] μυλω
43 εκεινο] εκεινω
xxv. 3 εαυτων 1°] αυτων
4 αγγειοις] αγγιοις
9 ουκ] ου μη
δε 2°] om
11 λοιπαι] λυπαι
15 ω] ο
23 πιστος] πιστως
27 τοκω] τω τοκω
30 εκβαλλετε] εκβαλετε
οδοντων] add (partly in margin) ταυτα λεγων εφωνει ο εχων ωτα
31 praem in margin ο κυριος
καθισει] καθησει
επι] ε
33 ευωνυμων] ευονυμων
35 ημην] ημιν
43 ημην] ημιν
44 αυτω] om
xxvi. 3 οι 2°] om
4 κρατησωσι δολω] δολω κρατησωσι
6 βηθανια] βιθανια
9 πτωχοις] τοις πτωχοις
26 ευλογησας] ευχαριστησας
29 γεννηματος] γενηματος
33 και] om
35 απαρνησομαι] απαρνησωμαι
ομοιως] add δε
36 γεθσημανη] γεσσημανι
καθισατε] καθησατε
38 αυτοις] add ο ιησους
46 αγωμεν] αγομεν
50 ω] ο
52 αυτω] αυτοις
απολουνται] αποθανουνται

54 ουτω] ουτως
58 ηκολουθει] ηκολουθη
απο μακροθεν] μακροθεν
59 αυτον θανατωσωσι] θανατωσωσιν αυτον
67 εκολαφισαν] εκολαφησαν
ερραπισαν] εραπισαν
70 παντων] αυτων παντων
73 μικρον] μικρων
75 του ιησου] ιησου
xxvii. 4 οψει] οψη
11 ηγεμονος] ηγεμωνος
20 αιτησωνται] αιτησονται
27 πραιτωριον] πραιτοριον
35 ινα πληρωθη ... εβαλον κληρον] om
41 εμπαιζοντες] εμπεζοντες
πρεσβυτερων] add και φαρισαιων
42 πιστευσομεν] πιστευσωμεν
αυτω] επ αυτω
44 αυτο 2°] αυτω
αυτω] αυτον
45 εννατης] ενατης
46 εννατην] ενατην
λαμα] λειμα
47 ουτος] ουτως
48 εποτιζεν] εποτηζεν
50 το] τω
60 ο] ω
64 νυκτος κλεψωσιν αυτον] κλεψωσιν αυτον νυκτος
xxviii. 3 ιδεα] ειδεα
λευκον] λευκων
9 ο] om
12 ικανα] ηκανα
14 ποιησομεν] ποιησωμεν
15 διεφημισθη] διεφημεισθη
18 εδοθη] εδωθη
19 ουν] om

Mark

i. 5 εξεπορευετο] εξεπορευοντο
6 ιωαννης] ο ιωαννης
9 ναζαρετ] ναζαρεθ
10 ωσει] ως
καταβαινον] καταβαινων
14 ο] om
15 και 1°] om
16 αυτου] add του σιμωνος
βαλλοντας] αμφιβαλλοντας
21 τοις] εν τοις
22 εξεπλησσοντο] εξεπληττοντο
27 εθαμβηθησαν] εθαμβιθησαν
35 απηλθεν] add ο ιησους
36 κατεδιωξαν] κατεδιωξεν
37 ζητουσι σε] σε ζητουσι
38 κακει] και εκει
εξεληλυθα] εληλυθα
42 εκαθαρισθη] εκαθερισθη
44 μωσης] μωυσης
45 πανταχοθεν] παντοθεν
ii. 1 παλιν εισηλθεν] εισηλθεν ο ιησους παλιν
5 σοι] σου
7 μη] μι
8 ουτως] add αυτοι
9 ευκοπωτερον] ευκοποτερον
σοι] σου
εγειραι] εγειρε
11 εγειραι] εγειρε
12 ηγερθη] εγερθη
εναντιον] εναντιων
ειδομεν] ιδομεν
14 ειδε] praem ο ιησους
21 και 1°] om
επιρραπτει] επιραπτει
25 επεινασεν] επινασεν
26 του 2°] om
iii. 2 ει τοις σαββασι θεραπευσει αυτον] om
κατηγορησωσιν] κατηγορησουσιν
3 εγειραι] εγειρε
4 εξεστι] εξεστη
5 αποκατεσταθη] απεκατεσταθη
7 ηκολουθησαν] ηκολουθησεν
11 εθεωρει] εθεωρη
εκραζε] εκραζον
12 αυτον φανερον] φανερον αυτον
15 αποστελλη] αποστελλει
17 ιωαννην] ιωανην
του 2°] om
21 κρατησαι] κρατεισαι
27 ου δυναται ουδεις] ουδεις δυναται
32 οι αδελφοι σου] add και αι αδελφαι σου
33 η] και
iv. 4 του ουρανου] om
5 εχειν] εχην
9 αυτοις] om
18 ουτοι εισιν 2°] om
19 συμπνιγουσι] συμπνηγουσι
25 αν] εαν
27 εγειρηται] εγειρεται
βλαστανη] βλαστανει
μηκυνηται] μηκυνεται
28 αυτοματη] αυτοματ
29 παρεστηκεν] παρεστικεν
31 κοκκω] κοκκον
33 ηδυναντο] εδυναντο
37 λαιλαψ] λελαψ
γεμιζεσθαι] γεμειζεσθαι
38 μελει] μελλει
39 πεφιμωσο] πεφιμωσω
40 ουτω] ουτως
v. 1 γαδαρηνων] γαδαρινων
3 μνημειοις] μνημασιν
ηδυνατο] εδυνατο

v. 4 πεδαις] παιδες
υπ αυτου] απ αυτου
πεδας] παιδας
11 τα ορη] τω ορει
13 κρημνου] κριμνου
16 και διηγησαντο] διηγησαντο δε
τω] το
19 ο κυριος εποιησε] πεποιηκεν ο κυριος
23 εσχατως] αισχατως
επιθης] επιθεις
26 εαυτης] αυτης
34 ισθι] ισθη
40 κατεγελων] κατεγελουν
απαντας] παντας
41 κρατησας] κρατεισας
εγειραι] εγειρε
43 δοθηναι] δοθειναι
vi. 2 οτι] om
3 αδελφος δε] και αδελφος
5 ηδυνατο] εδυνατο
αρρωστοις] αρωστοις
9 αλλ] αλλα
ενδυσησθε] ενδυσασθαι
11 αν] εαν
δεξωνται] δεξονται
τον 2°] των
γομορροις] γομοροις
12 εξελθοντες] εεξελθοντες
13 αρρωστους] αρωστους
14 βαπτιζων] βαπτιστης
15 αλλοι] αλλοι δε
η] om
16 ο] om
17 εκρατησε] εκρατεισεν
19 ηδυνατο] εδυνατο
20 εποιει] α εποιει
23 ημισους] ημισεως
26 αθετησαι] αθετεισαι
27 σπεκουλατωρα] σπεκουλατορα

28 απεκεφαλισεν] απεκεφαλησεν
29 αυτο] αυτω
τω] om
31 αναπαυεσθε] αναπαυσασθε
οι 2°] om
32 απηλθον] απηλθεν
33 οι οχλοι] om
34 εσπλαγχνισθη] εσπλαχνισθη
37 διακοσιων δηναριων] δηναριων διακοσιων
38 γνοντες] γνωντες
39 χλωφω] χλορω
40 πεντηκοντα] πεντικοντα
41 εμερισε] και εμερισε
44 ωσει] om
45 βηθσαιδαν] βιθσαιδαν
52 η καρδια αυτων] αυτων η καρδια
53 γενησαρετ] γεννησαρεθ
προσωρμισθησαν] προσορμισθησαν
54 επιγνοντες] επιγνωντες
vii. 5 παραδοσιν] παραδωσιν
εσθιουσι] αισθιουσι
9 παραδοσιν] παραδωσιν
12 η] και
17 επηρωτων] επηρωτον
18 ουτω] ουτος
19 καθαριζον] καθαριζων
20 εκεινο] εκεινω
24 την] om
26 συροφοινισσα] συραφοινικισσα
εκβαλλη] εκβαλη
27 κυναριοις] κοιναριοις
28 κυναρια] κοιναρια
29 εξεληλυθε] εξελιλυθεν
30 εξεληλυθος] εξελιλυθως
viii. 1 οντος] οντως
2 σπλαγχνιζομαι] σπλαχνιζομαι
ημερας] ημεραι

CODEX Ω

3 ηκασι] ηκουσιν
5 επηρωτα] επιρωτα
6 αρτους] add και
7 παραθειναι] παραθηναι
13 το 1°] om
14 εαυτων] εαυτον
25 αποκατεσταθη] απεκατεσταθη
29 ο 1°] om
31 αρχιερεων] των αρχιερεων
γραμματεων] των γραμματεων
αναστηναι] αναστειναι
33 φρονεις] φρονης
34 ελθειν] ακολουθειν
35 ψυχην αυτου 2°] εαυτου ψυχην
38 αν] εαν
μοιχαλιδι] μοιχαλλιδι
ix. 1 εστηκοτων] εστικοτων
γευσωνται] γευσονται
2 τον 2°] om
τον 3°] om
3 εγενετο] εγενοντο
4 μωσει] μωυσει
5 μωσει] μωυσει
6 λαληση] λαλησει
7 λεγουσα] om
9 διηγησωνται] διηγησονται
19 εσομαι] εσωμαι
20 ιδων] ιδον
22 πυρ] το πυρ
απολεση] απολεσει
σπλαγχνισθεις] σπλαχνισθεις
25 οχλος] ο οχλος
εισελθης] εισελθεις
33 ηλθεν] add ο ιησους
προς] erased
35 καθισας] καθησας
εσχατος] αισχατος
36 αυτο] αυτω
εν] εμ

37 τω] το
38 τω] το
41 τω] om
42 αν] εαν
44 σκωληξ] σκολιξ
45 σοι] σε
χωλον] χολον
46 σκωληξ] σκολιξ
48 αυτων] om
x. 3 μωσης] μωυσης
4 μωσης] μωυσης
11 ος] ως
γαμηση] γαμησει
12 απολυση] απολυσει
14 και 2°] om
15 εισελθη] εισελθει
16 εναγκαλισαμενος] εναγγαλισαμενος
ηυλογει] ευλογει
19–21 τον πατερα σου ... υστερει] missing
21 τοις] om
θησαυρον] θεισαυρον
δευρο] δευρω
ακολουθει] ακολουθη
23–24 — ψαμενος ο ιησους ......
λογοις] missing
24 τοις 2°] om
27 τω 1°] om
28 και 1°] om
29 δε] om
29–30 οικιαν ..... καιρω] missing
32 αυτους] αυτοις
32–33 αυτοις λεγειν ..... κατακρινουσιν αυτον] missing
33 τοις γραμματευσι] γραμματευσι
34 εμπαιξουσιν] εμπεξουσιν
αυτον 2°] αυτω
35–37 και προσπορευονται ... οι δε] missing

x. 38–40 βαπτισθηναι . . . . δεξιων]
    missing
  42 αρχειν] αρχην
42–43 των εθνων . . . εν υμιν εσται]
    missing
  46 υιος] ο υιος
  48 σιωπηση] σιωπιση
  49 εγειραι] εγειρε
  51 ραββονι] ραβουνι
xi. 1 ιερουσαλημ] ιερουσαλιμ
    βηθφαγη] βιθφαγη
    βηθανιαν] βιθανιαν
  2 αποστελλει] αποστελει
    υπαγετε] υπαγεται
    κεκαθικε] κεκαθηκεν
  3 αποστελει] αποστελλει
  4 τον] om
  5 εστηκοτων] εστικοτων
  7 εκαθισεν] εκαθησεν
  8 εστρωννυον] εστρωννοιον
  11 βηθανιαν] βιθανιαν
  12 βηθανιας] βιθανιας
  15 πωλουντων] πολουντων
  16 διενεγκη] διενεγκει
  18 απολεσουσιν] απολεσωσιν
  22 ιησους] ο ιησους
  28 εδωκεν] δεδωκεν
  32 εαν] om
xii. 3 εδειραν] εδηραν
  5 αποκτεινοντες] αποκταινοντες
  10 κεφαλην] κεφαλιν
  14 μελει] μελλει
  19 μωσης] μωυσης
    καταλιπη] καταλειπη
  22 οι επτα] και οι επτα
  23 ουν] om
25–37 γαμισκονται . . . . ηκουεν]
    missing
  41 γαζοφυλακιον] γαζοφυλακειον
  43 γαζοφυλακιον] γαζοφυλακειον
  44 ειχεν] ηχεν

xiii. 3 ελαιων] ελεων
    αυτον] αυτων
  6 τω] το
  14 εστος] εστως
  18 προσευχεσθε] προσευχες
  20 εκολοβωσε] εκολωβωσεν
  21 πιστευσητε] πιστευετε
  22 δωσουσι] δοσουσι
  28 ηδη ο κλαδος] ο κλαδος ηδη
  30 μεχρις] μεχρης
  31 παρελευσονται] παρελευσεται
  32 και της] η
xiv. 3 βηθανια] βιθανια
    το] τον
  6 εις εμε] εν εμοι
  7 ποιησαι] ποιειν
  9 αμην] add δε
    αν] εαν
  11 επηγγειλαντο] επιγγειλαντο
  15 δειξει] δειξη
  18 εσθιων] εσθιον
  21 ην] ν
  25 αμην] add δε
    γεννηματος] γενηματος
    αυτο] αυτω
  27 εν εμοι εν τη νυκτι ταυτη] om
  30 οτι] add συ
  31 ο δε] add πετρος
  32 γεθσημανη] γεσσημανι
  33 τον 2°] om
  41 το 2°] om
  43 των 3°] om
  45 λεγει] add αυτω
  46 αυτων] om
  47 παρεστηκοτων] παρεστικοτων
  49 ημην] ημιν
  51 ηκολουθει] ηκολουθησεν
  54 θερμαινομενος] θερμενομενος
  60 το] om
  62 καθημενον εκ δεξιων] εκ δεξιων καθημενον

CODEX Ω　　　　　　　　13

63 διαρρηξας] διαρηξας
　χιτωνας] χειτωνας
64 βλασφημιας] βλασφιμιας
65 εβαλλον] ελαβον
67 ναζαρηνου] ναζορηνου
71 ομνυειν] ομνυναι
72 του ρηματος ου] το ρημα ο
xv. 1 το 1°] τω
10 παραδεδωκεισαν] παραδεδο-
　κεισαν
15 φραγελλωσας] φραγγελ-
　λωσας
16 πραιτωριον] πρετωριον
18 βασιλευ] ο βασιλευ
22 γολγοθα] γολγοθαν
24 διεμεριζον] διαμεριζονται
31 εμπαιζοντες] εμπεζοντες

32 ωνειδιζον] ονειδιζον
33 γενομενης δε] και γενομενης
　εννατης] ενατης
34 εννατη] ενατη
　λαμμα] λειμα
35 παρεστηκοτων] παρεστικο-
　των
36 αφειε] αφες
39 παρεστηκως] παρεστικως
46 ενειλησε] ενειλισε
xvi. 1 η του] om
8 ταχυ] om
13 λοιποις] λυποις
14 ωνειδισε] ωνειδησεν
　εγηγερμενον] εγειγερμενον
18 βλαψει] βλαψη
19 εκαθισεν] εκαθησεν

Luke

i. 9 του 2°] om
10 του λαου ην] ην του λαου
14 γεννησει] γενεσει
15 του] om
15–28 αγιου ...... εν γυναιξιν]
　om (one page of exem-
　plar?)
29 ειη] ει
36 συγγενης] συγγενις
　γηρα] γηρει
44 εν αγαλλιασει το βρεφος] το
　βρεφος εν αγαλλιασει
56 ωσει] ωση
65 ορεινη] ορηνη
73 ωμοσε] ωμωσεν
75 της ζωης] om
78 σπλαγχνα] σπλαχνα
ii. 8 ποιμενες] ποιμεναις
12 εσπαργανωμενον] εσπαργα-
　νομενον
13 εξαιφνης] εξεφνης

15 βηθλεεμ] βιθλεεμ
20 επεστρεψαν] υπεστρεψαν
　ειδον] ιδον
　ελαληθη] ελαληθει
22 μωσεως] μωυσεως
24 νεοσσους] νοσσους
25 αγιον ην] ην αγιον
30 ειδον] ιδον
36 ζησασα] ζησα
38 ανθωμολογειτο] ανθομολο-
　γειτο
39 αυτων] εαυτων
　ναζαρετ] ναζαρεθ
51 ναζαρετ] ναζαρεθ
iii. 2 επ αρχιερεων] επι αρχιερεως
　του] om
10 ποιησομεν] ποιησωμεν
12 ποιησομεν] ποιησωμεν
13 υμιν] ημιν
14 οψωνιοις] οψονιοις
15 ειη] ει

iii. 17 εν] ν
19 ελεγχομενος] ελλεγχομενος
   φιλιππου] om
22 ηυδοκησα] ευδοκησα
24 ηλι] ηλει
   μελχι] μελχει
25 εσλι] εσλει
27 ιωαννα] ιωανναν
28 νηρι] νηρει
   μελχι] μελχει
   αδδι] αδδει
33 νααϲϲων] ναασων
   αμιναδαβ] αμιναδαμ
35 σαρουχ] σερουχ
   φαλεκ] φαλεγ
iv. 2 συντελεσθεισων] συντελεσθησων
4 ο] om
7 προσκυνησης] προσκυνησις
   παντα] πασα
8 γαρ] om
9 ο] om
11 οτι] om
12 ειρηται] ειρη . . .
14 ο] om
16 ηλθεν] add ιησους above the line
   την 1°] ην
   ναζαρετ] ναζαρεθ
17 επεδοθη] επεδωθη
18 ενεκεν] εινεκεν
   ευαγγελιζεσθαι] ευαγγελισασθαι
20 εκαθισε] εκαθησεν
   ατενιζοντες] add αυτες
25 πολλαι] οτι πολλαι
27 εκαθαρισθη] εκαθερισθη
29 της 2°] om
   κατακρημνισαι] κατακριμνισαι
31 κατηλθεν] add ο ιησους

35 το 2°] om
38 η] om
41 κραζοντα] κραυγαζοντα (corrected from κραζοντα)
   και λεγοντα] om
42 εζητουν] επεζητουν
v. 1 εστως] add ο ιησους
2 ειδε] ιδεν
3 καθισας] καθησας
6 ιχθυων πληθος] πληθος ιχθυων
   διερρηγνυτο] διερηγνυτο
   το δικτυον αυτων] add ωστε μη δυνασθαι αναγαγειν αυτο
8 του] om
14 μωσης] μωυσης
15 ασθενειων] ασθενιων
17 διδασκων] add ο ιησους
18 θειναι] θηναι
19 δια 1°] om
23 ευκοπωτερον] ευκοποτερον
   εγειραι] εγειρε
24 εγειραι] εγειρε
25 ω] ο
27 εθεασατο] add ο ιησους
28 καταλιπων] καταλειπων
29 ο] om
33 πυκνα] ποικνα
36 επιβλημα 2°] om
vi. 1 σαββατω] τω σαββατω
   δευτεροπρωτω] δευτεροπρω
7 αυτον] om
   κατηγοριαν] κατηγορειν
8 εγειραι] εγειρε
9 απολεσαι] αποκτειναι
10 τω ανθρωπω] αυτω
   ουτω] om
   αποκατεσταθη] απεκατεσταθη
12 διανυκτερευων] διανυκτερευον
13 ωνομασε] ονομασεν
14 ωνομασε] ονομασεν

17 εστη] add ο ιησους
18 υπο] απο
23 χαιρετε] χαρητε
26 υμιν] om
27 αλλ] αλλα
28 και] om
   επηρεαζοντων] επερεαζοντων
34 δανειζητε] δανιζετε
   οι] om
   αμαρτωλοις] αμαρτωλους
   δανειζουσιν] δανιζουσιν
35 δανειζετε] δανιζετε
   του] om
38 αντιμετρηθησεται] αντιμετριθησεται
41 το 2°] τω
42 το 1°] τω
45 προφερει] προσφερει
   θησαυρου 2°] θεισαυρου
48 πλημμυρας] πλημυρας
vii. 2 ημελλε] εμελλε
6 εισελθης] εισελθεις
7 αλλα] αλλ
8 τουτω] τουτο
9 ουδε] ουτε
11 τη] τω
   επορευετο] add ο ιησους
13 εσπλαγχνισθη] εσπλαχνισθη
14 σορου] σωρου
15 ανεκαθισεν] ανεκαθησεν
16 απαντας] παντας
22 ιωαννη] τω ιωαννη
   νεκροι] και νεκροι
24 προς τους οχλους] τοις οχλοις
30 υπ] οιπ
31 ειπε δε ο κυριος] om
32 ηυλησαμεν] ηυλισαμεν
34 ιδου] ιδε
   τελωνων φιλος] φιλος τελωνων
37 επιγνουσα] και επιγνουσα

38 εξεμασσε] εξεμασεν
39 ποταπη] ποταπει
41 χρεωφειλεται] χρεοφιλεται
   πεντηκοντα] πεντικοντα
45 διελιπε] διελειπεν
46 μου τους ποδας] τους ποδας μου
viii. 1 διωδευε] διοδευεν
1–3 οι δωδεκα . . . . ετεραι] photograph defective
3 αυτω] αυτοις
5–6 εξηλθεν . . . . . εχειν] photograph defective
7 εν μεσω] εμμεσω
8 επι] εις
8–10 εποιησε . . . . . βλεποντες] photograph defective
12–13 ερχεται . . . . καιρω] photograph defective
18 εχη 1°] εχει
   εχη 2°] εχει
19 ηδυναντο] εδυναντο
20 εστηκασιν] εστικασιν
22 ενεβη] add ο ιησους
23 λαιλαψ] λελαψ
25 αυτω] αυτου
26 αντιπεραν] περαν
29 διαρρησσων] διαρησσων
31 παρεκαλει] παρεκαλουν
34 γεγενημενον] γενομενον
   απελθοντες] om
37 γαδαρηνων] γαδδαρηνων
40 εγενετο δε] και εγενετο
   προσδοκωντες] προσδοκοντες
42 συνεπνιγον] συνεπνηγον
43 ρυσει] ρρυσει
   εις] om
51 εισελθων] ελθων
   ιακωβον και ιωαννην] ιωαννην και ιακωβον
53 κατεγελων] κατεγελουν

ix. 1 συγκαλεσαμενος] add ο ιη-
σους
μαθητας αυτου] om
2 κηρυσσειν] κηρυσσων
ιασθαι] ιασθε
8 εις] om
9 ο] om
13 δυο ιχθυες] ιχθυες δυο
14 πεντηκοντα] πεντικοντα
15 ουτω] ουτως
20 ο] om
21 επιτιμησας] επιτημησας
παρηγγειλε] παρηγγελλεν
23 καθ ημεραν] om
27 εστηκοτων] εστωτων
28 παραλαβων] add ο ιησους
τον] om
30 ησαν] εισαν
μωσης] μωυσης
33 ο] om
μωσει μιαν] μιαν μωσει
36 ο] om
40 εκβαλλωσιν] εκβαλωσιν
41 ωδε τον υιον σου] τον υιον σου
ωδε
43 μεγαλειοτητι] μεγαλιοτητι
45 αισθωνται] εσθωνται
αυτο] αυτω
47 αυτο] αυτω
48 τω] το
49 τω] το
τα] om
50 κωλυετε] κολυετε
52 αυτου] εαυτου
55–56 και ειπεν . . . . αλλα σωσαι]
om
57 αν] εαν
58 κλινη] κλινει
61 τοις] τους
62 προς αυτον ο ιησους] ο ιησους
προς αυτον

x. 1 εβδομηκοντα] εβδομικοντα
ερχεσθαι] απερχεσθαι
2 εκβαλλη] εκβαλη
8 δεχωνται] δεχονται
10 δεχωνται] δεχονται
13 χωραζιν] χωραζειν
15 υψωθεισα] ηψωθεισα
20 τουτω] τουτο
μαλλον] om
21 εξομολογουμαι] εξομολογουμε
22 προς] εις
παρεδοθη μοι] μοι παρεδοθη
27 και εξ ολης της ισχυος σου] om
σεαυτον] εαυτον
33 εσπλαγχνισθη] εσπλαχνισθη
36 δοκει σοι πλησιον] πλησιον
δοκει σοι
38 εισηλθεν] add ο ιησους
39 τηδε] τιδε
παρακαθισασα] παρακαθη-
σασα
40 μελει] μελλει
κατελιπε] κατελειπεν
42 αφαιρεθησεται] αφερεθησεται
xi. 6 μου] om
7 ειπη] ειπει
8 λεγω] add δε
αναιδειαν] αναιδιαν
οσων] οσον
9 ανοιγησεται] ανοιχθησεται
10 ανοιγησεται] ανοιχθησεται
11 ει] η
12 αιτηση] αιτησει
13 αγαθα δοματα] δοματα αγαθα
δωσει] δοσει
21 καθωπλισμενος] καθοπλισμε-
νος
22 νικηση] νικησει
24 ευρισκον] ευρισκων
25 ελθον] ελθων
26 εισελθοντα] ελθοντα

CODEX Ω 17

εσχατα] αισχατα
31 βασιλισσα] βασιλεισσα
σολομωντος bis] σολομωνος bis
34 σκοτεινον] add εστιν
36 ως] ος
φωτιζη] φωτιζει
37 φαρισαιος] φαρησαιος
38 φαρισαιος] φαρησαιος
39 φαρισαιοι] φαρησαιοι
42 φαρισαιοις] φαρησαιοις
44 εστε] εσται
οι 2°] om
53 φαρισαιοι] φαρησαιοι
ενεχειν] εχειν
54 και] om
xii. 1 επισυναχθεισων] επισυναχθησων
2 συγκεκαλυμμενον] συγκεκαλυμενον
4 αποκτεινοντων] αποκτενοντων
6 επιλελησμενον] επιλελισμενον
8 ομολογησει] ομολογηση
15 αυτου 1°] αυτω
19 ευφραινου] ευφρενου
20 αφρων] αφρον
21 πλουτων] add ταυτα λεγων
εφωνει ο εχων ωτα ακουειν ακουετω
23 η] add γαρ
24 πετεινων] πετηνων
25 προσθειναι] προσθηναι
31 παντα] om
32 δουναι] του δουναι
36 εαυτων] αυτων
αναλυσει] αναλυση
38 ευρη] ευρησει
ουτω] ουτως
39 ο 1°] repeated by mistake.
41 η] ει
42 και φρονιμος] ο φρονιμος

45 εσθιειν] εσθιην
46 διχοτομησει] διχοτομισει
48 ω bis] ο bis
53 εφ] επι
54 ουτω] ουτως
57 κρινετε] κρινεται
58 πρακτορι] πρακτωρι
βαλλη] βαλει
φυλακην] την φυλακην
59 εσχατον] αισχαιον
xiii. 6 καρπον ζητων] ζητων καρπον
7 καταργει] καταργη
8 κοπριαν] κοπρια
ποιηση] ποιησει
διδασκων] add ο ιησους
10 συναγωγων] συναγωγων ο ιησους
11 ετη] ετι
13 ανωρθωθη] ανορθωθη
19 πετεινα] πετηνα
20 και] om
24 ζητησουσιν] ζητεισουσιν
26 αρξεσθε] αρξησθε
27 αποστητε] αποστειτε
28 ισαακ] ησαακ
29 απο 2°] om
34 νοσσιαν] νοσιαν
35 ερημος] om
αμην δε λεγω] λεγω δε
ηξη] ηξει
xiv. 2 υδρωπικος] υδροπικος
5 ονος] υιος
6 ανταποκριθηναι αυτω] αυτω ανταποκριθηναι
7 λεγων] λεγον
10 αναπεσον] αναπεσε
12 ανταποδομα] ανταποδωμα
15 αρτον] αριστον
20 ετερος] ο ετερος
εγημα] εγιμα
21 χωλους] χολους

xiv. 23 γεμισθη] γεμησθη
24 δειπνου] add πολλοι γαρ εισι κλητοι ολιγοι δε εκλεκτοι
26 εαυτου 1°] αυτου
  δυναται] δυνατε
27 μου ειναι] ειναι μου
28 θελων] ο θελων
  προς] εις
29 εμπαιζειν] εμπεζειν
32 αυτου πορρω] πορρω αυτου
xv. 1 παντες οι τελωναι και οι αμαρτωλοι] om
4 εννενηκονταεννεα] ενενικονταενεα
7 ουτω] ουτως
  εννενηκονταεννεα] ενενηκονταενεα
8 δραχμας] δραγμας
  δραχμην] δραγμην
10 ουτω] ουτως
12 επιβαλλον] επιβαλλων
13 ου] om
14 ηρξατο] add του
17 απολλυμαι] απολλοιμαι
20 εσπλαγχνισθη] εσπλαχνισθη
24 ευφραινεσθαι] ευφρενεσθαι
26 αυτου] om
29 εριφον] ερηφον
32 απολωλως] απολωλος
xvi. 5 χρεωφειλετων] χρεοφειλετων
6 βατους] βαδους
  πεντηκοντα] πεντικοντα
8 φρονιμωτεροι] φρονιμοτεροι
9 εκλιπητε] εκλειπητε
20 ηλκωμενος] ειλκωμενος
22 του] om
25 οδε] ωδε
29 μωσεα] μωυσεα
31 μωσεως] μωυσεως
xvii. 2 τον] των

4 επι σε] om
7 αναπεσαι] αναπεσε
8 ετοιμασον] ετυμασον
9 αυτω] om
10 ουτω] ουτως
  ωφειλομεν] οφειλομεν
12 εισερχομενου] add του ιησου
17 εννεα] ενεα
22 επιθυμησετε] επιθυμησεται
26 του 2°] om
28 εφυτευον ωκοδομουν] ωκοδομουν εφυτευον
29 απωλεσεν] απολεσεν
34 ο 1°] om
35 μια] η μια
37 συναχθησονται] αχθησονται
  αετοι] ατοι
xviii. 2 προσευχεσθαι] add αυτους
5 χηραν] χειραν
  υπωπιαζη] υποπιαζη
14 η] add γαρ
18 επηρωτησε] επηρωτισεν
20 κλεψης] κλεψις
22 διαδος] δος
27 τω] om
28 ο] om
33 μαστιγωσαντες] μαστηγωσαντες
35 εγγιζειν] add τον ιησουν
36 ειη] ει
xix. 1 διηρχετο] add ο ιησους
4 συκομωραιαν] συκομοραιαν
  δι] om
  ημελλε] εμελλεν
7 απαντες] παντες
17 πιστος] πιστως
19 γινου] γενου
23 την] om
26 τω] το
29 βηθανιαν] βιθανιαν
30 εκαθισε] εκαθησε

CODEX Ω   19

37 ειδων] ιδων
42 οφθαλμων] των οφθαλμων
46 αυτον] αυτων
   σπηλαιον] σπηλαον
48 εξεκρεματο] εξεκρεμματο
xx. 1 αρχιερεις] ιερεις
   3 ενα λογον] λογον ενα
   5 ουν] om
   6 πεπεισμενος] πεπισμενος
   9 τις εφυτευσεν] om
  17 γωνιας] γονιας
  19 τον λαον] om
  20 λαβωνται] λαβοντε
  31 ωσαυτως] repeated by mistake
  32 δε] om
  36 υιοι οντες] οντες υιοι
  37 μωσης] μωϋσης
  46 πρωτοκλισιας] προτοκλισιας
  47 χηρων] χειρων
xxi. 1 γαζοφυλακιον] γαζοφυλακειον
   2 και τινα] τινα και
   6 λιθω] λιθον
   8 ειπε] add ο κυριος
      τω] το
  11 απ ουρανου μεγαλα εσται] μεγαλα εσται απ ουρανου
  12 απαντων] παντων
  16 και αδελφων] om
     φιλων] add και αδελφων
  19 κτησασθε] κτησεσθε
  22 πληρωθηναι] πλησθηναι
  26 αποψυχοντων] αποψυχουντων
  30 προβαλωσιν] προβαλλωσιν
  34 βαρυνθωσιν] βαρηθωσιν
     κραιπαλη] κρεπαλη
  36 ταυτα παντα] παντα
xxii. 3 ο] om
     των] τον
   5 εξωμολογησε] εξομολογησε

   9 θελεις] θελης
  12 ανωγεον] ανωγαιον
  18 γεννηματος] γενηματος
  22 ωρισμενον] ορισμενον
  23 μελλων] μελλον
  26 νεωτερος] νεοτερος
  30 εν τη βασιλεια μου] om
     καθισησθε] καθησεσθε
  34 φωνησει] φωνηση
  35 βαλαντιου] βαλλαντιου
     ουδενος] ουθενος
  36 βαλαντιον] βαλλαντιον
     πωλησατω] πωλησειτο
     αγορασατω] αγορασει
  45 αυτου] om
  47 αυτων] αυτους
  55 συγκαθισαντων] συγκαθησαντων
     εκαθητο] εκαθητω
     εν μεσω] εμ μεσω
  57 αυτον 1°] om
  60 ο 3°] om
  66 τε] om
     εαυτων] αυτων
xxiii. 1 ηγαγεν] ηγαγον
   2 λεγοντα εαυτον χριστον βασιλεα ειναι] om
   6 ο] om
  11 εμπαιξας] εμπεξας
  12 ο 2°] om
  18 τον] om
  25 αυτοις] om
     φονον] φωνον
  26 του 1°] om
  27 εθρηνουν] εθρενουν
  29 και 1°] om
  32 ηγοντο δε] add συν τω ιησο (sic)
  36 προσφεροντες] φεροντες
  39 κρεμασθεντων] κρεμμασθεντων
  44 εννατης] ενατης

xxiii. 48 εαυτων] αυτων
υπεστρεφον] υπεστρεφων
49 αυτου] αυτω
51 συγκατατεθειμενος] συγκατατεθημενος
52 το] τω
54 και 2°] om
xxiv. 1 βαθεος] βαθεως
3 το] τω
4 δυο ανδρες] ανδρες δυο
5 ειπον] ειπεν
10 μαγδαληνη] μαδαληνη

17 εστε] εσται
18 εν 1°] om
21 συν] συμ
24 ουτω] ουτως
27 μωσεως] μωυσεως
διηρμηνευεν] διερμηνευεν
εαυτου] αυτου
30 κατακλιθηναι] κατακληθηναι
44 μωσεως] μωυσεως
46 ουτω] ουτως
47 τω] το

John

i. 1–12 εν αρχη . . . . . θεου γενεσ] missing in photograph
13 εγεννηθησαν] εγενηθησαν
16 και χαριν] κα . . . . ριν
17 οτι] τι
μωσεως] μ . . σεως
21–22 ου ειπον] missing in photograph
22 τις ει ινα] missing in photograph
26 εστηκεν] εστικεν
28 βηθαβαρα] βηθανια
32 ωσει] ως
34 μεμαρτυρηκα] μεμαρτυρικα
38 δε] om
40 δε] om
42 μεσσιαν] μεσιαν
ο 2°] om
43 δε] om
44 λεγει αυτω] add ο ιησους
46 μωσης] μωυσης
ευρηκαμεν] ευρικαμεν
ναζαρετ] ναζαρεθ
47 ναζαρετ] ναζαρεθ
48 ειδεν] ιδεν
49 ο] om

52 οψεσθε] οψεσθαι
ii. 2 ο] om
5 λεγη] λεγει
15 φραγελλιον] φραγγελιον
17 κατεφαγε] καταφαγετε
18 ιουδαιοι] ιδαιοι
23 ιεροσολυμοις] τοις ιεροσολυμοις
iii. 2 τον ιησουν] αυτον
3 ο] om
5 ο] om
8 ουτως] ουτος
10 ο 1°] om
12 πιστευετε] πιστευεται
14 μωσης] μωυσης
15 εχη] εχει
16 ουτω] ουτως
εχη] εχει
17 αυτου] αυτο .
18 ο πιστευων] . . ιστευων
20 ελεγχθη] ελλεχθη
25 ιουδαιων] ιουδαιον
28 μοι] om
μαρτυρειτε] μαρτυρειται
iv. 3 παλιν] om
5 ερχεται] add ο ιησους

o] ου
6 οδοιποριας] οδυποριας
   ωσει] ωση
7 δος] δως
8 απεληλυθεισαν] απεληλυθησαν
10 αν 2°] om
13 ο 1°] om
14 διψηση] διψησει
15 δος] δως
20 τουτω τω ορει] τω ορει τουτω
21 προσκυνησετε] προσκυνησεται
22 προσκυνειτε] προσκυνειται
25 μεσσιας] μεσιας
29 ος] ως
30 ουν] om
31 μαθηται] add αυτου
35 τετραμηνον] τετραμηνος
   θεασασθε] θεασασθαι
46 ο ιησους παλιν] παλιν ο ιησους
   βασιλικος] βασιλεικος
50 ω] ο
53 σου] om
54 δευτερον σημειον] σημειον δευτερον

v. 2 κολυμβηθρα] κολυμβιθρα
  4 κολυμβηθρα] κολυμβιθρα
  7 βαλλη] βαλη
  8 εγειραι] εγειρε
     κραββατον] κραβαττον
  9 κραββατον] κραβαττον
 10 κραββατον] κραβαττον
 11 κραββατον] κραβαττον
 13 ηδει] ηδη
 14 τι σοι] σοι τι
 17 εργαζομαι] εργαζομε
 19 βλεπη] βλεπει
 20 θαυμαζητε] θαυμαζηται
v. 21 ουτω] ουτως
 25 θεου] ανθρωπου

33 μαρτυρηκε] μαρτυρικεν
37 μεμαρτυρηκε] μεμαρτυρικεν
40 εχητε] εχειτε
46 μωση] μωυσει
vi. 2 εωρων] εορων
   αυτου] om
 5 αγορασομεν] αγορασωμεν
10 ουν] om
15 παλιν] om
20 φοβεισθε] φοβεισθαι
22 εκεινο] εκεινω
24 και 1°] om
28 ποιουμεν] ποιωμεν
29 ο] om
35 πωποτε] ποποτε
40 εχη] εχει
41 εγογγυζον] εγογγυζων
44 ελκυση] ελκυσει
    τη] εν τη
    εσχατη] αισχατη
45 του 1°] om
    ακουσας] ακουων
50 ο αρτος] om
51 φαγη] φαγει
53 πιητε] πιετε
54 τη] εν τη
63 εστι και] illegible in photograph
64 εξ υμων τινες] τινες εξ υμων
    ηδει] ηδει
68 απελευσομεθα] απελευσωμεθα
70 ο ιησους] om
71 ημελλεν] εμελλεν
    παραδιδοναι] παραδιδοναι
vii. 8 εις την εορτην 1°] illegible in photograph
    αναβαινω] αναβινω
12 αλλοι δε] αλλοι
16 απεκριθη] add ουν
17 απ] αφ
20 δαιμονιον] δαιμωνιον

vii. 21 ο ιησους] ιησους
22 μωσεως] μωυσεως
23 περιτομην περιτομειν
μωσεως] μωυσεως
σαββατω] σαβατω
25 ιεροσολυμιτων] ιεροσολυμητων
29 δε] om
31 τουτων] om
32 ηκουσαν] add ουν
οι φαρισαιοι και οι αρχιερεις
υπηρετας] υπηρετας οι φαρισαιοι και οι αρχιερεις
33 αυτοις] om
35 ειπον] ειπων
36 δυνασθε] δυνασθαι
37 ειστηκει] ειστηκη
39 ο] om
41 δε] om
42 βηθλεεμ] βιθλεεμ
45 αυτοις] αυτους
47 πεπλανησθε] πεπλανησθαι
52 εγηγερται] εγειγερται
53 επορευθη] επορευθησαν
viii. 1 επορευθη] επορευετο
2 λαος] οχλος
καθισας] καθησας
3 προς αυτον] om
εν] επι
4 εν μεσω] εμ μεσω
κατειληφθη επαυτοφωρω] ειληπται επαυτοφορω
5 μωσης ημιν] ημων μωυσης
ενετειλατο] ενετειλατω
λιθοβολεισθαι] λιθαζειν περι αυτης
λεγεις] add περι αυτης
6 ελεγον] ειπον
πειραζοντες] εκπειραζοντες
κατηγορειν αυτου] κατηγοριαν κατ αυτου

εγραφεν] κατ εγραφεν
7 ανακυψας ειπε προς αυτους] ανεκυψεν και ειπεν αυτοις
τον λιθον επ αυτη] επ αυτη τον λιθον
9 και υπο της συνειδησεως ελεγχομενοι] om
εσχατων] αισχατων
εστωσα] ουσα
10 και μηδενα θεασαμενος πλην της γυναικος] om
η γυνη] γυναι
εκεινοι] om
11 αυτη] om
μηκετι] απο του νυν μηκετι
12 ο ιησους αυτοις ελαλησε] αυτοις ελαλησε ο ιησους
14 υμεις δε ουκ οιδατε ποθεν ερχομαι και που υπαγω] om
33 γενησεσθε] γενησεσθαι
36 ελευθερωση] ελευθερωσει
44 πατρος] του πατρος
46 ελεγχει] ελλεγχει
51 θεωρηση] θεωρησει
52 γευσεται] γευσηται
54 υμων] ημων
57 πεντηκοντα] πεντικοντα
ix. 1 παραγων] add ο ιησους
2 γεννηθη] γενηθη
3 ο] om
6 επεχρισε] επεχρησεν
7 κολυμβηθραν] κολυμβιθραν
15 επεθηκεν] add μου
20 απεκριθησαν] add δε
25 ουν] om
27 μαθηται] μαθητε
28 ουν] om
μωσεως] μωυσεως
29 μωση] μωυση
x. 4 εκβαλη] εκβαλει
8 προ εμου] om

20 ακουετε] ακουεται
22 τοις ιεροσολυμοις] ιεροσολυμοις
23 του] om
σολομωντος] σολομωνος
34 ειπε] ειπον
39 ουν παλιν αυτον] αυτον παλιν
xi. 1 βηθανιας] βιθανιας
2 αλειψασα] αληψασα
3 αδελφαι] add αυτου
9 ο] om
15 ημεν] ημιν
18 βηθαινα] βιθανια
19 παραμυθησωνται] παραμυθησονται
20 ο] om
32 εις τους ποδας αυτου] αυτου εις τους ποδας
34 τεθεικατε] τεθηκατε
40 πιστευσης] πιστευης
οψει] οψη
47 ποιουμεν] ποιωμεν
48 ουτω] ουτως
πιστευσουσιν] πιστευσωσιν
51 ο] om
55 αγνισωσιν] αγνησωσιν
57 δεδωκεισαν] δεδοκεισαν
xii. 1 ηλθεν] add ο ιησους
βηθανιαν] βιθανιαν
2 συνανακειμενων] ανακειμενων συν
6 εμελεν] εμελλεν
7 τετηρηκεν] τετηρικεν
11 επιστευον] επιστευων
13 εκραζον] εκραυγαζων
ο 2°] om
14 εκαθισεν] εκαθησεν
15 πωλον] πωλου
16 ο] om
18 ηκουσε] ηκουσαν

21 και ηρωτων αυτον] om
24 κοκκος] κοκος
30 ο] om
33 ημελλεν] εμελλεν
34 οτι 2°] om
36 εχετε] εχεται
37 επιστευον] επιστευων
38 βραχιων] βραχιον
xiii. 3 ειδως] add δε
τον] om
5 ω] ο
8 ο] om
11 ηιδει] ηδει
17 ποιητε] ποιειτε
19 οταν γενηται] illegible in photograph
ειμι] illegible in photograph
25 εκεινος] εκεινος ουτως
26 επιδωσω] επιδοσω
29 ειχεν] ηχεν
37 ο] om
xiv. 2 ετοιμασαι] ετυμασαι
14 αιτησητε] add με
20 καγω] καιγω
22 τι] και τι
23 ο 1°] om
αυτω 1°] αυτοις
ποιησομεν] ποιησωμεν
26 δε παρακλητος το] illegible in photograph
27 διδωμι 2°] διδω
30 τουτου] om
xv. 1 αληθινη] αληθηνη
6 πυρ] το πυρ
8 τουτω εδοξ ..] illegible in photograph
13 ... πην ουδεις] illegible in photograph
15 παντα] add ος
24 και 1°] om

xv. 26 παρα του πατρος εκπορευ
　　　. . . .] illegible in photograph
xvi. 3 υμιν] om
　　7 εαν γαρ] add εγω
　　8 ελεγξει] ελλεγξει
　　10 θεωρειτε] θεορειτε
　　14 εμε] με
　　15 δια τουτο ειπον οτι] illegible in photograph
　　　ληψεται] λαμβανει
　　16 εγω] om
xvii. 1 δοξαση] δοξασει
　　6 σοι] συ
　　10 δεδοξασμαι] δεδοξασμε
　　11 ους] ω
　　12 ημην] ημιν
　　21–23 απεστειλας . . . . . εις εν και ινα] illegible in photograph
　　24 εδωκας] δεδωκας
　　26 εγνωρισα] εγνωρησα
xviii. 1 χειμαρρου των] χειμαρου του
　　7 ναζωραιον] ναζαραιον
　　8 ο ιησους] ιησους
　　9–10 ειπεν . . . . . και απεκοψεν] illegible in photograph
　　11 σου] om
　　13–15 του καιαφα . . . . . πετρος] illegible in photograph
　　15–16 ο δε . . . . . ο δε] illegible in photograph
　　17–18 παιδισκη . . . . . πεποιηκοτες] illegible in photograph
　　20 ο ιησους] ιησους
　　25 ηρνησατο] ειρνησατο
　　28 πραιτωριον] πραιτοριον
　　32 ημελλεν] εμελλεν
　　36 ο ιησους] ιησους
　　　ει] η

　　　ηγωνιζοντο] ηγονιζοντο
　　37 γεγεννημαι] γεγενημαι
　　39 ουδεμιαν] ουδαιμιαν
　　　βουλεσθε] βουλεσθαι
xix. 6 σταυρωσον] σταυρωσον αυτον
　　6–7 ευρισκω . . . . . αυτω] illegible in photograph
　　11 ο ιησους] ιησους
　　　ειχες] εχεις
　　13 εκαθισεν] εκαθησεν
　　　γαββαθα] γαβαθα
　　14 ωσει] ως
　　16 απηγαγον] ηγαγον
　　17 τον λεγομενον κρανιου τοπον] τοπον λεγομενον κρανιου τοπον
　　19 ναζωραιος] ναζοραιος
　　20 της πολεως ο τοπος] ο τοπος της πολεως
　　23 αρραφος] αραφος
　　25 κλωπα] κλοπα
　　27 μαθητης] μαθητης εκεινος
　　28 ειδως] ειδων
　　29 τω] το
　　33 ειδον] ιδον
　　35 μεμαρτυρηκε] μεμαρτυρικεν
　　　αυτου εστιν] εστιν αυτου
　　36 αυτου] απ αυτου
　　38 μετα δε] μετα
　　39 ωσει] ως
　　40 εδησαν αυτο] εδησαν αυτο εν
xx. 11–12 εκλαιε . . . . . εν λευκοις] illegible in photograph
　　14 ο ιησους] ιησους
　　15–17 κυριε . . . . . λεγει] illegible in photograph
　　19 ημερα . . . . . οπου] illegible in photograph
　　23–24 κρατητε . . . . . εις εκ] illegible in photograph
　　28 ο θωμας] θωμας

29 θωμα] om
30 αυτου] om
31 ο ιησους] ιησους
xxi. 1 εαυτον . . . . . επι] illegible in photograph
3 λεγει . . . . . λεγουσιν] illegible in photograph
   ανεβησαν] ενεβησαν
4 ιησους 1° . . . . . οτι] illegible in photograph

6 εβαλον] εβαλλον
11 μεστον] μεστων
   εκατον] εκατων
13 ερχεται] ερχετε
15 πλειον] πλεον
18 νεωτερος . . . . . τας χειρας] illegible in photograph
22–25 αυτον θελω. . . . . αμην] illegible in photograph

II

CODEX 543

University of Michigan 15 (Greg. 543; von Soden ε257)

Jacob Geerlings

The history and provenance of this manuscript of the Gospels, formerly Burdett-Coutts III. 5, cannot be dissociated from that of the other members of the Ferrar group. The text, the handwriting, and the menology show that the members of the group are all closely related, although it would be hazardous to say that they all come from the same scriptorium. Rendel Harris pointed out in his *Further Researches into the History of the Ferrar Group,* 1900, that the menology of the Ferrar group contains saints which appear to be peculiar to Calabria or Sicily, and it had previously been stated (rather than proved) by the Abbé Martin that certain palaeographical traits to be observed in these manuscripts were characteristic of Calabrian scriptoria. In the present state, however, of knowledge of Greek palaeography it is unwise to be too confident on purely palaeographical grounds as to the provenance of any manuscript.

Of the history of Codex 543 nothing is known until the year 1864, when it was in the possession of a dealer at Janina in Epirus. It was then purchased from him by a representative of Lady Burdett-Coutts; when her collection was bought by the University of Michigan in 1922, it passed into the library of that University at Ann Arbor, Michigan.

The present collation has been made with Scrivener's Novum Testamentum textus Stephanici A.D. 1550, 2d ed., Cambridge, 1876.

1. *Binding.* The codex has an excellent tooled-leather binding, with bosses and clasps. The quires are fastened together and to the binding with stout cords which were originally covered with red and green cloth now mainly worn away. The

manuscript shows signs of much use. The transposition of the leaves in John i. 51 probably does not indicate that the codex was rebound, but that certain leaves, loosened by wear, were reinserted in the wrong place.

2. *Parchment.* The parchment is thick and coarse, and considerably yellowed by age. Each leaf measures 28.5 × 22.5 cm. One or two leaves have been mended with red string.

3. *Quires.* The codex contains at present 184 leaves, in 25 quires. The quire numbers are found either on the bottom right of the first leaf recto or at the bottom right of the last leaf verso of each quire. In quires $\overline{\iota\varsigma}$, $\overline{\kappa\alpha}$, and $\overline{\kappa\beta}$, they are inserted in both places. In quire $\overline{\iota\varsigma}$ the leaves are not in order, four leaves of the quaternion having been lost and the four remaining ones resewed and reinserted in a wrong order. The order of the leaves is now 2, 3, 1, 4.

The folios are as follows:

Matthew	42 folios
Mark	28 "
Luke	51 "
John	34 "
Synaxarion	8 "
τῇ β' τοῦ νέου ἔτους	7 "
Menology	13 "
Limits of the Five Patriarchates	1 "
	184 "

To these must be added the missing leaves:

Matthew	2 folios
Mark	2 "
Luke	1 "
John	5 "
Menology	1 "
Limits of the Five Patriarchates	1 "
	12 "

This gives a total of 196 folios (392 pages) for the original contents.

The κεφάλαια of Matthew are missing, but I have found traces of four leaves, one of which contained a bit of border in red ink; the Gospel of Matthew begins on the first page of the first quire. Since the last quire was a binion, the leaves missing before Matthew might also have constituted a binion. In that case the κεφάλαια of Matthew may have occupied the last leaf of the binion, while the other leaves contained illuminated pictures.[1] This would bring the total up to 200 folios or 400 pages.

4. *Spacing.* Each page has an outer margin of 4.6 cm., an upper margin of 3.4 to 4 cm., a lower margin of 4.8 to 6.2 cm., and an inner margin of 2 cm. There are two columns on each page, separated by a space of 1.25 cm. and varying from 19 cm. in length (with 27 lines) to 21.3 cm. (with 30 lines). The width of the columns varies from 7.55 to 7.65 cm.

The ruling of the leaves (done on the hair side) was careful, but is not without faults. The lines are 7 cm. apart.

The average full line has 17 letters. In the genealogy of Luke the letters are larger and the lines contain on an average about 14 letters. Most of the letters are suspended from the line, but a few project above it.

5. *Writing.* The same scribe wrote all four gospels, including the transposed section of John, although in this portion the letters vary somewhat in size.

6. *Abbreviations.* The abbreviations which are used in the gospels are the common ones.[2] The following table gives the number of times the scribe failed to abbreviate the words indicated.

---

[1] Cf. J. A. Herbert, Illuminated Manuscripts, 2d ed., London, 1912, pp. 167 ff.

[2] Traube, Nomina Sacra, Munich, 1907.

	Matthew	Mark	Luke	John
ανθρωπος	6	4	13	1
κυριος	20	1	5	2
ουρανος	10	2	2	0
ιεροσολυμα / ιερουσαλημ	3	11	7	9
πνευμα	0	2	3	0
θεος	2	1	1	1
χριστος	0	0	0	1
ουρανιος	2	0	0	0
ισραηλ	1	0	0	0
πατηρ	1	0	0	0

υἱός is contracted only once, John iv. 47. For σταύρωσον the manuscript has $\overline{στωσον}$, Mark xv. 14, and for σταυρωθῇ, $\overline{στρωθῇ}$. παρθένος is contracted to πα$\overset{\theta}{\rho}$νος.

In some of the cases where Nomina Sacra are uncontracted, they have the heavy bar signifying contraction. There is a decrease in uncontracted forms from Matthew to John. Abbreviation by suspension is common, usually at the end of lines, and occurs in most cases in monosyllabic and dissyllabic words.

7. *Punctuation.* The manuscript is profusely punctuated. A dot immediately below the line is equivalent to our comma, while a longer pause is indicated by +. Question marks (a heavy-tailed comma followed by +) are also occasionally found in the manuscript.

8. *Paragraphs.* Paragraphs are indicated by an unwritten space at the end of a line, and by a rubricated capital in the margin of the next. Rubricated capitals, however, do not always mean the beginning of a new paragraph. Lectionary divisions, indicated by τέλος, ἀρχή, are found sometimes in the text, sometimes in the margin. The lection divisions frequently do not agree with those noted in T. K. Abbott's edition of Codices 13, 69, 124, and 346.

9. *Diacritical and other marks.* Breathings are often omitted by carelessness.

Accents are for the most part correctly placed. In several instances the preposition compounded with the verb is accented. As in Codex 826, final -αι and -οι are sometimes treated as long, so that an acute accent on the penult is regularly written in the aorist infinitive, active and passive, the nominative plurals ιουδαίοι, φαρισαίοι, σαδδουκαίοι, and a few other words. ὅτ' ἄν is usually written as two words.

The apostrophe is used even when not required, notably in ἐξ', and οὐκ'.

Quotations from the Old Testament, if marked at all, are indicated in the left margin by a rubricated letter or sign.

Almost all the necessary corrections of misspellings have been made. Sometimes a stroke of the pen which looks like ς indicates an error, perhaps to be corrected later.

10. *Spelling, etc.* Scrivener, *Adversaria Critica Sacra*, p. xix, gives the number of itacisms occurring in our manuscript, as well as most of the unusual forms of spelling. οὕτως is commonly written instead of οὕτω, and the addition of ν-movable is frequent in cases where the printed text lacks it. In the collation no notice is taken of the presence or absence of these letters.

11. *Ink.* The codex is written in a brown ink. All rubricated capitals, Ammonian sections, τέλος, ἀρχή, are in red ink, as well as the κεφάλαια, which are generally found above the columns, but sometimes below. A few of the κεφάλαια are written in a bright orange ink. At the bottom of some of the pages modern Greek notes are written in black ink.

Re-inking, sometimes incorrect, is found on several pages where the brown ink has worn off. The color of this later ink is black.

Matthew

ΕΤΑΓΓΕΛΙΟΝ ΕΚ ΤΟΤ ΚΑΤΑ ΜΑΤΘΑΙΟΤ

i. 4 αμιναδαμ bis
    νασσων bis
5 ιωβηδ bis
6 om ο βασιλευς
   σολομῶνα
7 αβιουδ bis
   ασαφ
8 ασαφ

16 ω μνηστευθησα παρθενος μαριαμ εγεννησεν ῑν τον λεγομενον χ̄ν pro τον ανδρα
   ... χριστος
18 εγγαστρι
20 om κυριου
   εφανη κατ οναρ αυτω
   φοβηθεις

22 om του ante κυ
23 εγγαστρι
24 om ο ante ιωσηφ
ii. 2 ιδωμεν
3 ο βασιλευς ηρωδης
5 βιθλεεμ
om γαρ
8 εξετασατε ακριβως
11 ειδον pro ευρον
19 φαινεται κατ οναρ
22 om επι
23 ναζαρεθ λεγομενην
iii. 3 δια pro υπο
4 om ο
τρυχων
7 om ερχομενους
8 καρπον αξιον
11 add ουν post μεν
υμας βαπτιζω
12 add μεν ante σιτον
om αυτου post σιτον
15 ο δε ις αποκριθεις ειπεν αυτωι
16 βαπτισθεις δε (om και)
ηνεωχθησαν
ιδεν
iv. 3 om αυτω
add αυτω post ειπεν
4 εν pro επι
9 ειπὲν pro λεγει
10 add οπισω μου in marg post
υπαγε a posteriori manu
13 ναζαρεθ
κατωκισεν
16 φως ιδεν
18 om ο ιησους
ιδεν
21 ιδεν
24 om και ante δαιμονιζομενους
v. 9 om αυτοι
11 διωξουσι
12 ουτος pro ουτω

16 δοξασωσοι
17 νομησητε
18 κερεα
νομου add και των προφητων
19 λυσει (corr λυση)
διδαξει
20 υμων η δικαιοσυνη
22 ρακκα
add τω αδελφω αυτου ante
μωρε
25 εννοων
ου pro οτου
μετ αυτου εν τη οδω
om σε παραδω 2°
28 αυτην pro αυτης
30 η χειρ σου η δεξια
31 om οτι
υποστασιον
32 πας ο απολυων pro ος αν
απολυση
μοιχευθηναι pro μοιχασθαι
αν pro εαν
34 ομοσε ολος
36 μη δε
ποιησαι ante λευκην
38 om και
41 αγγαρευση μηλιον
42 δανισασθαι
44 τοις μισουσιν υμας
45 add τοις ante ουνοις
46 εξετε
47 το αυτο pro αυτου
48 τελεοι
ως pro ωσπερ
ουνιος pro εν τοις ουρανοις
vi. 2 οταν ποιεις
4 om αυτος
5 om αν
om οτι 2°
6 om τω ante εν
8 εχεται

vi. 24 μαμωνα
25 μεριμνησητε
η pro και 2°
τω σωματι
32 ταυτα γαρ παντα
επιζητουσιν
34 μεριμνησητε εαυτης εις την
αυριον pro αυριον μεριμ-
νησει τα εαυτης
εαυτης pro αυτης
vii. 2 αντιμετριθησεται
4 εκ pro απο
5 απο pro εκ 2°
6 δοτε
καταπατησουσιν
7 ευρησεται
9 ο pro ον
10 add η ante και εαν
12 εαν pro αν
ουτως pro ουτος
13 εισελθατε
ερχομενοι
14 τι pro οτι
τεθλημμενη
16 γνωσεσθε
μητινες pro μητι
19 add ουν post παν
22 επροφητευσαμεν
23 αναχωρειτε
add παντες post εμου
24 ομοιωθησεται
om αυτον
οικοδομησε
25 προσεπεσαν
26 οστις ακουει pro πας ο ακουων
ποιει pro ποιων
οικοδομησε
27 προσεκρουσαν
add σφοδρα fin
29 add αυτων fin

viii. 1 καταβαινοντος δε αυτου
2 προσελθων
προσεκυνησεν
3 om ο ιησους
4 μωυσης
5 εισελθοντος δε αυτου
(om τω ιησου)
παρακαλων
6 δεινος
8 αξιος pro ικανος
μονω ειπε λογω
10 $\overline{θς}$ pro ιησους
add αυτω post ακολουθουσιν
11 ανακληθησονται
13 εκατονταρχη
14 ιδεν
15 add ευθεως ante αφηκεν
20 κλινει
22 ακολουθει in ras
23 om το ante πλοιον
25 om αυτου
om ημας
26 τω ανεμω
28 ελθοντος αυτου
γεργεσινων
29 συ pro σοι
32 om των χοιρων 2°
ix. 1 add ο $\overline{ις}$ post εμβας
om το
4 add αυτοις post ειπεν
5 ειπην 1°
εγειρε
9 εκειθεν ο $\overline{ις}$
ιδεν
τελωνειον
13 αλλα
15 om οι
16 ρακκους
17 απολλουνται
αμφοτεροι

18 add τις post αρχων
   προσελθων pro ελθων 1°
   add τω ιυ ante προσεκυνει
   om οτι
   αλλ
   επειθες
   αυτης pro αυτην
21 κρασπεδου pro ιματιου
22 στραφεις
23 αυλιτας
   ελεγεν pro λεγει αυτοις
24 καταγελων
25 ηγειρεν
27 om και λεγοντες
   add κε post ημας
31 διεφημησαν
33 om οτι
35 add και πολλοι ηκολουθησαν
   αυτω fin
36 add ο ις post οχλους
   ευσπλαγχνισθη
   εσκυλμενοι
x. 1 add ο ις post προσκαλεσα-
   μενος
 2 εισιν pro εστι
 3 θαδδαιος ο επικληθεις λεββαιος
 4 παρεδωκεν pro παραδους
 8 νεκρους εγειρετε λεπρους κα-
   θαριζετε
 9 μητε pro μηδε bis
10 μητε pro μηδε tris
   ραβδους
11 εισελθητε η κωμην
13 ελθατω
14 αν pro εαν
   add η κωμης post πολεως
   εκτεινασατε
19 δωθησεται
   λαλησητε
23 διωκουσιν

   ετεραν pro την αλλην
   add καν εκ ταυτης διωκουσιν
   υμας φευγετε την αλλην
   ante αμην
24 add αυτου post διδασκαλον
25 επεκαλεσαν
26 εστιν συγκεκαλυμμενον
28 φοβεισθε pro φοβηθητε 1°
   αποκτενοντων
   την pro και ante ψυχην 2°
   add το ante σωμα
31 add αυτοις post φοβηθητε
32 add τοις ante ουρανοις
33 απαρνησητε
34 νομησητε
   om επι την γην
xi. 2 δεσμοτηριω
 4 add τω ante ιωαννη
 5 και πτωχοι ευαγγελιζονται
   και νεκροι εγειρονται
 7 ανεμω (corr a secunda
   manu ad ανεμου)
13 επροφητευσαν
16 εστιν παιδιοις καθημενοις εν
   αγοραις α προσφωνουντα
   τοις ετεροις αυτων λεγουσιν
17 ηυλισαμεν
18 add προς υμας post γαρ
19 φιλος τελωνων
   add παντων post απο
20 add ο ις post ηρξατο
21 χωραζειν
   om ει
22 add ουν post πλην
23 υψωθης
27 βουλητε
xii. 2 add αυτους post ιδοντες
 4 ο pro ους
 5 add τοις εν τω ιερω post οτι
 7 εστι ελεον hiat

xii. 8 om και
   10 add εκει post ην
       χειραν
   11 post τοις duo folia desunt
       usque ad xiii. 10
xiii. 10 incipit και προσελθοντες
       ειπαν
   13 λαλω αυτοις
       add ινα post οτι
       μη pro ου
       βλεπωσιν
       μη pro ουκ
       ακουωσιν
       και μη pro ουδε
       συνιωσιν
       add μηποτε επιστρεψωσιν fin
   14 om επ
       om η ante λεγουσα
       ακουσητε
   15 ιασομαι
   16 ακουωσιν
   17 ουχ pro ουκ 1°
       ακουσε μου pro ακουσαι
   22 συνπνιγει
   23 om την 2°
   24 ομοιωθη
       σπειραντι
   26 om και 2°
   27 ειπαν
   28 ειπαν
       ελθοντες
       συλλεξομεν
   29 ουχι pro ου
   30 om τω post εν
       συναγαγ εται
   31 ελαλησεν pro παρεθηκεν
   32 αυξηση
       μειζων
   33 add λεγων post αυτοις
   34 οιδεν pro ουκ
   35 add ησαιου post δια

   39 om του
   40 καιεται
   42 κλαυμος
   43 των pro του corr
   47 βληθησει
   48 om και
   50 βαλλουσιν
   51 om κυριε
   52 μαθητευθεις τη βασιλεια
   54 εκπλησσεσθαι
   57 add ιδια ante πατριδι
       om αυτου 2°
xiv. 3 add τοτε ante κρατησας
       εν φυλακη απεθετο
   6 γενεσιον
       ωρχισατο
   7 ωμωσεν pro ωμολογησεν
       αν αιτησεται
   8 προβιβασθισα
   9 λυπηθεις
       om δε
       add αυτη post δοθήναι
   11 εν pro επι
   12 πτωμα
   13 ακουσας δε (om και)
   14 ιδεν
       ευσπλαγχνισθη
       επ αυτοις
   19 om και post χορτους
       add αυτου post μαθηταις
   20 περισσευων
   23 προσευξασθε
   24 σταδιους πολλους απο της γης
       απηχε pro μεσον ....
       ην
   25 ηλθεν
       την θαλασσαν
   26 οι δε μαθηται ιδοντες αυτον
       περιπατουντα επι της θαλα-
       σσης
   27 ευθυς

25 ελθειν προς σε
30 βλεπον
33 προσελθοντες
34 επι pro εις
   γεννησαρεθ
35 επιγνωντες
   εκεινου του τοπου
36 add καν post ινα
xv. 1 om οι
   φαρισαιοι και γραμματεις
2 νιπτωνται
   εσθιουσιν
4 λεγον corr
5 δ αν pro αν
   τιμησει
   om αυτου 2°
6 τον νομον pro την εντολην
   παραδωσιν
7 προσεφητευσεν
9 σεβοντε
   διδασκαλειας
12 om αυτου
   λεγουσιν pro ειπον
13 φυτια
14 τυφλοι εισιν οδηγοι τυφλων
   τυφλος δε τυφλον οδηγον
   σφαλησεται και αμφοτεροι
   πεσουνται εις τον βοθυνον
15 ταυτην την παραβολην
16 εσται
18 και εκεινα hiat
22 εκραξεν
   om αυτω
23 λογω pro λογον
25 προσεκυνη
   βοηθη
27 ψυχιων
28 θελης
29 add ο ι̅ς̅ post ορος
30 αυτου pro του ιησου
31 τον οχλον

βλεποντες 1° corr
add και ante κυλλους
add και ante χωλους
34 ειπαν
35 παραγγειλας τω οχλω pro
   εκελευσε τοις οχλοις
36 ελαβε pro και λαβων
   add και post ιχθυας
   εδιδου pro εδωκε
   om αυτου
   τοις οχλοις
38 add ως post ησαν
39 ανεβη
   om το
xvi. 1 επηρωτων
2 οψιας usque ad fin vs 3 non
   in textu sed in marg a
   posteriori manu
4 μοιχαλεις
5 εξελθοντες
   om αυτου
8 εχετε pro ελαβετε
11 αρτων
   προσεχετε pro προσεχειν
12 αλλα
17 αποκριθεις δε (om και)
   ου̅νιος pro εν τοις ουρανοις
21 εις ιεροσολυμα απελθειν
   αρχιερεων και πρεσβυτερων
   add του λαου post γραμμα-
   τεων
22 αυτω επιτιμαν
23 επιστραφεις
   ει εμου
26 ωφεληθησεται
28 add οτι ante εισιν
   εστωτων
   γευσονται
xvii. 2 ελλαμψε
   εγενοντο
3 ωφθη

xvii. 3 μωυσης
    4 μωυση
      ηλια μιαν
    5 φωτος pro φωτεινη
    6 επεσαν
    7 και αψαμενος pro ηψατο
      om και ante ειπεν
    8 ιδων
    9 εκ pro απο
  11 add τα ante παντα
  14 γονυπετον αυτον
  17 εως ποτε ανεξομαι υμων εως
      ποτε μεθ υμων εσομαι
  20 λεγει pro ειπεν
      ολιγοπιστιαν pro απιστιαν
      μεταβα
  23 αναστησεται pro εγερθησεται
  25 εισελθοντων pro οτε εισηλθεν
      om απο 3°
  27 αναβαινοντα
xviii. 4 ταπεινωσει
    5 εν παιδιον τοιουτον
    6 σκανδαλισει
      εις pro επι
    8 αυτον pro αυτα
    9 εχειν και pro εχοντα
  11 om versus
  12 γενωνται
      αφησει
      add προβατα ante επι
      add και post ορη
      ζητησει
      πλανομενον
  13 add του ante ευρειν
      εν pro επ
  14 μου pro υμων
  15 om δε
      om και 1°
  16 σεαυτου pro σου
  18 αν pro εαν bis
  19 add αμην post παλιν

      add εξ ante υμων
      αιτησονται
  20 οπου pro ου
  21 αμαρτηση
      ο αδελφος μου εις εμε
  23 τουτω pro τουτο
  26 αποδωσω σοι
  27 δανιον
      αυτου pro αυτω
  28 ει τι οφειλης pro ο τι οφελεις
  29 απαντα
      σοι αποδωσω
  30 ηθελησεν
  31 απελθοντες
xix. 5 π̅ρ̅α̅ add αυτου
      κολληθησεται
    8 μωυσης
    9 παρεκτος λογου πορνειας pro
      ει μη επι πορνεια
      γαμων pro γαμησας
  14 κωλυσητε
  15 τας χειρας αυτοις
  16 αυτω ειπεν
  18 om ιησους
      εφη pro ειπε
  20 ταυτα παντα
  21 λεγει pro εφη
      δευρω
      ακολουθη
  23 πλουσιος δυσκολως
  24 εισελθειν pro διελθειν
      πλουσιος
  25 om αυτου
  26 om εστι 2°
  28 καθησησθε
  29 οστις pro ος
  30 add οι ante εσχατοι 2°
xx. 3 om την post περι
      ιδεν
      εν τη αγορα εστωτας
    4 και εκεινοις hiat

add μου post αμπελωνα
5 ενατην
6 om την 1°
9 ελθοντες ουν (om και)
10 και ελθοντες (om δε)
ενομησαν
πλειον
om και ante ελαβον
12 om αυτους
15 ο θελω ποιησαι
17 om ο ιησους
add αυτου post μαθητας
και εν τη οδω ειπεν pro εν τη
οδω και ειπεν
19 εμπεξαι
21 add σου post ευωνυμων
22 η pro και
23 add ο $\overline{ις}$ post αυτοις
om μου post ευωνυμων
24 ακουσαντες δε (om και)
26 om δε
εσται pro εστω
27 εσται pro εστω
29 add ο ante οχλος
30 $\overline{ιυ}$ pro κυριε
31 μειζων in ras
εκραυγαζον
$\overline{κε}$ ελεησον ημας υιος δ$\overline{αδ}$
33 ανοιγωσιν
34 ομματων pro οφθαλμων
xxi. 1 βεθσφαγη και βηθανιαν
των μαθητων αυτου pro μαθη-
τας
2 πορευεσθε
κατεναντι
3 αποστελλει
4 υπο pro δια
7 om επανω 1°
αυτω pro αυτων 1°
8 αυτων pro εαυτων
εστρωννοιον in ras

9 add αυτον post προαγοντες
11 om ιησους
12 om του θεου
14 om εν τω ιερω
15 οι γραμματεις και οι αρχιε-
ρεις
23 ελθοντος αυτου
27 υμιν λεγω
28 om δε
add τις post α$\overline{νο}$ς
om μου
29 υπαγε $\overline{κε}$ και ουκ απηλθεν pro
ου θελω υστερον δε μετα-
μεληθεις απηλθε
30 προσελθων δε (om και)
ετερω pro δευτερω
ου θελω· υστερον δε μεταμελη-
θεις απηλθεν pro εγω
κυριε και ουκ απηλθε
31 om αυτω
εσχατος pro πρωτος
32 ουδε pro ου
37 επεστειλεν
42 υμων pro ημων
44 om δ'
πεσει
46 ποιασαι pro κρατησαι
επιδη
xxii. 2 ομοιωθη
4 τεθημενα
5 ος pro ο bis
επι pro εις 2°
7 ο δε βασιλευς ακουσας
στρευματα
9 εαν pro αν
10 add των post γαμος
11 θεασασθε
ιδεν
12 εφημωθη
13 ο βασιλευς ειπεν
om αρατε αυτον και

xxii. 13 βαλετε
  20 add ο $\overline{ις}$ post αυτοις
  23 add οι ante σαδδουκαιοι
     om οι ante λεγοντες
  24 μωυσης
     add και post τεκνα
     επιγαμβρευση
  28 αναστασει ουν
  30 εγγαμιζονται
     om του
     εισιν εν τω $\overline{ουνω}$
  32 add δε post εστιν
  37 om τη ante καρδια
     add και εν ολη τη ισχυι σου
     post ψυχη σου
  38 εστιν η μεγαλη και πρωτη
  44 υποκατω pro υποποδιον
  45 add εν $\overline{πνι}$ ante καλει
  46 αποκριθηναι αυτω λογω
     επερωτισαι

xxiii. 1 ελαλησεν ο $\overline{ις}$
  2 καθεδρας μωυσεως
  3 εαν
  4 θελωσι
  5 γαρ pro δε 2°
  6 δε pro τε
  7 ραββει bis
  8 ραββει
  9 $\overline{ουνιος}$ pro εν τοις ουρανοις
  10 υμων post καθηγητης
  13 ponitur post versum 14
  14 add δε post ουαι
  15 add του ante ποιησαι
  18 αν pro εαν
  19 add εστιν ante μειζων
  23 add και post νομου
  26 αυτου pro αυτων
  27 μεν εξωθεν
  28 εστε μεστοι
  29 οικοδομειται
  30 ημεθα pro ημεν 1°

αυτων κοινωνοι
  31 αυτοις pro εαυτοις
     εσται
  32 πληρωσαντε
  33 οφις
  34 om ιδου
     om και 3°
  35 add αν post οπως
  36 add οτι post υμιν
  37 ιερουσαλειμ, $\overline{ιλημ}$
     αποκτενουσα
     ορνεις επισυναγει
  38 αφιετε
  39 add οτι post υμιν

xxiv. 1 απο του ιερου επορευετο
  2 αποκριθεις pro ιησους
     ταυτα παντα
     om μη 2°
  8 ταυτα δε παντα
     αρχαι
  15 εστως
  18 το ιματιον
  19 εγγαστρι
  20 γενηte
     om εν
  30 κοψονται τοτε
  31 add των ante $\overline{ουνων}$
     add των ante ακρων 2°
  33 ταυτα παντα
  34 add οτι ante ου μη
     ταυτα παντα
  36 om της ante ωρας
     add ουδε ο υιος post $\overline{ουνων}$
  38 εγγαμιζοντες
     αχρις pro αχρι ης
  41 add δυο επι κλινης μιας εις
     παραλαμβανεται και εις
     αφιεται fin
  42 ημερα pro ωρα
  43 ωρα pro φυλακη
  45 οικετιας pro θεραπειας

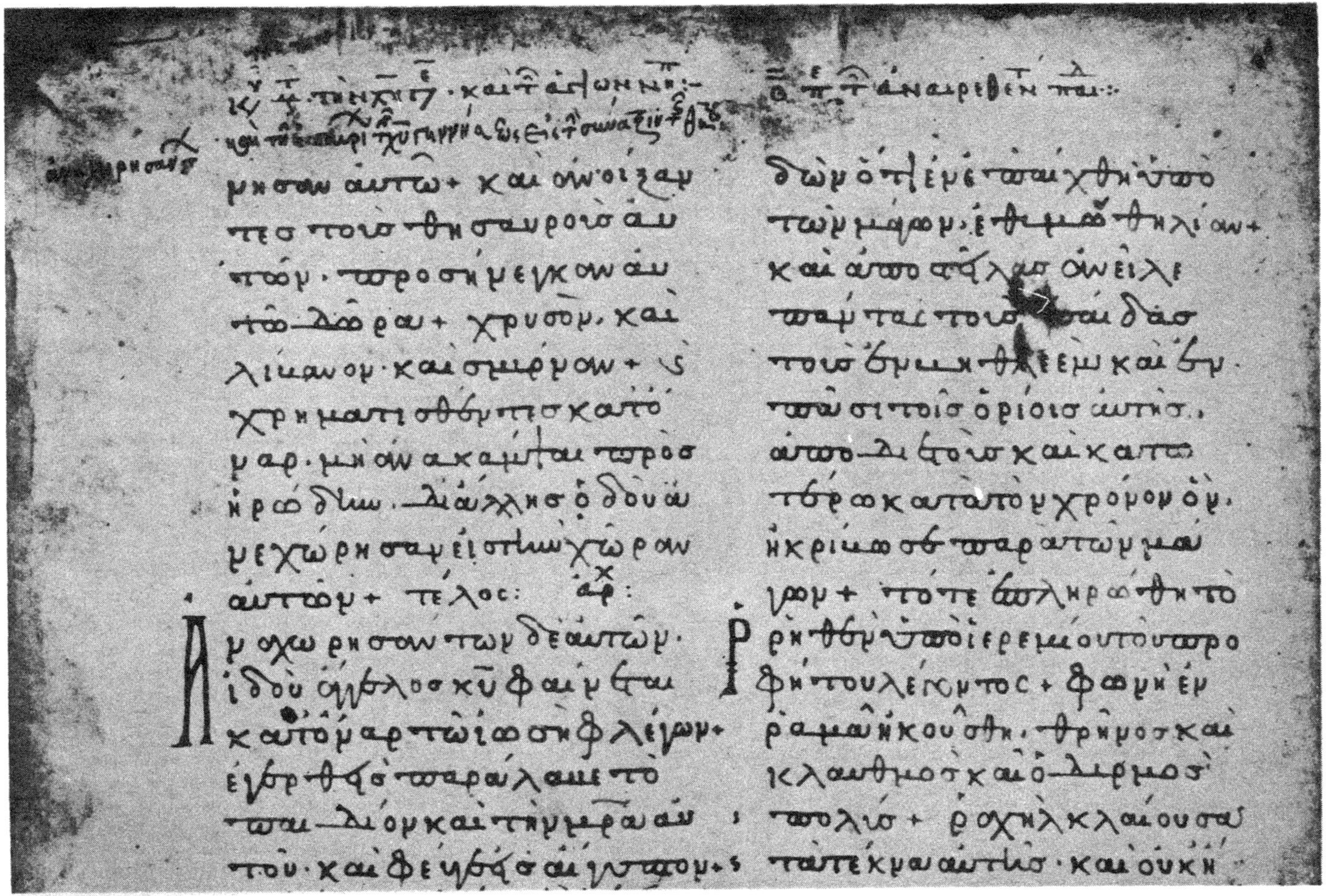

Codex 543 (University of Michigan 15): Matthew 2, 11–22 (upper half of page)

δουναι
46 ουτως ποιουντα
49 add αυτου post συνδουλους
εσθιει
πινει
xxv. 1 παρνοις (corr)
3 αυτων pro εαυτων 2°
4 αγγιοις
6 εξερχεσθαι
7 εκοσμισαν
10 αιτοιμοι pro αι ετοιμοι
16 ηργασατο
εκερδησεν pro εποιησεν
19 πολυν χρονον
25 τα pro το 1°
26 συναγων
30 αχριον
εκβαλετε
add ταυτα λεγων εφωνει ο
εχων ωτα ακουειν ακουετω
fin
31 καθιση
32 συναχθησονται
36 ηλθατε
37 om αυτω
ιδωμεν
38 ιδωμεν
39 ιδομεν
44 om αυτω
ιδομεν
xxvi. 2 παραδιδοτε
3 om και οι γραμματεις
4 δολω κρατησωσιν
7 εχουσα αλαβαστρον μυρου
της κεφαλης
10 om γαρ
ηργασατο
17 add απελθοντες post θελεις
18 add $\overline{ις}$ ante ειπεν
add αυτοις post ειπεν
22 om αυτω

εις εκαστος
26 αυτων δε εσθιοντων
ευχαριστησας pro ευλογησας
δους
om και 3°
29 om οτι
γενηματος
31 διασκορπισθησονται
33 om και
34 αλεκτωρα
35 εαν pro καν
add δε post ομοιως
ειπαν
36 γεθσημανει
αυτοις pro τοις μαθηταις
αν pro ου
εκει προσευξωμαι
38 add ο $\overline{ις}$ ante περιλυπος
39 προσελθων
παρελθατω
add ωφθη δε αυτω αγγελος
απο του $\overline{ουνου}$ ενισχυων
αυτον και γενομενος εν
αγωνια εκτενεστερον προ-
σηυχετο εγενετο δε ο ιδρος
αυτου ωσει θρομβη αιματος
καταβαινοντες επι την γην
fin
40 αυτοις pro τω πετρω
42 add ο $\overline{ις}$ ante λεγων
το ποτηριον τουτο
43 παλιν ευρεν αυτους
βεβαρυμενοι
44 om και
παλιν απελθων
45 om αυτου
om το
add $\overline{ανων}$ post χειρας
50 ο pro ω
51 μαχαιρα
52 αποθανουνται pro απολουνται

xxvi. 53 λεγεονων
55 εξηλθατε
57 αρχιερεαν (corr)
60 ψευδομαρτυες
62 αποκρινει (corr)
63 om αποκριθεις
67 εκολαφησαν
69 εκαθητο εξω
71 ιδεν
74 καταθεματιζειν
xxvii. 2 ηγεμωνη
3 μεταμελισθεις
4 ειπαν
   τις pro τι
   οψη
5 εις τον ναον
   αναχωρησεν
6 κορβοναν
12 om των 2°
15 ειωθη
   τω οχλω ενα
   ειθελον
16 add οστις διαφονον ην βεβλη-
   μενος εις φυλακην fin
17 δε pro ουν
28 χλαμυδα κοκκινην περιεθηκαν
   αυτω
29 εθηκαν
   της κεφαλης
   εν τη δεξια
32 κυριναιον
33 ο pro ος
34 οινον pro οξος
   ηθελησε
35 δια pro υπο
36 om αυτον
41 om δε

εμπεζοντες
42 πιστευσωμεν
44 συνσταυρωθεντες
   αυτον pro αυτω 2°
45 ενατης
46 ενατην
   λιμὰς ἀβαχθανί
   εγκατελιπας
47 φωνη
   ουτως
49 ειπαν proελεγον
51 καταπαιτασμα (corr)
   επ pro απο
52 ηγερθησαν
56 μαγδαλινη
59 ενειλισεν pro ενετυλιξεν
60 om αυτο
61 μαγδαλινη
63 ο πλανος εκεινος
64 om νυκτος
65 om δε
xxviii. 1 μαγδαλινη
2 add του μνημειου post θυρας
4 εσισθησαν
8 απελθουσαι
   om αυτου
9 υπηντησεν
10 υπαγεται (corr)
   και εκει hiat
14 ποιησωμεν
18 μι pro μοι
τελος του κατα ματθαιον ευαγγελιου
εκ του κατα ματθαιον ευαγγελιου
   εγραφη εβραιστι εν παλαι-
   στεινι μετα η ετη της αναλη-
   ψεως του$\overline{κυ}$
εχει δε ρηματα $\overline{β}$ $\overline{φ}$ $\overline{κβ}$
εχει δε στειχους $\overline{β}$ $\overline{φ}$ $\overline{ξ}$

Mark

ΕΥΑΓΓΕΛΙΟΝ ΕΚ ΤΟΥ ΚΑΤΑ ΜΑΡΚΟΝ

i. 5 om η
ιεροσολυμειται
παντες εβαπτιζοντο
8 υμας εβαπτισα
om δε
υμας βαπτισει
9 add ο ante ιs̄
ναζαρεθ
εις τον ιορδανην υπο ιω̄αννου
10 εκ pro απο
ιδε
καταβαινων
εις pro επ
11 σοι pro ω
12 εκβαλλει αυτον
13 om εκει
add επι ante ημερας
add και τεσσαρακοντα νυκτας post τεσσαρακοντα
16 και παραγων pro περιπατων δε
ιδεν
add τον ante σιμωνα
του σιμωνος pro αυτου
αμφιβαλλοντας τα δικτυα pro βαλλοντας αμφιβληστρον
εις την θαλασσαν
18 om αυτων
19 ιδεν
20 add ευθυς ante αφεντες
μισθοτων
21 καφαρναουμ
om εισελθων
εδιδασκεν εις την συναγωγην
24 ναζαρινε
27 εαυτους pro αυτους
λεγοντες

η καινη διδαχη αυτη
28 add πανταχου post ευθυς
29 ευθυς
εξελθων ηλθεν
30 add του ante σιμωνος
καιτεκειτο
ευθυς
32 εφερον add παντες
33 ην συνηγμενοι
34 ποικιλοις
add τον χ̄ν̄ ειναι fin
35 add και post λιαν
36 add τε ante σιμων
37 σε ζητουσιν
38 κομοπολεις
και εκει hiat
εληλυθα
39 εις τας συναγωγας
40 om αυτον post παρακαλων
γονυπετον (corr)
41 λεγων pro και λεγει
42 om ειποντος αυτου
44 om μηδεν
αρχιερει pro ιερει
μωυσης
45 κηρυσσην
ii. 1 εισηλθεν παλιν
3 φεροντες παραλυτικον
4 κραβαττον
ου pro ω
5 και ιδων (om δε)
σου pro σοι
8 add αυτοι post ουτως
9 σου pro σοι
εγειρε
τον κραβαττον σου
11 εγειρε

ii. 11 κραβαττον
12 κραβαττον
   εξιστασθε
   ιδωμεν
13 add ο ι̅ς̅ ante παλιν
14 παραγων δε (om και)
   ιδεν
   ιακωβον pro λευιν
15 om εν τω
17 η pro οι 2°
18 φαρισαιοι pro των φαρισαιων 1°
   om οι δε σοι μαθηται ου νηστευουσι
19 om ου
20 αρθη
   εκεινη τη ημερα
21 om και init
   ρακκους
   επιραπτει
   om επι
   om αυτου
   add απο post καινον
22 om ο νεος
23 add παλιν post και 1°
   αυτον πορευεσθαι
   οι μαθηται αυτου ηρξαντο οδοιπορουντες pro ηρξαντο οι μαθηται αυτου οδον ποιειν
24 add οι μαθηται σου post ποιουσιν
   om εν
25 om αυτος 1°
   λεγει pro ελεγεν
26 add μονοις post μη
iii. 2 κατηγωρησωσιν
3 εγειρε
4 add εν post εξεστιν
5 απεκατεσταθη
6 εδιδουν pro εποιουν

7 μετα των μαθητων αυτου ανεχωρησεν
   παρα pro προς
8 τυρων
   σιδονα
   ακουοντες
9 προσκαρτερει
   add οι οχλοι fin
10 αυτω pro αυτου
11 om τα bis
   εθεωρουν
   προσεπιπτον
   εκραζον
12 ποιωσιν
13 add ο ι̅ς̅ post ορος
   ηθελησεν
14 add ους και αποστολους ονομασεν post δωδεκα
16 add πρωτον σιμωνα init
   απεθηκεν
17 om του ante ιακωβου
   βοανηργες
18 add τον τελωνην post ματθαιον
20 μηδε pro μητε
21 εξεσταται
23 εκβαλειν
25 εφ εαυτη
27 αλλ ουδ. δυν. pro ου δυν. ουδ. αρπασαι
28 add αι ante βλασφημιαι
   οσα pro οσας
29 αμαρτιας pro κρισεως
31 και ερχονται (om ουν)
   καλουντες pro φωνουντες
32 περι αυτον οχλος
   και λεγουσιν pro ειπον δε
33 και λεγει pro λεγων
   και pro η
34 τους κυκλω

add μαθητας post αυτον
ειπεν pro λεγει
ιδου
35 om μου post αδελφη
iv. 1 παλιν δε (om και)
συναγεται
καθησθαι εις το πλοιον
4 om του ουρανου
5 αλλα pro αλλο
εξεβλαστησεν pro εξανετειλε
9 om αυτοις
10 επηρωτησαν
οι μαθηται αυτου τις η παρα-
βολη αυτη pro οι περι ...
παραβολην
15 εις αυτους pro εν ταις καρ-
διαις αυτων
16 om ομοιως
ευθυς
om αυτον
17 θληψεως
18 om ουτοι εισιν 2°
ακουσαντες
21 add ιδετε post αυτοις
om ο ante λυχνος
καιεται pro ερχεται
add ινα ante η
add τεθη post κλινην
υπο pro επι
τεθη pro επιτεθη
22 om τι
ει μη ινα pro ο εαν μη
24 om εν ω μετρω μετρειτε μετ-
ρηθησεται υμιν
25 ος εχει γαρ
add εν ω μετρω μετρειτε μετ-
ρηθησεται υμιν και προστε-
θησεται υμιν fin
26 ουτος pro ουτως
ωσπερ pro ως εαν
om τον

27 εγειρεται
29 εξαποστελλει
30 πως pro τινι
ομοιωσω
τινι pro ποια
αυτην θωμεν pro παραβα-
λωμεν αυτην
31 add παραβαλωμεν αυτην
ante ως
κοκκον
32 σπαρει
om τα
33 εδυναντο
34 απελυσεν pro επελυε
35 ελεγεν
36 αφιουσιν pro αφεντες
add και ante παραλαμβαν-
ουσιν
πλοια pro πλοιαρια
37 λελαψ μεγαλη ανεμου
και τα (om δε)
38 εν pro επι 1°
εγειραντες
om και 3°
39 εγερθεις
40 τι ουτως δηλοι εστε
ουπω pro πως ουκ
41 αυτω υπακουει
v. 1 ηλθεν
om της θαλασσης
2 εξελθοντος αυτου
υπηντησεν
3 μνημασιν
add ουκετι ante ουδεις
εδυνατο
4 πολλακης
αλυσις
ισχυεν αυτον
5 εν τοις μνημειοις και εν τοις
ορεσιν
κραυγαζων

v. 6 και ιδων (om δε)
9 ονομα σοι
λεγει αυτω pro απεκριθη λεγων
add εστιν post μοι
10 παρεκαλη
11 αγελη χοιρων βοσκομενη μεγαλη προς το ορει
12 παρακαλεσαντες
om παντες οι δαιμονες
ειπον pro λεγοντες
14 και οι (om δε)
αυτους pro τους χοιρους
15 om και post καθημενον
18 μετ αυτου η
19 και ο (om δε)
διαγγειλον
πεποιηκεν
21 add ηλθεν post παλιν
προς pro επ
22 προσπιπτει
23 om οτι
εσχατος
χειρα αυτη
ινα pro οπως
ζηση
24 ηκολουθη
25 ρησει
δωδεκα ετη
26 αυτης
27 εις τον οχλον
33 φοβηθισα
αυτην pro αυτη
add εμπροσθεν παντων ante πασαν
αιτιαν αυτης pro αληθειαν
34 add ι̅ς̅ post δε
ισθη
μαστηγος
35 σκυλλης
38 add και post θορυβον

40 add ειδοτες οτι απεθανεν post αυτου 1°
παντας εξω pro απαντας κατακεκλιμενον
41 τὰ λειθᾶ κουμεῖ
εγειρε
vi. 2 add οι ante πολλοι
ακουσαντες
τουτο pro τουτω
om οτι
3 του τεκτος
add και της post υιος
ιωσητος
4 om αυτοις
om οτι
εαυτου pro αυτου 1°
συγγενευσιν
5 εδυνατο
6 add ο ι̅ς̅ post περιηγεν
κυκλω κωμας
7 om των bis
8 παρηγγελλεν
11 ος αν τοπος μη δεξηται
13 ηλιφον
αρρωστοις
add αυτους fin
14 add την ακοην ι̅υ̅ post ηρωδης
βαπτιστης pro βαπτιζων
15 add δε post αλλοι 1°
om η
16 απεκεφαλησα
ουτος εκ νεκρων ηγερθη (om εστιν αυτος)
17 om ο ante ηρωδης
add και εβαλεν post αυτον εις φυλακην
20 add α ante εποιει
ηκουσεν
21 εποιεισε
22 αν pro εαν
27 σπεκουλατορα

CODEX 543

29 om αυτο
31 add ο ι̅ς̅ post αυτοις
   αναπαυσασθε
   ευκαιρουν
32 απηλθεν εν τω πλοιω εις
   ερημον τοπον
33 ιδων
   om πολλοι
   συνεισηλθον
   αυτους pro αυτον 2°
34 ιδεν
   om ο ιησους
   ευσπλαγχνισθη
35 om αυτου
   add αυτω post λεγουσιν
36 om γαρ
37 δηναριων διακοσιων
   δωσωμεν
   add ινα εκαστος βραχυ λαβη
   fin
38 γνωντες
   λεγουσιν αυτω
39 ανακλιθηναι
   χλορω
43 κοφινων πληρωματα
   add δυο ante ιχθυων
44 om ωσει
45 ο ι̅ς̅ post ηναγκασεν
   add αυτον post προαγειν
   απολυσει
48 ιδεν
   add σφοδρα post αυτοις
50 ιδον
52 αυτων η καρδια
53 εις pro επι την
   γεννησαρεθ
54 ευθυς
   add οι ανδρες του τοπου post
   αυτον
55 περιεδραμον εις
   add και ante ηρξαντο

om τοις
κραβαττοις
56 ηψαντο pro ηπτοντο
   διεσωζοντο
vii. 2 add τους ante αρτους
3 παραδωσιν
5 add λεγοντες ante διατι
   παραδωσιν
   κοιναις χερσιν ανιπτοις
6 επροφητευσεν
7 διδασκαλειας
8 παραδωσιν
10 μωυσης
   om σου 2°
11 om ο 2°
12 om και
   om αυτου bis
13 παραδωσει
   πολλα τοιαυτα
17 om και 1°
19 αλλα
   καθαριζων
21 μοιχιαι
   πορνιαι
22 ασελγια
24 ορια
   om την
   ηθελησεν
25 om αυτης
   εν π̅ν̅ι̅ ακαθαρτω
   αυτω pro προς τους ποδας
   αυτου
26 συραφοινικισσα
   της θυγατρος αυτης εκβαλη
   (om εκ)
28 λεγουσα pro και λεγει αυτω
   om ναι
   εσθιουσιν
31 add ο ι̅ς̅ post εξελθων
   εις pro προς
33 επεβαλε

vii. 33 add πτυσας post αυτου 1°
om πτυσας
34 ανεστεναξεν
36 εαυτοις αυτος pro δε αυτος αυτοις
viii. 1 παλιν πολλου pro παμπολλου
2 σπλαχνιζομαι
3 add τον ante οικον
απομακροθεν
ηκουσιν
4 unum folium deest ab αυτου
28 incipit τον βαπτιστην
αλλοι δε ηλιαν και αλλοι
29 add ο υιος του θ̄ῡ του ζωντος fin
31 add απο τοτε post και 1°
αρχιερεων και πρεσβυτερων
add των ante γραμματεων
τη τριτη ημερα pro μετα τρεις ημερας
32 ελαλη
34 ειτις pro οστις
ακολουθητω
35 απολεσει
την εαυτου ψυχην pro την ψυχην αυτου
36 ᾱν̄ο̄ς̄ pro ανθρωπον
38 επεσχυνθη
μοιχαλλιδι
επεσχυνθησεται
ix. 1 γευσονται
εληλυθυια
2 add εν τω προσευχεσθαι αυτους ante μετεμορφωθη
add ο ῑς̄ post μετεμορφωθη
3 εγενοντο
add ουτως ante λευκαναι
4 add ιδου ante ωφθη
μωση

συνλαλουντες
5 ελεγεν
θελεις pro και ante ποιησωμεν
μωυση
6 λαλησει
7 add ιδου ante εγενετο
φωνη ηλθεν
8 ιδον
9 α ιδων εξηγησωνται
10 οι δε pro και init
συνζητουντες
11 επηρωτησαν
πως ουν pro οτι
διελθειν pro δει ελθειν
12 add τα ante παντα
13 om και 1°
περι αυτου pro επ αυτον
14 add αυτου post μαθητας
ιδεν
add τους ante γραμματεις
συνζητουντας
15 ευθυς
ιδοντες
εξεθαμβηθησαν
16 συνζητειτε
17 εκ του οχλου εις
add αυτω post ειπεν
18 om αυτου
ξηρενεται
19 και αποκριθεις ο ῑς̄ λεγει (om αυτω)
add και διεστραμμενη post απιστος
20 το παιδιον pro αυτον 2°
21 add λεγων post αυτου
αφ ου pro ως
om ο δε ειπε
22 αυτων pro αυτον 1°
om και 2°
23 om το

24 ειπεν pro ελεγε
μοι pro μου
25 add ο ante οχλος
27 om αυτον 1°
add αυτου post χειρος
28 εισελθοντος αυτου
προσηλθον αυτω οι μαθηται
αυτου κατ ιδιαν και επηρω-
τησαν αυτον λεγοντες
31 παραδοθησεται
εγερθησεται pro αναστησεται
32 ηγνωουν
ερωτησαι
33 εισηλθεν
καφαρναουμ
διελογιζεσθε προς εαυτους
34 τις αυτων μειζων ειη
35 καθησας
36 ενεγκαλισαμενος
37 αν pro εαν 1°
εκ pro εν
μονον αλλα και pro αλλα
38 και αποκριθεις (om δε)
om ο
ειπεν pro λεγων
τινα add εν
om οτι ουκ ακολουθει ημιν
39 om ιησους
εν pro επι
δυνησηται
40 ημων pro υμων bis
41 επι pro εν
42 μυλωνικος λιθος
43 εστιν σοι
ει pro η
45 εστιν σε
om την ante γεενναν
47 om σοι
add σε post εισελθειν
50 add γαρ post καλον

γαρ pro δε
αρτυσητε
add υμεις ουν ante εχετε
x. 1 και εκειθεν
om δια του
συνπορευεται
om παλιν
οχλος
3 μωυσης
5 om υμιν
7 add και ειπεν init
8 σαρξ μια
11 om ος
add ανηρ post εαν
12 και γυνη εαν εξελθη απο
ανδρος και γαμηση αλλον
μοιχαται
14 add επιτιμησας αυτοις ante
ειπεν
om και ante μη
15 αν pro εαν
16 ενεγκαλισαμενος
τιθων
ευλογει
17 add ιδου τις πλουσιος ante
προσδραμων
om εις
γονυπετων
add λεγων ante διδασκαλε
om ινα
19 αποστερισης
20 add τι ετι υστερω fin
21 λεγει pro ειπεν
add ει θελεις τελειος ειναι
ante εν σοι
διαδος
om τοις
και αρας τον σ̄τρ̄ο̄ν σου δευρω
ακολουθη μοι
22 add τουτω post επι

x. 24 εισελθειν ponitur post χρη-
μασιν
25 ευκοποτερον εστιν καμιλον δια
τρυπηματος βελονης διελ-
θειν
27 add μεν post παρα 1°
add τουτο ante αδυνατον
om τω ante θῶ 1°
28 om και 1°
29 και αποκριθεις (om δε)
add ενεκεν ante του ευαγγε-
λιου
32 add αυτον ante εφοβουντο
34 εμπεξουσιν
35 add σε post εαν
36 ποιησω (om με)
37 εν τη βασιλεια της δοξης σου
pro εν τη δοξη σου
38 add αποκριθεις post ῑς
η pro και
40 om μου 2°
42 add ουκ ante οιδατε
43 ουτως pro ουτω
αν pro εαν
μεγας γενεσθαι
υμων διακονος
44 εαν pro αν
46 add ιδου ο ante υιος
47 ῑῡ υιος δᾱδ (om ο)
48 ῑῡ υιε δᾱδ
49 αυτων pro αυτον
θαρσων εγειρου
51 ραβουνι
52 αυτω pro τω ιησου
xi. 1 ηγγισαν
ιεροσολυμα
βησθφαγη
2 λεγων pro και λεγει
add ουπω post αν̄ων̄
κεκαθηκεν
add και ante λυσαντες

3 λυετε τον πωλον pro ποιειτε
τουτο
αποστελλει
4 ουν pro δε
om τον ante πωλον
5 τινες δε (om και)
7 αγουσιν
8 στιβαδας
9 ωσαννα τω υψιστω
10 om εν ονοματι κυριου
11 om και 2°
ημερας pro ωρας
12 om αυτων
13 απομακροθεν
add εις αυτην post ηλθεν
add μονον post φυλλα
14 om ο ιησους
φαγει
15 add εξεχεεν post κολλυ-
βιστων
17 και ελεγεν pro λεγων
18 απολεσωσιν
πας γαρ (om οτι)
19 εγινετο
20 ιδον
συκη
22 add ο ante ῑς
add ει ante εχετε
23 εαν
om και βληθητι
25 στηκετε
26 add υμιν post αφησει
28 ποιεις pro ποιης
29 και εγω
31 διελογιζοντο
add τι ειπωμεν post λεγοντες
add οτι ante εξ
add ημιν post ερει
32 φοβουμεθα
οντως οτι
33 τω ῑῡ λεγουσιν

CODEX 543

αποκριθεις ο $\overline{ις}$
xii. 1 λαλειν
α$\overline{νος}$ τις εφυτευσεν αμπελωνα
οικοδομησε
5 αποκτενοντες
6 add υστερον δε ante ετι (om
ουν)
add τον post εχων
εσχατον προς αυτους
7 add θεασαμενοι αυτον ερχο-
μενον προς αυτους ante
ειπον
om προς εαυτους
8 εξεβαλον εξω του αμπελωνος
και απεκτειναν
13 add εκ post τινας
14 ηρξαντο ερωταν αυτον εν δολω
λεγοντες pro λεγουσιν αυ-
τω
15 ο δε $\overline{ις}$ ειδων
add υποκριται post πειρα-
ζατε
16 om αυτω
17 add ουν post αποδοτε
18 αναστησις ουκ εστιν
19 μωυσης
εξαναστησει
20 add παρ ημιν post ησαν
22 om ελαβον αυτην
εσχατον δε παντων και η γυνη
απεθανεν
23 οταν ουν αναστωσιν εν τη
αναστασει
add η ante γυνη
24 αποκριθεις δε (om και)
25 γαμισκοντε
add $\overline{θυ}$ post αγγελοι
26 add της αναστασεως post
περι δε
του βατου
om ο θεος λεγων εγω

27 add $\overline{θς}$ post $\overline{θς}$ 1°
om θεος ante ζωντων
28 συνζητουντων
ιδων
απεκριθη αυτοις
om πασων
29 ειπεν pro απεκριθη
παντων εντολων εστιν
30 om της ante καρδιας
32 ο $\overline{θς}$
33 πλησον
34 ιδων ο $\overline{ις}$
ετολμα ουκετι
επερωταν
35 δ$\overline{αδ}$ εστιν
36 om γαρ
om τω 1° et 2°
37 πως pro ποθεν
40 add και ορφανων post χηρων
οιτινες pro ουτοι
41 εστως pro καθισας
κατενωπιον
εβαλλεν
τον χαλκον
43 βαλλοντων
γαζοφυλακειον
44 περισσευοντας
xiii. 1 add εκ post εις
2 αποκριθεις ο $\overline{ις}$
ταυτας τας οικοδομας τας
μεγαλας
add αμην λεγω σοι ante ου 1°
add ωδε post λιθος
λιθων pro λιθω
καταλυθησεται
3 ιωαννης και ιακωβος
4 ειπον
ταυτα παντα
5 και αποκριθεις ο $\overline{ις}$
ηρξατο αυτοις
6 add ο $\overline{χς}$ post ειμι

xiii. 7 ακουετε
8 επ pro επι 1°
9 ταυτα δε παντα αρχη ωδινων
   pro αρχαι ωδινων ταυτα
   δαρισεσθε
11 αγωσιν
   add πως η ante τι
   εκεινω pro τουτο
12 om δε
14 στηκον pro εστος
15 εισελθατω
17 εγγαστρι
18 γενητε
   ταυτα pro η φυγη υμων
19 θλιψεις
   ουδ pro και
20 ο θ̄s pro κυριος
   add εκεινας post ημερας
   δια δε (om αλλα)
21 om η
   πιστευετε
22 ψευδοχρηστοι
   ποιησουσιν pro δωσουσι
25 αστεραις εκ
26 νεφελη
   και δοξης πολλης
27 add της ante γης
   add του ante ουν̄ου
28 οταν ηδη ο κλαδος αυτης
29 ιδητε ταυτα
30 εως αν pro μεχρις ου
   ταυτα παντα
32 om της ante ωρας
   add μονος fin
33 add δε και post βλεπετε
34 ωσπερ γαρ pro ως
36 εξεφνης
xiv. 1 om εν
3 εις βηθανια
   προσηλθεν αυτω pro ηλθε
   πολυτιμου

4 add των μαθητων post τινες
5 πραθηναι το μυρον τουτο επανω
6 add γαρ post καλον
   ηργασατο
   εν εμοι
7 αυτοις pro αυτους
8 om αυτη
9 add οτι post υμιν
   om τουτο
10 ιδου pro ο 1°
   om ο 2°
   αυτον παραδω
13 δυο ponitur post αυτου
   add εισελθοντων υμων εις την
   πολιν ante απαντησει
14 add και ante ακολουθησατε
   add μου post καταλυμα
   φαγομαι
15 ανωγαιον
19 add ειμι post εγω 1°
22 add και post αρτον
   εδιδου
23 om το
24 υπερ pro περι
   εκχυννυμενον
   add εις αφεσιν αμαρτιων fin
25 γενηματος
   αυτω
27 add υμεις post παντες
   om εν 2°
   τα προβατα διασκορπισθησε-
   ται
29 αποκριθεις λεγει pro εφη
   ει και
30 add συ post οτι
   om εν
   πριν αλεκτορα δις
   τρις με απαρνηση
31 ο δε πετρος μαλλον περισσως
   ελεγεν
   οτι εαν δεη με

32 γεθσημανει
   add αν απελθων post εως
   προσευξομαι
33 add τον ante ιωαννην
   μετ αυτου
34 τοτε pro και 1°
35 προσελθων
   add επι προσωπον post επεσεν
   επι την γην
   om ινα
   add ινα ante παρελθη
36 add μου post π̄η̄ρ
   σοι δυνατα εστιν
   τουτο απ εμου
   ουχ ως pro ου τι
   αλλ ως συ pro αλλα τι συ
37 ισχυσατε
38 ελθητε
39 ευξατο
40 καταβαρυνομενοι
41 απεχει το τελος
   om των
43 om ευθεως
   om πολυς
   om των 2° 3°
45 χαιρε ραββι pro ραββι ραββι
46 om επ αυτον
   αυτω pro αυτων
47 επεσεν
48 εξηλθατε
49 add των προφητων fin
50 τοτε pro και
   add οι μαθηται ante αφεντες
   om παντες
51 ηκολουθησεν
   σινδωνα γυμνος (om επι)
   οι δε νεανισκοι εκρατησαν αυτον
53 add καϊαφαν post αρχιερεα
   om αυτω

54 ηκολουθει
   συνκαθημενος
   add αυτου post υπηρετων
   om και 3°
   θερμενομενος
55 om εζητουν
57 αλλοι δε pro και τινες
59 ουδ pro ουδε
60 εις μεσων
61 add και ante παλιν
   add εκ δευτερου post αυτον
62 add αποκριθεις post ῑς̄
   add αυτω συ ειπας οτι post ειπεν
   εκ δεξιων καθημενον
63 χειτωνας
64 την βλασφημιαν του στοματος αυτου pro της βλασφημιας
   και pro οι δε
65 om αυτω 2°
   add νυν χ̄ε̄ τις εστιν ο παισας σε post προφητευσον
   ελαμβανον
67 αυτον pro τον πετρον
   θερμενομενον
   ης pro ησθα
68 ουτε pro ουδε
   εις την εξω προαυλιον
69 παρεστηκωσιν
   οτι και ουτως pro οτι ουτος
70 ηρνησατο
   om και γαρ γαλιλαιος ει
72 add ευθεως post και 1°
   αναμνησθεις
   αλεκτωρα
xv. 1 τω pro το 1°
   add αυτον post παρεδωκαν
2 add λεγων post πιλατος
3 αυτω pro αυτου
   add αυτος δε ουδεν απεκρινατο fin

xv. 4 επηρωτα
5 απεκρινατο
6 ειωθη ο ηγεμων απολυειν pro
  απελυεν
  ον αν pro ονπερ
7 add τοτε post δε
  στασιαστων
8 αναβησας pro αναβοησας
10 ηδει pro εγινωσκε
  παρεδωκαν
11 απολυσει
12 om θελετε
  τον pro ον λεγετε
13 εκραζον
  add ανασειομενοι υπο των
  αρχιερεων και ελεγον post
  εκραζον
14 περισσως εκραζον
16 εις την αυλην
17 ενδιδυσκουσιν
  add χλαμυδα κοκκινην και
  ante πορφυραν
  περιτιθουσιν
18 ο βασιλευς
20 add την χλαμυδα και post
  αυτον 1°
21 κυριναιον
22 αγουσιν pro φερουσιν
  εις τον pro επι
24 διεμεριζοντο
  κληρους
25 οτε pro και
29 αυτων τας κεφαλας
31 om δε
  om προς αλληλους
32 om του ante ιηλ
  add αυτω post πιστευσωμεν
33 και γενομενης (om δε)
  ενατης
34 τη ενατη ωρα

λιμὰς ἀβαχθανί
om μου 1°
35 ιδε
36 και δραμοντες εγεμισαν
  και περιθεντες (om τε)
  εποτιζον
  λεγοντες
  αφες
38 απ ανωθεν
40 om και post ην
  μαγδαλινη
  om η του
  ιωσητος
42 προς σαββατον
43 ελθων
  ητισατο
46 ενειλισεν
  εθηκεν
  εν τη πετρα pro εκ πετρας
47 μαγδαλινη
  add ιακωβου και post μαρια
  2°
  ιωσητος $\overline{μηρ}$ pro ιωση
xvi. 1 μαγδαλινη
  om η του
  αλειψωσι τον $\overline{ιν}$
2 add των post μιας
3 απο pro εκ
6 ναζαρινον
8 om ταχυ
9 ο $\overline{ις}$ pro δε
  μαγδαλινη
14 add εκ νεκρων ante ουκ
18 βλαψη
19 εις τους $\overline{ουνους}$
ευαγγελιον κατα μαρκον εγραφη
ρωμαϊστι εν ρωμη μετα $\overline{ιβ}$ ετη της
αναληψεως του κυριου
εχει δε ρηματα χιλια εξακοσια
εβδομηκοντα πεντε στιχx $\overline{αχιs}$

Luke

ΕΥΑΓΓΕΛΙΟΝ ΚΑΤΑ ΛΟΥΚΑΝ

i. 4 ασφαλιαν
  7 και pro η
  8 εναντιον
  9 ιερατιας
 11 add ο ante αγγελος
 14 εν pro επι
 15 θ̄ῡ pro κυριου
 17 προσελευσεται
    κατασκευασμενον
 22 om αυτοις 1°
    διανεμων
    διεμεινε
 24 τας ημερας ταυτας
 25 ουτος pro ουτω
    εφ ιδεν pro επειδεν
 26 απο θ̄ῡ pro υπο του θεου
    ναζαρεθ
 27 τω ονομα
 29 ει pro ειη
 30 αυτη ο αγγελος
 31 συλληψει
    τεξει
 34 add μοι post εσται
 35 γεννομενον
 36 συγγενις
    γηρει
 41 τον ασπασμον της μαριας η ηλισαβετ
 42 ανεβοησεν
 45 add η ante τελειωσις
 50 γενεαν και γενεαν pro γενεας
    γενεων
 55 εως αιωνος pro εις τον αιωνα
 57 της pro τη
 59 τη ημερα τη ογδοη
    περιτομην
 61 συγγενια
    ονομα
 62 αυτο pro αυτον
 66 αυτων pro αυτου
 67 επροφητευσεν
 68 om τω
 70 om των post αγιων
 74 om των
    om ημων
 75 ημων] η a posteriori manu primus scriba videtur scripsisse μων
 79 επεφαναι
ii. 1 απογραψασθαι
  2 om η
    κυρινιου
  4 ναζαρεθ
 12 ευρησεται
    εσπαργανομενον
    om τη
 13 εξεφνης
 15 οι αγγελοι εις τον ο̄ῡν̄ο̄ν̄
    εαυτους pro αλληλους
 16 ευρον
 20 υπεστρεψαν
    ιδον
 21 add αι ante ημεραι
    om και 2°
 22 μωυσεως
 25 ην αγιον
 26 κεχριματισμενον
    om η
    ιδειν pro ιδη
 27 ισθισμενον
 28 αυτον pro αυτο
 30 ιδον
 34 μαριαν
 36 μετα ανδρος ετη

ii. 37 ογδοηκοντα τεσσαρων νυκταν videtur a prima manu
38 ελαλη
39 om τα ante κατα
εαυτων
ναζαρεθ
44 συγγενευσιν
om εν 3°
45 αναζητουντες
48 και εγω
οδυνομενοι
49 ειπεν δε (om και)
ηδητε
με ειναι
51 ναζαρεθ
η δε (om και)
iii. 1 om δε 1°
πεντε και δεκατω
της in ras ante τραχωνιτιδος
αβιλινης
2 επι αρχιερεων hiat
4 λεγων
5 λιας
7 ελεγεν δε (om ουν)
10 επηρωτουν
ποιησωμεν
11 ελεγεν
ποιητω
12 ποιησωμεν
14 τι ποιησωμεν και ημεις
διασεισηται
15 om του ante ιωαννου
ει pro ειη
16 υμας βαπτιζω εν υδατι
om δε
add κυψας ante λυσαι
17 add μεν ante σιτον
19 om φιλιππου
21 om δε

22 add προς αυτον ante λεγ-
ουσαν
ευδοκησα
23 ο $\overline{ις}$ ην αρχομενος ειναι ως
ετων τριακοντα
om ων
24 ηλει
ματθαν
λευει
μελχει
ιανναι
25 εσλαι
26 μαατ
σεμεει
ιωσηχ pro ιωσηφ
27 ιωανναν
νηρει
28 μελχει
ελμωδαν
29 ιησου pro ιωση
ελεεζερ
ιωρεμ
μαθθτατ
λευει
31 μεννα
32 ιωβηδ
σαλμαν
33 add του αδμιν post αμιναδαβ
αρηϊ pro αραμ
34 θαρρα
35 σερουχ
φαλεγ
37 μελελεηλ
iv. 2 add ουδε επιεν post ουδεν
4 απεκριθη δε αυτω ο $\overline{ις}$ λεγων
om οτι
om ο
5 add λιαν post υψηλον
6 αν
7 προσκυνησεις

CODEX 543

πασα
8 ο $\overline{ις}$ ειπεν αυτω
  $\overline{κν}$ τον $\overline{θν}$ σου προσκυνησεις
9 om ο ante υιος
  ενθεν pro εντευθεν
12 $\overline{κς}$ pro ιησους
16 ναζαρεθ
  οπου pro ου
  ανατεθραμμενος
17 επεδωθη
  του προφητου ησαϊου
18 εινεκεν
  ευαγγελισασθαι
  om ιασασθαι τους συντετριμ-
  μενους την καρδιαν
20 το pro τω
  εις αυτον pro αυτω
22 ουχι ο υιος εστιν ιωσηφ ουτως
23 εις καπερναουμ
25 add οτι post υμιν
  ος pro ως
  μεγαλη
26 σαρεφθα
  σιδονιας
27 εν τω $\overline{ιηλ}$ επι ελισσαιου του
  προφητου
  ναιμας pro νεεμαν
29 οφρυος pro ορους
  add αυτων post ωκοδομητο
  ωστε pro εις το
  κατακρυμνησαι
34 ναζαρινε
35 φημωθητι
  απ pro εξ
38 απο pro εκ
  om η
  συνεχωμενη
  ηρωτησεν
40 επιτιθεις
41 κραυγαζοντα

αυτον τον $\overline{χν}$
42 επεζητουν
43 add $\overline{ις}$ ante ειπε
  επι pro εις
  απεσταλην
44 εις τας συναγωγας
v. 1 γεννησαρεθ
2 ιδεν
3 απο pro εκ
6 πληθος ιχθυων
7 του ελθοντα
8 add ο ante σιμων
  om πετρος
  προσεπε
12 om εν τω
13 λεγων pro ειπων
  απηλθεν η λεπρα
14 μωυσης
15 om δε
  om υπ αυτου
  ασθενιων
17 add εν μια των συναγωγων
  post διδασκων
  συνεληλυθοτες
18 αυτων pro αυτου
19 ποθεν pro δια ποιας
20 add ο $\overline{ις}$ post ιδων
23 εγειρε
24 παραλυτικω pro παραλελυ-
  μενω
  εγειρε
25 παντων pro αυτων
26 ιδαμεν
27 εξηλθεν ο $\overline{ις}$
  τελωνειον
  λεγει pro ειπεν
29 om ο
  οικεια
  πολυς τελωνων
30 add των ante τελωνων

v. 31 ισχυοντες pro υγιαινοντες
34 add ι̅ς̅ ante ειπεν
35 om και ante οταν
αρθη
add και ante τοτε
νηστευσωσιν
36 αυτοις pro προς αυτους
add απο ante ιματιου
add το ante επιβλημα 2°
38 αλλ
vi. 1 δευτερω πρωτω
2 εν σαββατω
3 ο ι̅ς̅ ειπεν προς αυτους
4 πως pro ως
om ελαβε και
6 om και 1°
7 και παρετηρουν (om δε)
add αυτον post θεραπευσει
8 ειπε δε (om και)
εγειρε
9 δε pro ουν
10 add μετ οργης post αυτους
εξετεινεν pro εποιησεν ουτω
απεκατεσταθη
11 ποιησαιεν
13 ονομασεν
14 ονομασεν
add και ante ιακωβον
15 add και ante ματθαιον
add και ante ιακωβον
om τον του
16 add και ante ιουδαν 1°
17 σιδονος
20 add τω π̅ν̅ι̅ post πτωχοι
23 χαρητε
εν τοις ουν̅ο̅ι̅ς̅
και pro κατα
25 om υμιν bis
add νυν ante οτι 1°
26 om υμιν
om οι 1°

27 αλλα
28 υμας pro υμιν
om και
add και διωκοντων υμας fin
29 στρεψον αυτω pro παρεχε
κωλυσις
30 το αιτουντι
33 αγαθοποιειτε
34 δανιζετε
δανιζουσιν
απολαβουσι
36 add ο ουν̅ι̅ο̅ς̅ post υμων
37 καταδικαζητε
38 om γαρ
39 ελεγεν pro ειπε
add και post δε
εμπεσουνται εις βοθυνον
40 om αυτου 1°
41 την δε εν τω σω οφθαλμω
δοκον
42 μη pro ου
εκβαλειν transfertur ad fin
vers
43 add παλιν post ουδε
44 σταφυλας τρυγωσιν
46 om δε
47 ομοιος εστιν
48 add οικοδεσποτη τη ante
οικοδομουντι
49 οικοδομουντι
συνεπεσεν
om το
vii. 1 add αυτου ante παντα
ταυτα pro αυτου
3 om προς αυτον
διασωσει
4 ηρωτον pro παρεκαλουν
6 om απο
απεστειλε pro επεμψε
μου υπο την στεγην
7 add μονον post αλλα

8 εμαυτου
9 add αμην ante λεγω
10 υ pro οι
11 τω pro τη
   επορευθη
   ναειν
   οικανοι
12 om ην
   add ην post ικανος
13 ευσπλαγχνισθη
   αυτην pro αυτη 1°
16 παντας
   add εις αγαθον fin
19 κν pro ιησουν
21 εκεινη pro αυτη
   om δε
22 ειδατε
   om οτι
   add και ante κωφοι
   add και ante πτωχοι
24 εξηλθατε
25 εξηλθατε
26 εξηλθατε
27 add γαρ ante εστιν
28 δε pro γαρ
30 νομικαι
31 om ειπε δε ο κυριος
32 λεγοντες pro και λεγουσιν
   ηυλισαμεν
   εκοψασθε pro εκλαυσατε
33 βαπτισθης
   om αρτον
   om οινον
34 φιλος τελωνων
35 παντων των τεκνων αυτης
36 αυτων pro αυτον
   τον οικον
   ανεκληθη
37 γυνη τις ην εν τη πολει αμαρτωλος
   add και ante επιγνουσα

41 χρεοφειλεται
   δανιστη
43 add ις post δε 2°
44 εις pro επι
45 add αγαπης post μοι
   εισηλθεν
   διελειπε
49 εστιν ουτος
viii. 1 διοδυεν
2 ασθενιων
3 αυτοις pro αυτω
   εκ pro απο
4 συνελθοντος
5 εαυτου pro αυτου
6 ηκμαδα
8 εις pro επι
   om ταυτα λεγων
10 add αυτοις post ειπεν
   add λαλω ante ινα
   add ακουσωσι και ante συνιωσι hiat
14 εμπεσων
   ηδωνων
   συνπνιγονται
15 ακουοντες
   καρπον φερουσιν
   add πολλη ταυτα λεγων
   εφωνει ο εχων ωτα ακουειν ακουετω fin
16 λυχνειας
   τιθησιν
   βλεπουσι
18 add και προστεθησεται υμιν τοις ακουουσιν post ακουετε
   εαν pro αν 1°
19 δε ponitur post αυτον
20 απηγγελλη δε (om και)
22 εγενετο δε (om και)
   ανεβη
   add το ante πλοιον
23 λελαψ

viii. 24 διεγερθεις
25 εστιν ουτος
26 καταπλευσαντες
   αντιπερα
27 εις οικιαν pro εν οικια
29 παρηγγειλε
30 πολλα δαιμονια
31 παρεκαλουν
   επιταξει
32 βοσκομενη
33 εισηλθον
34 γεγονος
   om απελθοντες
36 om και
37 ηρωτησεν
   γεργεσηνων pro γαδαρηνων
38 τα δαιμονια εξεληλιθει
41 ουτος pro αυτος
42 συνεθλιβον pro συνεπνιγον
43 ιατροις pro εις ιατρους
45 συν αυτω pro μετ αυτου
47 om αυτω 2°
49 ερχετε
51 ελθων
   τινα συνελθειν αυτω pro εισ-
   ελθειν ουδενα
   ιωαννην και ιακωβον
52 ου γαρ pro ουκ
53 κατεγελουν
54 αυτου pro αυτος
ix. 1 αποστολους pro μαθητας
   om αυτου
3 ραβδον
5 εαν pro αν
   add απο της οικιας η ante
   απο 1°
   αυτοις pro επ αυτους
7 γενομενα
   om υπ αυτου
   ηγερθη
   απο των pro εκ

8 τις pro εις
  αρχεων
9 ειπεν δε (om και)
  απεκεφαλησα
10 τω ιυ pro αυτω
   υπεχωρησαν
   ερημον τοπον
11 αποδεξαμενος
   add τα ante περι
   ιασατο
12 πορευθεντες pro απελθοντες
   om τους
13 ιχθυες δυο
15 κατεκλιναν
   παντας
16 add αυτου post μαθηταις
17 παντες και εχορτασθησαν
   περισσευμα
18 add αυτου post μαθηται
19 add ετεροι δε ιερεμιαν post
   ηλιαν
20 om δε ο
21 λεγειν pro ειπειν
22 αρχιερεων και πρεσβυτερων
   εγερθησεται
23 ερχεσθαι pro ελθειν
   ακολουθητω
24 εαν pro αν 1°
25 ζημιωθει
26 επεσχυνθη
   επεσχυνθησεται
27 εστωτων
28 om δε
   om τον
30 μωυσης
31 ωφθεντες
   add δε post ελεγον
32 βεβαρυμενοι
33 τρεις σκηνας
   μιαν μωσει
36 εορακασιν

37 om εν
38 εβοησε
επιβλεψαι
39 εξεφνης
40 εκβαλωσιν
41 προς υμας εσομαι
εως ποτε pro και 2°
προσαγαγετε
τον υιον σου ωδε
43 εποιει
45 παρ pro απ
αυτον ερωτησαι
47 αυτων της καρδιας
48 αν pro εαν 1°
49 om ο
ιδομεν
εν pro επι
om τα
51 συνπληρουσθαι
52 εαυτου pro αυτου
εισηλθων
πολιν pro κωμην
55 om υμεις
56 om γαρ
57 και εγενετο (om δε)
εαν pro αν
59 πρωτον απελθειν
62 ο ι̅ς̅ προς αυτον
x. 1 add δυο post δυο
ημελλεν
διερχεσθαι
2 δε pro ουν
εκβαλη
4 βαλλαντιον
μητε pro μηδε
5 πολιν εισελθητε η οικιαν pro
οικιαν εισερχησθε
add εν post ειρηνη
6 om μεν
επαναπαυσετε
επ αυτω

προς pro εφ
7 εξ οικιαν
8 om δ
δεχονται
10 εισελθητε
11 υμιν pro ημιν
add εις τους ποδας ημων ante
απομασσομεθα
12 om δε
ανεκτοτερον εσται εν τη ημερα
εκεινη
πολη
13 χοραζειν
βηθσαϊδαν
εγενηθησαν
14 ημερα κρισεως pro τη κρισει
15 καταβιβασθησει
16 add και ο ακουων εμου ακουει
του αποστειλαντος με fin
19 διδομαι
αδικησει
20 om μαλλον
21 ο ι̅ς̅ τω π̅ν̅ι̅
22 om και στραφεις προς τους
μαθητας ειπε
μοι παρεδοθη
26 ο δε ι̅ς̅ ειπεν
27 εαυτον
28 αποκριθεις
33 σαμαρειτις
ευσπλαγχνισθη
35 δυο in marg non textu
36 πλησιον δοκη σοι
37 δε pro ουν
39 παρακαθησασα
40 περιεσπατω
41 ο ι̅ς̅ ειπεν αυτη
42 αφερεθησεται
xi. 2 προσευχεσθε
ελθατω
4 αφιομεν

xi. 5 ερει pro ειπη
  τρις
  7 add γαρ post ηδη
  8 φιλος pro φιλον
  ανεδειαν
  οσον
  9 ανυγησεται
  11 add εξ ante υμων
  η pro ει
  12 om εαν
  αιτησει
  13 δοματα αγαθα
  add υμων post π̄η̄ρ̄
  14 και εγενετο (om δε)
  εκβληθεντος pro εξελθοντος
  15 add τω ante αρχοντι
  16 εξ ο̄ῡν̄ο̄ῡ εζητουν παρ αυτου
  18 βελζεβουλ
  19 εκβαλωσιν
  αυτοι κριται υμων
  20 add εγω post θ̄ῡ 1°
  21 καθοπλισμενος
  24 ζητων
  ευρισκων
  25 ελθων
  add σκολαζοντα post ευρισκει
  26 επτα ponitur post εαυτου
  29 add γενεα post αυτη
  31 σολομωνος bis
  32 νινευϊται
  33 κρυπτην
  αλλα
  βλεπουσι το φως pro το φεγγος βλεπωσι
  34 add σου post οφθαλμος 1°
  om και 1°
  φωτινον
  add εσται fin
  36 εχων
  μερος τι

φωτιζει
37 add αυτον ταυτα post λαλησαι
  ερωτα
  om τις
  αρηστηση
  και εισελθων εις την οικιαν του φαρισαιου ανεκλιθη pro εισελθων δε ανεπεσεν
40 om και
41 απαντα
  εσται pro εστιν
42 αλλα
  add και το ανηθον post ηδυοσμον
  add δε ante εδει
  παρειναι pro αφιεναι
43 add και την πρωτοκλισιαν εν τοις δειπνοις post συναγωγαις
44 om οι post ᾱν̄ο̄ῑ
48 οτι pro και
  τους ταφους αυτων οικοδομειτε pro οικοδομειτε αυτων τα μνημεια
49 om και ante εξ
50 εκκεχυμενον
52 add και ante αυτοι
  εισηλθατε
53 αυτω pro αυτον
54 om και ante ζητουντες
  om του ante στοματος
xii. 2 om δε
  3 ταμιοις
  4 αποκτενοντων
  τι περισσοτερον
  5 εχοντα εξουσιαν
  6 πωλουνται
  7 add υμεις fin
  8 εαυτον in ras pro εν αυτω
  10 το π̄ν̄ᾱ το αγιον

11 εις pro επι
μεριμνησητε
13 μερισασθε
14 κριτην pro δικαστην
15 πασης pro της
16 ηυφορησεν
17 συναξαι
18 τον σιτον pro τα γενηματα
21 add ταυτα λεγων εφωνει ο
εχων ωτα ακουειν ακουετω
fin
22 λεγω υμιν
add υμων post σωματι
23 add γαρ post η
24 om ουδε θεριζουσιν
ταμιον
ο δε pro και ο
αυτα pro αυτους
25 προσθηναι
27 add οτι post υμιν
28 σημερον εν αγρω οντα
29 φαγησθε
30 επιζητουσιν
add απαντων fin
31 add πρωτον post ζητειτε
33 πωλυσατε
βαλλαντια
36 αυτον pro εαυτων
39 om αν 2°
41 om κυριε
42 και ειπεν ο $\overline{\iota\varsigma}$
add αυτοις post διδοναι
om το
43 ουτως ποιουντα
45 add κακος ante δουλος
om τε
47 αυτου pro εαυτου
om μηδε ποιησας
49 επι pro εις
50 οτου pro ου
53 $\overline{\pi\eta\rho}$ pro πατρι

54 om την
add οτι ante ομβρος
55 add ουτως fin
57 εαυτον
58 παραδωσει
πρακτωρι
βαλη
xiii. 1 ον pro ων
2 ουτοι οι γαλιλαιοι
add τα post οτι 2°
3 μετανοησετε
ομοιως pro ωσαυτως
4 αυτοι pro ουτοι
add τους post παντας
5 om αλλ
μετανοησετε
6 ζητων καρπον
7 add αφ ου ante ερχομαι
add ουν post εκκοψον
8 κοπρον
9 ποιησει
10 add των ημερων και post μια
om εν 2°
13 ανορθωθη
14 αυραις pro ταυταις
15 δε pro ουν
$\overline{\iota\varsigma}$ pro κυριος
υποκριται
16 add την ante θυγατερα
17 κατισχυοντο
18 ουν pro δε
add ομοιωματι post τινι 2°
19 κατεσκηνουν
22 ποριαν
23 αυτω τις
om προς αυτους
25 εαν pro αν
εισελθη pro εγερθη
εσται pro εστε
26 αρξησθε
28 οψεσθε

xiii. 28–29 υμας δε εκβαλλομενους
εξω και ηξουσιν απο ανα
τολων και δυσμων και βορρα
και νοτου και ανακληθη-
σονται εν τη βασιλεια του
θ̄ῡ non in textu sed sub
columna a posteriori
manu
31 ωρα pro ημερα
34 αποκτενουσα
ορνεις
35 αφιετε
om αμην
λεγω δε
ιδετε με
om ηξη οτε
xiv. 1 εισελθειν pro εν τω ελθειν
2 υδροπικος
3 add η ου post θεραπευειν
η pro οι
4 add αυτου ante ιασατο
5 πεσειται
om και 2°
om εν
8 πρωτοκλησιαν
κεκλιμενος
9 τουτο
μετα
10 αναπεσαι
add παντων post ενωπιον
12 αυτων pro αυτον
ποιεις
συγγενης
γειτωνας
add σου τους ante πλουσιους
αντικαλεσουσιν σε
γενοιται
13 ποιεις
αναπειρους
14 σοι δε pro γαρ σοι

15 οστις φαγηται αριστον pro ος
φαγεται αρτον
17 οτι ερχεσθε
21 παραγεναμενος
αναπειρους
τους pro χωλους και
22 προσεταξας
24 add πολλοι γαρ εισι κλητοι
ολιγοι δε εκλεκτοι fin
26 αυτου pro εαυτου 1°
ειναι μαθητης
28 add ο ante θελων
εις pro προς
29 θεμελιου
εμπεζειν
31 υπαντησαι
32 οντως
34 add ουν post καλον
35 βαλλωσιν
xv. 1 αυτω εγγιζοντες
2 οι γραμματεις και οι φαρισαιοι
3 om λεγων
4 εξ αυτων εν
ουχι καταλιπει
add ου post εως
6 συγκαλειται
συγχαρηται
8 δραγμας
δραγμην
ουχ
ου pro οτου
10 εσται εν ο̄ῡρ̄ᾱν̄ω̄ pro γινεται
12 add μοι ante μερος
13 κακει
16 χορτασθηναι εκ pro γεμισαι
την κοιλιαν αυτου απο
17 εφη pro ειπε
add ωδε ante λιμω
20 post π̄ρ̄ᾱ unum folium
deest usque ad xvi. 9

xvi. 9 incipit εκλειπητε
12 αλλωτριω
    εγενεσθαι
13 ει pro η 1°
14 οντες pro υπαρχοντες
16 μεχρι pro εως
    τις pro εις
17 ευκοποτερον
    om δε
    κερεαν
20 εβεβλυτο
    ειλκομενος
21 add και ουδεις εδιδου αυτω
    post πλουσιου
    απελυχον
22 om δε 2°
25 om συ 1°
    ωδε pro οδε
26 ενθεν
    δυνονται
27 σε ουν
29 add δε post λεγει
30 αλλα
    add των ante νεκρων
31 απο των pro εκ
xvii. 1 add αυτου post μαθητας
    πλην ουαι (om δε)
2 λιθος μυλικος pro μυλος ονικος
3 αμαρτηση
4 αμαρτηση
    om επι σε
6 εχετε
7 ερει αυτω ευθεως
8 add και ante συ
9 εχειν
    add παντα post εποιησε
    διατεταγχεντα
10 αχριοι
11 αναμεσον pro δια μεσου
    σαμαριας

12 υπηντησαν
14 add αυτους post ιδων
20 επερωτιθεις
22 ου επιθυμησαι υμας pro οτε
    επιθυμησετε
23 om ιδου 2°
    om απελθητε μηδε
    διωξετε
24 om η 2°
    υπο των ου̅ν̅ω̅ν̅
    om και
26 om του 1°
    om και 2°
    τη ημερα
27 εγαμιζοντο
28 καθως pro και ως
29 θιον και πυρ
    εξ pro απο 2°
31 om τω
32 μνημονευε
33 δ αν pro εαν 1°
    την ψυχην αυτου pro αυτην 2°
34 εν εκεινη pro ταυτη
    δυο εσονται
35 αληθουσι
    add η ante μια
    η δε (om και)
    add δυο εσονται εν τω αγρω,
    εις παραληφθησεται η δε
    ετερα αφεθησεται fin
36 πτωμα
    οι αετοι συναχθησονται
xviii. 1 om και 1°
    add αυτους post προσευ-
    χεσθαι
    ενκακειν
4 ηθελεν
5 κοπους
    υποπιαζη
7 αυτους pro αυτοις

xviii. 8 add ναι ante λεγω
9 om και 1°
13 ο δε (om και)
14 ουτως
δεδικαιομενος
η γαρ εκεινος
15 om τα
απτεται
επετιμων
16 ελεγεν pro ειπεν
17 αν pro εαν
18 αυτον τις
21 om παντα
25 ευκοποτερον
καμιλον
βελωνης pro ραφιδος
διελθειν pro εισελθειν 1°
27 add ι̅ς̅ ante ειπεν
28 αφεντες
add τα ιδια post παντα
31 περι του υιου pro τω υιω
33 τη τριτη ημερα
34 αυτοις pro αυτοι
36 add αν ante ειη
39 add ι̅υ̅ ante υιε
40 εγγιζοντος
add ο ι̅ς̅ ante λεγων
43 οχλος pro λαος
xix. 2 om ονοματι
ουτος pro αυτος
αυτος pro ουτος ην
4 συκομωριαν
om δι
7 οι φαρισαιοι pro απαντες
8 ι̅υ̅ pro κυριον
11 παραβολην ειπεν
14 πρεσβιαν
θελωμεν
16 προσηργασατο
17 δουλε αγαθε

20 add ο ante ετερος
21 add και συναγεις οθεν ου
διεσκορπισας fin
22 om δε
add ο κυριος αυτου post αυτω
σε pro σου
add και συναγων ο ου διεσκο-
ρπισα fin
23 om την
ελθων εγω
24 εχοντι τας δεκα μνας
26 add και περισσευθησεται post
δοθησεται
27 θελοντας
αυτων pro αυτους
29 βηθσφαγη
τω pro το 2°
30 λεγων pro ειπων
ευρησεται
εκαθισαν
31 ουτος pro ουτως
34 add οτι post ειπον
37 add γινομενων post ειδον
41 αυτην pro αυτη
42 σοι pro σου 2°
43 συναξουσιν
45 om εν αυτω
46 και εσται ο οικος μου οικος
προσευχης
48 εξεκρεμαντο
xx. 1 οι γραμματεις και οι αρχιε-
ρεις
2 ειπαν
5 om ουν
6 γεγονεναι pro ειναι
7 add το ante ποθεν
9 ν̅ο̅ς̅ pro α̅ν̅ο̅ς̅
10 δηραντες in ras
11 δηραντες in ras
18 θλασθησεται

CODEX 543

19 οι γραμματεις και οι αρχιε-
ρεις
ειπεν την παραβολην ταυτην
22 ημας pro ημιν
24 δειξατε
add οι δε εδειξαν και ειπεν
post δηναριον
25 προς αυτους pro αυτοις
τοινυν αποδοτε
add τω ante καισαρι
27 επηρωτουν
28 μωυσης
εξαναστησει
31 add και post επτα
32 om δε
34 εκγαμιζονται
35 εκγαμιζονται
41 λεγουσιν οι γραμματεις οτι ο
$\overline{χs}$ υιος $\overline{δαδ}$ εστιν
42 add των ante ψαλμων
46 εν στολαις περιπατειν
πρωτοκλησιας
ταις pro τοις
47 προσευχομενοι
xxi. 1 εις το γαζοφυλακιον τα δωρα
αυτων
2 τινα και
πενηχραν
3 αυτη η πτωχη
4 περισσευματος αυτων pro πε-
ρισσευοντος αυτοις
παντα pro απαντα
add αυτης post βιον
add ταυτα λεγων εφωνει ο
εχων ωτα ακουειν ακουετω
fin
6 add ωδε post λιθω
9 πτωηθητε
11 μεγαλα απ $\overline{ουρανου}$
εσονται pro εσται

12 παντων
ηγεμωνας
15 αντιστηναι η αντειπειν
υμειν pro υμιν 2°
16 om και 1°
19 κτησεσθε
20 om δε
23 om εν post οργη
24 add ουν post αχρι
25 ηχους
26 απο ψυχων των $\overline{ανων}$
28 γενεσθαι
30 απ αυτων
το θερος εγγυς
31 add παντα post ταυτα
32 add αμην post αμην
add ταυτα ante παντα
34 om δε
βαρηθωσιν
αι καρδιαι υμων
κρεπαλη
αιφνιδιως
36 αγρυπνητε

Secundum Ioannem vii. 53 textus continuit nullo omissionis vestigio. Nullus Ammonianus numerus a cap. xxi. 34 $\overline{σνθ}$ ad cap. xxii. 1 $\overline{σξ}$

53 απηλθεν pro επορευθη
viii. 1 και ο $\overline{ις}$ (om δε)
2 ηλθεν pro παρεγενετο
om και πας usque ad fin vers
3 και προσηνεγκαν αυτω pro
αγουσι δε
om προς αυτον
επι pro εν 1°
add τω ante μεσω
4 ειπον pro λεγουσιν
ειληπται
επ αυτω φορω

viii. 5 ημιν μωσης
λιθαζειν
add περι αυτης fin
6 εχωσιν κατηγοριαν κατ αυτου
εγραψεν
7 αναβλεψας ειπεν αυτοις
om τον
βαλετω επ αυτην
9 om οι δε usque ad ελεγχο-
μενοι
και εξηλθον pro εξηρχοντο
αρξαμενος
om μονος
ουσα pro εστωσα
10 αναβλεψας
ιδεν αυτην pro και μηδενα
usque ad γυναικος
om αυτη
γυναι pro η γυνη
om εκεινοι
11 και ο ι̅ς̅ ειπεν αυτη
om και ante μηκετι
Secundum Lucam
xxii. 2 om το
3 om ο
4 οπως pro το πως
5 αργυρια
6 om ατερ οχλου
7 om η ante ημερα
εν η δει
8 ινα φαγωμεν το πασχα
9 ειπαν
add ινα post θελεις
11 οικοδεσποτει
12 add ἕτοιμον ante εκει
16 απ pro εξ
17 εις εαυτους pro εαυτοις
18 γενηματος
19 ημων (η in ras) pro υμων
20 εμω αιματι pro αιματι μου
ημων in ras pro υμων

21 om ιδου
22 κατα το ωρισμενον πορευεται
23 συνζητειν
πρασσειν μελλων
24 φιλονϊκια
εν εαυτοις
25 κατακυριευουσιν
27 add εστιν post μειζων
29 διατιθεμε
30 add μετ εμου post πινητε
καθησεσθε
θρονους pro θρονων
add δωδεκα post θρονους
34 εως pro πριν η
τρεις με απαρνησει μη ειδεναι
35 ουθ ενος
36 δε pro ουν
βαλλαντιον
πωλησει
αγορασει
37 ελογισθην
39 om αυτου
40 εμπεσειν pro εισελθειν
42 παρενεγκαι
γινεσθω
vers 43, 44 desunt
45 κοιμωμενους αυτους
47 αυτους pro αυτων
add τουτο γαρ σημειον δεδω-
κεν αυτοις ον αν φιλησω
αυτος εστιν fin
50 του αρχιερεως τον δουλον
το ους αυτου
51 εασατε
52 εξηλθατε
53 οντως
54 add αυτω post ηκολουθει
απομακροθεν
55 συνκαθισαντων
εκαθιτο
58 εφη pro ειπεν

59 om ην
60 om ο ante αλεκτωρ
61 ανεβλεψεν
   $\overline{ιυ}$ pro κυριου
   add σημερον ante φωνησαι
66 πρωϊ pro ημερα
   απηγαγον
68 επερωτησω υμας
71 εχωμεν (ω in ras)
xxiii. 1 ηγαγον
2 add ημων post εθνος
6 om ο
8 εχαρι
   εξ ικανου χρονου θελων
   περι αυτου πολλα
10 ειστηκησαν
11 και pro ο
12 om ο 2°
14 διαστρεφοντα
   αυτω pro τω ανθρωπω τουτω
15 ανεπεμψαι
   αυτον προς υμας
   add εν ante αυτω
17 αναγκειν
   ιχεν
18 om δε 1°
   πανπληθει
20 προσεφωνησεν αυτοις
22 add γαρ ante αιτιον
24 απεκρινεν
25 add τον βαραββαν post αυτοις
   φωνω
   το θεληματι
26 σιμωνα τινα κυριναιον ερχομενου (υ in ras)
   αυτον pro αυτω
27 πληθος πολυ
29 om ιδου
   ελευσονται pro ερχονται
   add αι ante κοιλιαι

30 αρξωνται
33 εξευονυμων pro αριστερων
34 εβαλλον
35 add αυτον post δε
   add υιος ante του $\overline{θυ}$
   add ο post $\overline{θυ}$
36 ενεπεζον
   οξως
37 add ο $\overline{χs}$ ante ο βασιλευs
38 επ αυτω γεγραμμενη
44 ωση
   ενατης
46 τουτο pro ταυτα
48 παραγενομενοι οχλοι και θεωρησαντες την θεωριαν ταυτην θεωρουντες τα γινομενα
   αυτων pro εαυτων
51 συνκατατιθεμενος
   om και αυτος
53 om αυτο 1°
   add καθαρα post σινδονι
   om αυτο 3°
   ουδεις ουδεπω
   add και προσεκυλισεν λιθον μεγαν επι την θυραν του μνημειου fin
54 add η ante ημερα
   παρασκευης
55 αι pro και 1°
   εθεωρουν pro εθεασαντο
xxiv. 1 βαθεως
4 ανδρες δυο
9 om παντα
10 om αι ante ελεγον
15 συνζητειν
18 om ο
   add εξ αυτων post εις
   εις pro εν 1°
20 αυτον παρεδωκαν
24 ιδον
27 διερμηνευεν

xxiv. 28 προσεποιειτο αυτος
30 ηυλογησεν
32 ελαλη
36 λεγοντων pro λαλουντων
39 om μου 2°
ψηλαφησετε
42 κηριον

43 add και τα επιλοιπα εδωκεν αυτοις fin
ευαγγελιον κατα λουκαν εγραφη ελληνιστι εις αλεξανδριαν την μεγαλην μετα ετη $\overline{ιs}$ της αναληψεως του $\overline{κυ}$
εχει δε ρηματα $\overline{γωγ}$
στι^{xx} $\overline{βψν}$

John

ΕΥΑΓΓΕΛΙΟΝ ΚΑΤΑ ΙΩΑΝΝΗΝ

i. 15 εμπροσθε
17 εδωθη
19 add προς αυτον post λευϊτας
23 add ο δε init
26 add μεν post εγω
27 εμπροσθε
ουκ ειμι εγω
28 βηθεβαρα
add το πρωτον ante βαπτιζων
30 add υμιν post ειπον
32 add ο ante ιωαννης
33 ιδεις
καταβαινων (ω in ras)
35 ιστηκει
39 τινα pro τι
40 add ουν post ηλθον
ιδων pro ειδον
εκεινην την ημεραν
om δε
41 add δε post ην
42 πρωτον
μεσιαν
om ο ante $\overline{χs}$
44 add ο $\overline{ιs}$ post αυτω
45 om ο
46 ναζαρεθ
47 ναζαρεθ
48 ισραηλητης
δολως

49 ιδον
51 add ο ante $\overline{ιs}$
add οτι ante ειδον
οψη
ii. 1 τη τριτη ημερα
4 add και init
5 λεγει pro λεγη
6 κειμεναι εξ
7 γεμησατε
10 add δε post συ
11 σημιων
12 τουτω
13 om ο ιησους
15 κατεστρεψεν
17 καταφαγεται
18 om ουν
22 om αυτοις
add αυτοις post ειπεν
duo folia desunt
iv. 6 incipit ωρα ην
8 απεληλυθασιν
9 συνχρωνται
10 add ο ante $\overline{ιs}$
12 δεδωκεν
add τουτο post φρεαρ
om οι
14 πιει (ει in ras)
om ου μη usque ad δωσω αυτω

add ζωντος ante αλλομενου
15 ερχομαι
20 τω ορει τουτο
21 πιστευε μοι λεγοντι
   προσκυνησωσι
23 αληθεινοι
   προσκυνητε
25 οιδαμεν
   μεσιας
33 προς αλληλους οι μαθηται
35 om ετι
   τετραμηνος
36 om εις ζωην
   χαιρει
37 τουτο
41 add εις αυτον post επιστευσαν
42 add παρ αυτου post ακηκοαμεν
43 om και απηλθεν
45 οσα pro α
   add σημεια post εποιησεν
46 παλιν ο $\overline{\iota s}$
47 απο pro εκ
   ηλθεν pro απηλθε
49 τον υιον pro το παιδιον
50 add ο ante $\overline{\iota s}$ 2°
   επορευθη
51 υπηντησαν
   υιος pro παις
52 επυνθανετο
   post ουν την ω — duo folia desunt. παρ αυτων post ωραν positum esse videtur
v. 43 incipit $\overline{\pi \rho s}$ μου
47 πιστευσητε
vi. 1 add δε post μετα
2 ηκολουθει δε (om και)
   εθεωρων
   om αυτου

3 ουν pro δε
  εκαθεζετο
4 om η εορτη
5 om ο ιησους
  αγορασωμεν
9 om εν
10 ανεπεσαν pro ανεπεσον
11 και λαβων pro ελαβε δε
15 ο ουν ο $\overline{\iota s}$
   add οι οχλοι post ερχεσθαι
   om παλιν
16 εις pro επι
17 add εις το ante περαν
   ουπω pro ουκ
   add εις το πλοιον post $\overline{\iota s}$
21 εγενετο το πλοιον
   επι την γην
22 αλλο πλοιαριον
   ανεβησαν
   του $\overline{\iota \upsilon}$ pro αυτου 1°
   πλοιον pro πλοιαριον
24 add ο ante $\overline{\iota s}$
   ελαβεν αυτοι τα πλοιαρια pro ενεβησαν usque ad πλοια
26 ιδετε
27 δωσει υμιν
   τουτο pro τουτον
28 ποιησωμεν
30 om συ
31 εφαγον το μαννα
   δεδωκεν
33 καταβαινον
34 ειπαν
35 ουν pro δε
   πεινασει
   διψησει
38 απο pro εκ
39 αλλ
40 γαρ pro δε
   add $\overline{\pi \rho s}$ post με
   εχει

vi. 40 αυτο εν pro αυτον εγω
41 εκ του ο̅υ̅ν̅ο̅υ̅ καταβας
42 om οτι
43 om ουν
   ινα τι pro μη
44 add εν post αυτον 2°
45 om του 1°
46 εορακεν pro εωρακε
50 αποθανει (ει in ras)
52 οι ιουδαιοι προς αλληλους
53 σαρκαν
   πιετε
54 εεγω (ε in marg)
   add εν post αυτον
55 αληθης pro αληθως 1°
57 απεσταλκε
   ζησει
60 ακουειν αυτου
61 εγνω ουν pro ειδως δε
   add και ante ειπεν
62 θεωρειτε
63 λελαληκα pro λαλω
65 ελεγεν αυτοις
   add ανωθεν ante αυτω
66 add ουν post τουτου
   των μαθητων αυτου απηλθον
67 add μαθηταις post δωδεκα
68 om ουν
71 απο καρυωτου pro ισκαριωτην
   εμελλεν
   παραδιδοναι αυτον
vii. 1 μετα ταυτα περιεπατει ο ι̅ς̅
4 εν παρρησια αυτος
   ει pro ειναι
7 om μισει
8 om οτι
   ο εμος καιρος
14 ηδει (ει in ras)
   μεσαζουσης

16 add ουν post απεκριθη
21 om ο
22 μωυσης
23 om ανθρωπον
26 om και init
   om αληθως 2°
27 ερχεται
28 om ο ιησους
29 om δε
30 add και εξηλθεν εκ της χειρος
   αυτων post πιασαι
31 εκ του οχλου πολλοι (om δε)
   om οτι
   om τουτων
   ποιει fin
32 add και init
   οι αρχιερεις και οι φαρισαιοι
   ποιασωσιν
33 om αυτοις
   χρονον μικρον
36 ο λογος ουτος
   ζητειτε
   om υμεις
37 ιστηκει
   εκραζε
39 ημελλον
   om ο
40 add αυτου post λογον
41 om δε
42 om του
47 om αυτοις
48 om εκ 1°
50 add το προτερον post προς
   αυτον
51 πρωτον pro προτερον
vii. 53 usque ad viii. 11 transp.
   post Luc. xxi. 36
viii. 12 αυτοις ελαλησεν ο ι̅ς̅
14 add ο ante ι̅ς̅

16 δε κρινω
17 δυον
19 add και ειπεν post $\overline{ις}$
21 add και ante οπου
23 ελεγεν pro ειπεν
   εσται (αι in ras)
   τουτου του κοσμου 2°
24 om ουν
   add μοι post πιστευσητε
26 λαλω pro λεγω
28 om μου
29 add και ante ουκ
   om ο πατηρ
33 add οι ιουδαιοι post αυτω
36 om ουν
   ελευθερωσει
38 εγω δε init
   α εορακα
   α ηκουσατε pro ο εωρακατε
   παρα του $\overline{πρς}$
   ποιητε
39 αυτω και ειπον
   om αν
40 λελαληκα υμων
   του $\overline{πρς}$ μου pro του θεου
41 γεγενημεθα
43 τον εμον λογον
44 add του ante $\overline{πρς}$ 1°
45 add υμιν post λεγω
46 om δε
   add μη post ου
48 om ουν
   om συ
49 add ο ante $\overline{ις}$
   add και ειπεν post $\overline{ις}$
52 γευσητε
53 om συ 2°
54 add ο ante $\overline{ις}$
   δοξασω
   ημων pro υμων
55 υμων ομοιος
56 add την ημεραν post την ημεραν
   ιδεν
58 add ουν post ειπεν
59 εκριβη
ix. 1 add ο $\overline{ις}$ post παραγων
   ιδεν
   γεννητης
9 add δε post εκεινος
11 νιψαι post υπαγε transfertur
   om και 4°
12 add αυτοις post λεγει
15 add και post ειπεν
   επεθηκε μου επι τους οφθαλμους
16 om του
   add δε post αλλοι
17 λεγουσιν ουν
   ηνεωξε
19 αυτος pro ουτος
20 om αυτοις
21 εαυτου pro αυτου 2°
22 συνετιθειντο
   ομολογηση αυτον
   αποσυναγογος
23 ειπον οι γονεις αυτου
26 ουν pro δε
   ηνεωξε
27 επιστευσατε pro ηκουσατε
29 μωσει
30 τουτο pro τουτω
31 ποιει
35 add δε post ηκουσεν
36 add και ante τις
39 $\overline{κς}$ pro ιησους
   γενησονται
41 add και init
   om αν

ix. 41 η ουν η
x. 5 αλλωτριω
6 εγινωσκον
7 αυτοις ο ῑs παλιν
8 ηλθον προ εμου
10 θηση
12 δε μισθωτος
εστι pro εισι
16 δει με
ακουσωσι
20 μενεται
ακουεται
21 add δε post αλλοι
ανοιξαι
22 om τοις
χιμων
23 om του
σολομωνος
25 add μοι post πιστευετε
26 οτι ουκ pro ου γαρ
27 ακουουσιν
29 add αυτα post μοι
αρπασαι
32 add γαρ post πολλα
add και ante δια
ερχων
33 om λεγοντες
εαυτον
34 ειπον
37 μη pro ου
38 ου πιστευετε pro μη πιστευητε
add μου post εργοις
40 προτερον pro πρωτον
41 εποιησεν σημεια ουδε εν
42 εις αυτον εκει
xi. 2 εαυτης pro αυτης
3 add αυτου post αδελφαι
5 την μαριαν και την αδελφην αυτης μαρθαν
7 add αυτου post μαθηταις

παλιν εις την ιουδαιαν
8 οι ιουδαιοι λιθασαι
9 ωραι εισι
11 εξυπνησω
12 αυτω pro αυτου
16 συναποθανωμεν
17 om ουν
add εις βηθανιαν post ῑs
ηδη ημερας
19 παραμιθησονται
20 om ο
21 post ῑυ unum folium deest
47 incipit συνηγαγον
add κατα του ῑυ post συνεδριον
λεγοντες pro ελεγον
48 πιστευσωσιν
om οι
53 εβουλευσαντο
54 και εκει
56 εστηκοτες (ω a prima manu)
εν τω ιερω post εστηκοτες
57 om και 1°
xii. 1 ο ουν ο ῑs
add ο ῑs fin
2 εκει δειπνον
ανακειμενων συν
3 ταις θριξιν αυτης εξεμαξεν
αυτου τους ποδας
add ολη post οικια
5 διακοσιων
6 εμελλεν
7 add οτι ante εις
13 συναρτησιν pro υπαντησιν
add λεγοντες post εκραζον
om ο 2°
15 πωλου
18 ηκουσαν
19 add ολος post κοσμος
20 add εις ιεροσολυμα ante ινα
23 απεκριθη λεγων αυτοις

25 απολεση
26 τις εμοι διακονη
εστη
om και 3°
add μου ο εν τοις ο̄υνο̄ις fin
28 add αγιε post π̄ερ
τον υιον pro το ονομα
29 ο ουν ο
εστηκως pro εστως
add οτι ante αγγελος
32 και εγω
33 εμελλεν
34 εις τον αιωνα μενει
35 χρονον μικρον
εν υμιν pro μεθ υμων
σκοτεια (ante υμας)
36 γενησθαι
38 om του προφητου
39 εδυναντο
40 επωρωσεν
add και τοις ωσιν ακουσωσι post οφθαλμοις
επιστρεψωσι
ιασομαι
41 του θ̄υ pro αυτου 1°
44 ο δε ῑς εκραζε
ελεγεν pro ειπεν
45 αποστειλαντα pro πεμψαντα
47 φυλαξη pro πιστευση
49 απ pro εξ
δεδωκεν
50 εστιν αιωνιος
εγω λαλω
ενετειλατο pro ειρηκε
xiii. 1 ηλθεν
2 om ιουδα
3 add δε post ειδως
5 λαβων υδωρ βαλλει
6 νιπτης
7 add ο ante ῑς
8 add ο ante πετρος

μου νιψης τους ποδας
10 λελουσμενος
ει μη pro η
om αλλ 1°
12 ενιψεν αυτων τους ποδας
13 ο κ̄ς και ο διδασκαλος
ει μη pro ειμι
15 δεδωκα
πεποιηκα
ποιειτε
18 add γαρ post εγω
19 ειπον υμιν pro ειμι
22 add αυτου post μαθηται
απορουντες
23 add εκ post εις
24 πυθεσθε (ει a prima manu ?)
25 ουν pro δε
add ουτως ante επι
26 add αυτω ante ο ῑς
add και λεγει post ο ῑς
εμβαψας pro βαψας
σιμωνι τω
29 om ο 1°
30 εξηλθεν ευθεως
31 add ουν ante εξηλθεν
33 add χρονον post μικρον
εγω υπαγω
34 διδομι
35 εχετε
36 add εγω ante υπαγω
37 θυσω
38 αποκρινεται ο ῑς (om αυτω)
τρις απαρνησει με
xiv. 2 add οτι ante πορευομαι
3 om και ante ετοιμασω
τοπον υμιν
add εκει ante ητε
4 om εγω
7 εορακατε
11 add εστιν post εμοι
12 μειζωνα

xiv. 14 add με post αιτησητε
21 εμφανησω
22 add και ante τι
   εαυτον
23 τηρηση
   ποιησομεθα
24 om πατρος fin
28 αγαπατε
   om ειπον 2°
   add εγω ante πορευομαι
   add μου post $\overline{πρα}$
29 προ του pro πριν
   add οτι εγω ειπον υμιν fin
30 ο αρχων του κοσμου τουτου
xv. 2 φερει (ει in ras)
3 ηδει
   add και ante υμεις
4 add γαρ post καθως
   μεινητε εν εμοι
5 υμιν pro εμοι
   ουτως pro ουτος
6 εκβληθη (κ in ras)
   αυτο pro αυτα
   add το ante πυρ
7 αιτησασθε
12 add δε post αυτη
14 ποιειτε
   α pro οσα
15 ο $\overline{κs}$ αυτου
16 add πολυν ante καρπον
   και pro ινα 2°
   τουτο ποιησω pro δω υμιν
   add ινα δοξασθη ο $\overline{πηρ}$ εν τω
   υιω fin
24 εποιησεν pro πεποιηκεν
xvi. 4 add αυτων post ωρα
   μνημονευσητε
   om αυτων
7 add εγω ου ante μη
   add εγω post πορευθω
13 λαληση 2° (η in ras)

15 λαμβανει
16 om εγω
17 om εγω
18 τι εστιν τουτο
   om ο λεγει
20 om αμην 2°
21 τικτει
   γεννησει
22 μεν ουν λυπην
27 add και ηκω fin
30 εγνωκαμεν pro οιδαμεν
   εληλυθας pro εξηλθες
32 add μου post $\overline{πηρ}$
xvii. 1 επαρας
   om και 2°
2 add και init
   δωσει (σει in ras)
6 εδωκας pro δεδωκας 2°
7 εγνωσαν
10 δεδοξασμε
11 ω pro ους
12 ειμι pro ει μη
13 επ αυτοις pro εν αυτοις
14 om καθως usque ad fin vers
18 αποστελλω pro απεστειλα
19 ωσιν και αυτοι
20 πιστευοντων
22 εδωκα
23 γινωσκει (ει in ras)
24 δεδωκας pro εδωκας
xviii. 3 add ολην post λαβων
4 ο δε $\overline{ιs}$ ιδων (om ουν)
7 επηρωτησεν αυτους
8 add αυτοις ante ο $\overline{ιs}$
9 ο λογος πληρωθη
   ων
11 add αυτης post θηκην
14 αποθανειν pro απολεσθαι
16 εισηλθεν pro εξηλθεν
   εκεινος pro ο αλλος
18 εθερμενοντο

CODEX 543

add και ante ο πετρος
θερμενομενος
20 om τη
παντες pro παντοτε
21 ερωτησον
23 ο δε ι̅ς̅ ειπεν αυτω
24 add δε post απεστειλεν
25 θερμενομενος
add ουν ante εκεινος
27 ο πετρος ηρνησατο
28 πρωι
29 add εξω post αυτους
33 παλιν εις το πραιτωριον
34 ειπαν
36 οι εμοι ηγονιζωντο αν
37 om εγω 1°
39 απολυσω υμιν 2°
40 om παλιν
xix. 3 add και ηρχοντο προς αυτον
init
4 ο πιλατος εξω
ουχ ευρισκω αιτιαν (om ουδεμιαν)
6 ιδον
add των ιουδαιων post υπηρεται
add αυτον post σ̅τ̅ρ̅ω̅σ̅ο̅ν̅ 2°
7 add και ειπαν post ιουδαιοι
υιον θ̅υ̅ εαυτον
8 ως pro οτε
τουτον τον λογον ο πιλατος
10 om ουν
11 add και ειπεν αυτω post ο ι̅ς̅
12 add ουν post τουτου
ο πιλατος εζητει
τον ι̅ν̅ pro αυτον 1°
εκραυγαζον
εαυτον pro αυτον 2°
13 τουτων των λογων
γαβαθα
14 ην pro δε 2°

15 add λεγοντες post εκραυγασαν
om αυτον
add ουν post απεκριθησαν
16 οι δε παραλαβοντες αυτον
ηγαγον και επεθηκαν αυτω
τον σ̅τ̅ρ̅ο̅ν̅
17 αυτον pro τον σταυρον
εις τοπον pro εις τον (habet
τοπον post κρανιου)
λεγετε
19 add εβραϊστι ρωμαϊστι ελληνιστι ante ι̅ς̅
20 om και ην usque ad fin vers
22 add αυτοις ante ο πιλατος
23 τον δε χιτωνα (om και)
επει ην pro ην δε
αραφος
24 om ουν
εβαλλον
27 ιδε
ημερας pro ωρας
28 ιδων
τετελεσθαι
πληρωθη pro τελειωθη
29 add μετα χολης post οξους 2°
το στοματι
30 ο ι̅ς̅ το οξος μετα της χολης
31 επει παρασκευη ην transferuntur post ιουδαιοι
32 συν σ̅τ̅ρ̅ω̅θ̅ε̅ν̅τ̅ε̅ς̅
33 ιδον
34 την πλευραν αυτου
ευθεως pro ευθυς
35 μεμαρτυρικεν
add και ante υμεις
38 om ο 1°
add αυτω ante ο πιλατος
39 νυκτος προς τον ι̅ν̅
το προτερον
φερον

xix. 40 αυτον pro αυτο
xx. 1 εις το μνημειον σκοτιας ετι ουσης
   8 ιδεν
   11 ιστηκει
   14 om ο
   15 εθηκας αυτον
   16 ραβουνι
      add και προσεδραμεν αψασθαι αυτου fin
   17 add οτι ante αναβαινω
   18 add ουν ante μαρια
   20 add και τους ποδας post χειρας
   23 αφεωνται
      εαν pro αν 2°
      τινον
      και κρατηντε pro κεκρατηνται
   28 om και init
      om ο 1°
   29 ειπεν δε pro λεγει
      om θωμα
      add με post ιδοντες
   31 om ο 1°

add αιωνιον post ζωην
xxi. 1 add αυτου εγερθεις εκ νεκρων post μαθηταις
   3 ενεβησαν
      om ευθυς
   4 om ηδη
   7 add σιμωνι ante πετρω
   11 την γην
   15 om συ
   16 σοι pro συ
      ποιμενε
   18 ζωσοι
      οισοι
   23 om αυτω
   24 add ο ante και γραψας
   25 γραφητε
      καθ εν non in textu sed in marg
      ουδ
   ευαγγελιον εκ του κατα ιωαννου: εγραφη ελληνιστι εις εφεσον μετα ετη $\overline{\lambda}$ της αναληψεως του $\overline{κυ}$ εχει δε ρηματα $\overline{α \, π \, λ \, η}$, εχει δε στιχους $\overline{β \, κ \, δ}$. επι δομετιανου του βασιλεως

III

CODEX 1342

JERUSALEM, PATRIARCHAL LIBRARY, ST. SABA 411
(GREG. 1342; VON SODEN ε1311)

Silva New

THIS is a gospel manuscript of the twelfth or thirteenth century, formerly in the monastery of St. Saba. Von Soden had a collation of the first twelve chapters of Matthew only, and classified it as of the I-group, pointing out relations to ε 1443 and to group Σ. But the remarkable character of the text of Mark was observed by Professor R. P. Blake in 1927 and it was photographed. The other three gospels appeared uninteresting and have not yet been photographed or studied.

Collated with the Ecclesiastical, the Neutral, or the Western text, the variants prove of divergent character; but collated with the Caesarean text, they are fewer, and almost entirely of von Soden's K^a-type, that is, the text of the manuscripts K II etc. Some of these K^a-readings are supported also by the Neutral text, some are supported by the Western, some have no other support at all; but the important point is that whether they are otherwise attested or not, they are to be found in one or more of the K II group. There are of course a few exceptions to this — singular readings and an occasional Neutral variant. The analysis was necessarily too superficial to determine whether any of these readings are of value as evidence of variants which have dropped out of the Caesarean and K^a texts as we now have them. That is possible, or it is possible that some influence other than that of the pure K^a and Caesarean texts has been at work, but any such influence is extremely slight. Most striking of all is the absence of any readings of the later Ecclesiastical or E F G H type. Here then, if these tentative results prove valid, is a manuscript basically of Caesarean type but considerably corrected to the K^a-standard, and an important witness to both those types of text.

This suggests the importance of reconstructing, so far as may be, both the Caesarean and K^a texts, and points very clearly to the use which could be made of such reconstructions. For many purposes collation with the Textus Receptus is best, but for a mixed text the most instructive method is to collate it with a pure representative of one of its component parts. If a manuscript consists of Caesarean and Ecclesiastical (K^x) readings, it should be collated with the Ecclesiastical text; but if it consists of Caesarean and K^a readings, with K^a. In each case the text chosen to collate against acts as a filter to strain out the element akin to it, and the application of the process will reveal a series (though a necessarily incomplete one) of the readings of the other text.

The collation, made with Lloyd's Oxford edition, is only for the Gospel of Mark, as was stated above. Purely orthographic peculiarities, itacisms, etc., are generally omitted.

Mark

i. 3 — τη
4 + ο ante βαπτιζων
5 — η ante ιουδαια
  + παντες post ιεροσολυμιται
  — παντες post εβαπτιζοντο
6 + ο ante ιωαννης
  καμιλου
7 ικανος omitted but added in margin, apparently by same hand
8 — εν 1°
  — υμας 2°
9 εις τον ιορδανην υπο ιωαννου
10 ευθυς pro ευθεως
11 εκ των ουρανων εγενετο λεγουσα
  — υιος μου* added by same hand

σοι pro ω
12 εκβαλλει αυτον pro αυτον εκβαλλει
13 — εκει
14 — ο ante ιησους
  — της βασιλειας
16 και παραγων pro περιπατων δε
  αμφιβλιστρον βαλλοντας
17 αλιεις γενεσθαι pro γεν. αλ.
18 — αυτων
19 — και αυτους
20 ευθυς pro ευθεως
  οι δε ευθεως αφεντες pro και αφεντες
  μισθωτων + αυτων
21 ευθυς pro ευθεως
  εδιδασκεν + αυτους

CODEX 1342

22 γραμματεις + αυτων
23 ευθυς ην pro ην
24 συ pro σοι
26 φωνησαν pro κραξαν
27 εθαυμβηθησαν εαυτους
   — τι εστι τουτο
28 και εξηλθε pro εξηλθε δε
   ευθυς + πανταχου
29 ευθυς pro ευθεως
   εξελθων pro εξελθοντες
   ηλθεν pro ηλθον
   και ιακωβου pro μετα ιακ.
30 ευθυς pro ευθεως*
31 — ευθεως
33 ην ολη η πολις επισυνηγμεν-
   οι pro η πολις ολη επισυνη-
   γμενη ην
34 αυτον + χριστον ειναι
36 ο τε σιμων pro ο σιμων
37 ειπον pro λεγουσιν
38 αυτοις ο ιησους
   εξηλθον pro εξεληλυθα
39 εις τας συναγωγας pro εν ταις
   συναγωγαις
   και εις ολην pro εις ολην
40 κυριε pro οτι
41 λεγων pro και λεγει αυτω
42 ευθυς pro ευθεως
43 ευθυς pro ευθεως
44 — μηδεν
   καθα pro α
45 δυνασθαι αυτον
   επ pro εν
   παντωθεν pro πανταχοθεν
ii. 1 εισηλθε παλιν pro παλιν εισ-
   ηλθεν
   εν οικω pro εις οικον
2 — ευθεως
3 φεροντες παραλυτικον
4 εφ ου pro εφ ω

5 και ιδων pro ιδων δε
   — τεκνον
   αφιενται pro αφεωνται
   σου pro σοι
   — σου
8 ευθυς pro ευθεως
   λεγει pro ειπεν
9 αφιενται pro αφεωνται
   σου pro σοι
   αρον pro και αρον
   τον κραββατον σου pro σου
   τον κραββατον
10 επι της γης αφιεναι
11 αρον pro και αρον
   και περιπατει pro και υπαγε
   εις τον οικον σου
12 — ευθεως
   οιδαμεν pro ειδομεν
14 αυτω + ο ιησους
15 γινεται pro εγενετο
   — εν τω
16 — τι
   — και πινει
   add at end ο διδασκολος
   υμων
17 ου γαρ pro ουκ
   — εις μετανοιαν
18 οι φαρισαιοι pro οι των φαρι-
   σαιων
19 εχουσιν τον νυμφιον μεθ εαυ-
   των
20 — και
   νηστευσωσιν pro νηστευσου-
   σιν
   εκεινη τη ημερα pro εκειναις
   ταις ημεραις
21 ιματιον παλαιον pro ιματιω
   παλαιω
   μηγε pro μη
   ρησσει pro αιρει

ii. 21 απ αυτου pro αυτου
22 μηγε pro μη
ρηγνυνται οι ασκοι pro ρησ-
σει ο οινος ο νεος τους
ασκους
23 τοις σαββασι διαπορευεσθαι
αυτον pro παραπορευεσθαι
αυτον εν τοις σαββασι
οι μαθηται αυτου ηρξαντο
24 — εν
25 αποκριθεις ο ιησους ειπεν αυ-
τοις pro αυτος ελεγεν αυ-
τοις
26 — του 2°
iii. 1 εξηραμενην
2 παρετηρουντο pro παρετη-
ρουν
3 τω ξηραν pro τω εξηραμμενην
3 εγειρε pro εγειραι
4 απολεσαι pro αποκτειναι
5 πορρωσει pro πωρωσει
σου την χειρα pro την χειρα
σου
απεκατεσταθη pro αποκατεσ-
ταθη
6 ευθυς pro ευθεως
7 μετα των μαθητων αυτου ανε-
χωρησε
και απο της ιουδαιας ηκολου-
θησαν αυτω
11 εθεωρουν προσεπιπτον pro
εθεωρει προσεπιπτεν
εκραζον pro εκραζε
12 φανερον αυτον
ποιωσϊν pro ποιησωσι
13 οι δε απηλθον pro και απηλθον
14 αποστελλει
15 δαιμονια + και εποιησε δωδεκα
16 ονομα τω σιμωνι pro τω
σιμονι ονομα

17 αυτου pro του ιακωβου
18 καναναιον pro κανανιτην
19 ισκαριωθ pro ισκαριωτην
20 ερχεται pro ερχονται
25 η οικια pro οικια
δυνησεται pro δυναται
η οικια εκεινη σταθηναι
26 εμερισθη pro μεμερισται
27 αλλ ad init
ουδεις δυναται pro ου δυναται
ουδεις
εισελθειν εις την οικιαν του
ισχυρου και τα σκευη αυτου
pro τα σκευη του ισχυρου
εισελθων εις την οικιαν
αυτου
28 τοις υιοις των ανθρωπων τα
αμαρτηματα
αι βλασφημιαι pro βλασφη-
μιαι
29 βλασφημησει
εσται pro εστιν
31 και ερχονται pro ερχονται ουν
η μητηρ αυτου και οι αδελφοι
εστηκοτες pro εστωτες
καλουντες pro φωνουντες
32 περι αυτων οχλος pro οχλος
περι αυτον
και λεγουσιν pro ειπον δε
33 αποκριθεις αυτοις λεγει pro
απεκριθη αυτοις λεγων
και τινες εισιν οι αδελφοι μου
pro η οι αδελφοι μου
35 του πατρος μου pro του θεου
— μου 2°
iv. 1 εις πλοιον εμβαντα pro εμ-
βαντα εις το πλοιον
καθεισθαι pro καθησθαι
ησαν pro ην
4 — του ουρανου

5 και αλλο pro αλλο δε
τα πετρωδη pro το πετρωδες
ευθυς pro ευθεως
6 και οτε ανετειλεν ο ηλιος pro
ηλιος δε ανατειλαντος
7 απεπνιξαν pro συνεπνιξαν
8 ἐν ... ἐν ... ἐν
— και post τριακοντα
9 — αυτοις
10 και οτε pro οτε δε
ηρωτων pro ηρωτησαν
11 λεγει pro ελεγεν
το μυστηριον δεδοται γνωναι
pro δεδοται γνωναι το
μυστηριον
των ουρανων pro του θεου
15 αρπαξει pro αιρει
16 ομοιως εισιν pro εισιν ομοιως
18 — ουτοι εισιν 2°
ακουσαντες pro ακουοντες
19 η μεριμνα pro αι μεριμναι
20 ἐν pro ἐν 1° 2° 3°
21 τεθη pro επιτεθη
22 ει μη ινα pro ο εαν μη
23 — ακουειν
26 βαλλει pro βαλη
την γην pro της γης
29 ευθυς pro ευθεως
30 εν τινι pro εν ποια
αυτην θωμεν pro παραβα-
λωμεν αυτην
31 κοκκον pro κοκκω
μικροτερον pro μικροτερος
33 — πολλαις
εδυναντο
34 και χωρις pro χωρις δε
ουδεν pro ουκ
ιδιοις μαθηταις pro μαθηταις
αυτου
35 — και λεγει αυτοις

36 — δε
πλοια pro πλοιαρια
37 μεγαλη ανεμου pro ανεμου
μεγαλη
επεβαλεν
ηδη γεμιζεσθαι το πλοιον pro
αυτο ηδη γεμιζεσθαι
38 αυτος ην pro ην αυτος
εν pro επι 1°
μελλει pro μελει
40 ουπω pro ουτω πως ουκ
41 οι ανεμοι pro ο ανεμος
αυτω υπακουουσιν pro υπα-
κουουσιν αυτω
v. 1 ηλθεν pro ηλθον
2 ευθυς pro ευθεως
υπηντησεν pro απηντησεν
3 μνημασι pro μνημειοις
ουδε pro ουτε
ουκετι ουδεις
εδυνατο pro ηδυνατο
4 — πολλακις
διασπασθαι pro διεσπασθαι
ισχυεν αυτον pro αυτον ισχυε
5 μνημασι και εν τοις ορεσιν pro
ορεσι και εν τοις μνημασιν
6 αυτον pro αυτω
7 λεγει pro ειπε
9 ονομα σοι pro σοι ονομα
λεγει αυτω pro απεκριθη
λεγων
10 — πολλα
αυτον pro αυτους
11 τω ορει pro τα ορη
μεγαλων pro μεγαλη
12 — παντες οι δαιμονες
εισελθομεν pro εισελθωμεν
13 — ευθεως ο ιησους
14 — τους χοιρους
απηγγειλαν pro ανηγγειλαν

v. 14 ηλθον pro εξηλθον
γεγονως pro γεγονος
18 μετ αυτου ει pro η μετ αυτου
19 και ουκ pro ο δε ιησους ουκ
προς pro εις
απαγγειλον pro αναγγειλον
— σοι
πεποιηκε pro εποιησε
20 ο κυριος πεποιηκεν αυτω pro
εποιησεν αυτω ο ιησους
21 εις γεννησαρετ εν τω πλοιω
pro εν τω πλοιω
22 — ιδου
23 — ελθων
επιθεις pro επιθης
τας χειρας αυτη pro αυτη τας χειρας
ινα pro οπως
ζηση pro ζησεται
24 ηκολουθησεν pro ηκολουθει
25 — τις
δωδεκα ετη pro ετη δωδεκα
26 αυτης pro εαυτης
28 εαν αψωμαι των ιματιων αυτου pro καν των ιματιων αυτου αψωμαι
29 ευθυς pro ευθεως
30 ευθυς pro ευθεως
εξεληλυθυιαν pro εξελθουσαν
33 — επ
34 πορευου pro υπαγε
36 — ευθεως
37 μετ αυτου pro αυτω
αυτου pro ιακωβου
38 ερχονται pro ερχεται
και κλαιοντας pro κλαιοντας
40 αυτος δε pro ο δε
παντας pro απαντας
41 θαλιθα pro ταλιθα
κουμ pro κουμι
εγερθητι pro εγειραι

42 ευθυς pro ευθεως
ην γαρ ωσει pro ην γαρ
vi. 1 ερχεται pro ηλθεν
2 διδασκειν εν τη συναγωγη pro εν τη συναγωγη διδασκειν
ακουσαντες pro ακουοντες
ταυτα παντα pro ταυτα
τουτω pro αυτω
— οτι
αι δυναμεις pro δυναμεις
γενομεναι pro γινονται
3 της μαριας
και αδελφος pro αδελφος δε
4 και ελεγεν pro ελεγεν δε
συγγενεσι + αυτου
5 εδυνατο pro ηδυνατο
ουδε μιαν pro ουδεμιαν
ποιησαι δυναμιν pro δυναμιν ποιησαι
7 πνευματων ακαθαρτων pro των πνευματων των ακαθαρτων
8 μη αρτον μη πειραν pro μη πηραν μη αρτον
10 εκειθεν εξελθητε pro εξελθητε εκειθεν
11 εαν pro αν
υμων 1° + του λογου
εκτειναξατε pro εκτιναξατε
— αμην λεγω ... πολει εκεινη
12 εκηρυξαν pro εκηρυσσον
13 εξεβαλον pro εξεβαλλον
ειλειφον pro ηλειφον
14 εγηγερται εκ νεκρων pro εκ νεκρων ηγερθη
αι δυναμεις ενεργουσιν pro ενεργουσιν αι δυναμεις
15 — δε
— εστιν 2°
— η
16 — ο

CODEX 1342

ελεγεν pro ειπεν
— ουτος εστιν
— εκ νεκρων
17 — τη
18 γυναικα + φιλιππου
19 εδυνατο pro ηδυνατο
22 ηρεσε pro και αρεσασης
 ο δε βασιλευς ειπε pro ειπεν ο βασιλευς
 αιτησε pro αιτησον
23 ομοσεν pro ωμοσεν
 ο τι εαν pro οτι ο εαν
24 και pro η δε
25 — ευθεως
 εξ αυτης δος μοι pro μοι δως εξ αυτης
26 αθετησαι αυτην pro αυτην αθετησαι
27 ευθυς pro ευθεως
 σπεκουλατορα
 ενεγκαι pro ενεχθηναι
29 — τω
30 — και 3°
31 λεγει pro ειπεν
 — αυτοι
 αναπαυσασθε pro αναπαυεσθε
 οι υπαγοντες και οι ερχομενοι pro οι ερχομενοι και οι υπαγοντες
 ευκαιρουν
32 απηλθεν pro απηλθον
 εν τω πλοιω εις ερημον τοπον pro εις ερημον τοπον τω πλοιω
33 ιδων pro ειδον
 — οι οχλοι
 αυτους pro αυτον 1°
 — και συνηλθον προς αυτον
34 — ο ιησους
 οχλον πολυν
35 — αυτω

ελεγον αυτω pro λεγουσιν
37 δωσωμεν pro δωμεν
38 εχετε αρτους pro αρτους εχετε
39 ανακλιθηναι pro ανακλιναι
40 — ανα 2°
41 — αυτου
 παρατιθωσιν pro παραθωσιν
43 κλασματα pro κλασματων
 κοφινων pro κοφινους
 πληρωματα pro πληρεις
44 — ωσει
45 ευθυς pro ευθεως
 πλοιον pro το πλοιον
 απολυσει
48 ιδων pro ειδεν
 εναντιος ο ανεμος pro ο ανεμος εναντιος
 περι δε pro και περι
49 επι της θαλασσης περιπατουντα pro περιπατουντα επι της θαλασσης
 εδοξαν + οτι
 εστιν pro ειναι
 + απο του φοβου ante ανεκραξαν
50 ο δε ευθυς pro και ευθεως
51 — εκ περισσου
 — και εθαυμαζον
52 αλλ ην pro ην γαρ
 αυτων η καρδια pro η καρδια αυτων
53 επι την γην ηλθον εις γεννησαρετ pro ηλθον επι την γην γενησαρετ
54 ευθυς pro ευθεως
 αυτον + οι ανδρες του τοπου
55 περιεδραμον pro περιδραμοντες
 χωραν pro περι χωρον
 + και ante ηρξαντο

vi. 56 η εις πολεις η εις αγρους η εν ταις αγοραις
    ετιθεσαν pro ετιθουν
    ηψαντο pro αν ηπτοντο
vii. 2 αυτου + οτι
    εσθιουσιν pro εσθιοντας
    αρτον pro αρτους
    — εμεμψαντο
  4 βαπτισονται
    — και κλινων
  5 και pro επειτα
    ου περιπατουσιν οι μαθηται σου pro οι μαθηται σου ου περιπατουσι
    κοιναις pro ανιπτοις
  6 — αποκριθεις
    — οτι
    + οτι ante ουτος
  8 ποτηριων και ξεστων pro ξεστων και ποτηριων
    και χαλκιων pro και αλλα παρομοια τοιαυτα πολλα ποιειτε
  9 λεγει pro ελεγεν
 10 — σου 2°
 11 μητρι + αυτου
 12 τω πατρι η τη μητρι ουδεν ποιησαι pro ουδεν ποιησαι τω πατρι αυτου η τη μητρι αυτου
 13 την εντολην pro τον λογον
 14 παλιν pro παντα
 15 κοινωσαι αυτον pro αυτον κοινωσαι
    τα εκ του ανθρωπου εκπορευομενα pro τα εκπορευομενα απ αυτου
 16 — ει τις εχει ωτα ακουειν ακουετω
 17 την παραβολην pro περι της παραβολης
 18 ουτως pro ουτω
    — και υμεις
    ουπω pro ου 1°
    — εξωθεν
    το στομα pro τον ανθρωπον
 19 — τον
    καθαριζων pro καθαριζον
 21 πορνειαι, μοιχειαι, κλοπαι, φονοι pro μοιχειαι, πορνειαι, φονοι, κλοπαι
 23 ταυτα παντα pro παντα ταυτα
 24 εκειθεν δε pro και εκειθεν
    ηλθεν pro απηλθεν
    ορια pro μεθορια
 25 αλλ ευθυς ακουσασα pro ακουσασα γαρ
    — αυτης
    εισελθουσα pro ελθουσα
 26 η δε γυνη ην pro ην δε η γυνη
    συραφοινικισσα pro συροφοινισσα
    εκβαλλει pro εκβαλλη
 27 και ελεγεν pro ο δε ιησους ειπεν
    εστι καλον pro καλον εστι
 28 εσθιουσιν υποκατω της τραπεζης pro υποκατω της τραπεζης εσθιει
 29 εκ της θυγατρος σου το δαιμονιον pro το δαιμονιον εκ της θυγατρος σου
 30 — τον
    εν εαυτης pro αυτης
    το παιδιον βεβλημενον επι την κλινην και το δαιμονιον εξεληλυθως pro το δαιμονιον εξεληλυθος και την θυγατερα βεβλημενην επι της κλινης

CODEX 1342

31 ηλθε δια σιδωνος εις pro
    και σιδωνος ηλθε προς
32 μογγιλαλον pro μογιλαλον
    τας χειρας pro την χειρα
33 εκ pro απο
    − αυτου 1°
35 − ευθεως
    ηνοιγησαν pro διηνοιχθησαν
    + ευθεως ante ελυθη
    ορθος pro ορθως
36 λεγωσιν pro ειπωσιν
    − αυτος
    + αυτοι ante μαλλον
viii. 1 παλιν πολλου pro παμπολλου
    − ο ιησους
2 ημεραι pro ημερας
3 και τινες pro τινες γαρ
    απο μακροθεν pro μακροθεν
4 + οτι ante ποθεν
    − ωδε
    αρτον
5 ηρωτα pro επηρωτα
6 παραγγελλει pro παρηγγειλε
    την γην pro της γης
    + και ante ευχαριστησας
    παραθωσι+ τω οχλω
7 ευλογησας + αυτα
    και ταυτα παραθετε pro παραθειναι και αυτα
8 και εφαγον pro εφαγον δε
    + τα ante περισσευματα
    σπυριδας + πληρεις
9 − οι φαγοντες
10 ευθυς pro ευθεως
    − το
    πλοιον + αυτο
12 − υμιν
13 παλιν εμβας pro εμβας παλιν
    − εις το περαν
15 φυλασσεσθε pro βλεπετε

16 − λεγοντες
    εχουσι pro εχομεν
17 γνους δε pro και γνους
    − ετι
18 ου δε pro και ου
19 κλασματων πληρεις pro πληρεις κλασματων
    − ηρατε
20 επτα+ αρτους
    και λεγουσιν αυτω pro οι δε ειπον
21 ουπω pro πως ου
22 ερχονται pro ερχεται
23 εξηνεγκεν pro εξηγαγεν
    ηρωτα pro επηρωτα
    αυτω pro αυτον 2°
    βλεπεις pro βλεπει
24 ειπεν pro ελεγε
25 − εποιησεν αυτον
    ανεβλεψεν pro αναβλεψαι
    απεκατεσταθη pro αποκατεσταθη
    απαντα pro απαντας
26 − τον
    − την
28 ειπον αυτω λεγοντες pro απεκριθησαν
    + οτι ante ιωαννην
    οτι εις pro ενα
29 επηρωτα αυτους pro λεγει αυτοις
    και αποκριθεις pro αποκριθεις δε
31 τη τριτη ημερα pro μετα τρεις ημερας
33 στραφεις pro επιστραφεις
    και λεγει pro λεγων
34 ει τις pro οστις
35 εαν pro αν 1°
36 ωφεληση
38 εαν pro αν

ix. 1 γευσονται
3 εγενοντο pro εγενετο
— ως χιων
δυναται + ουτως
5 ποιησομεν
ωδε τρεις σκηνας pro σκηνας τρεις
μιαν ηλια pro ηλια μιαν
6 αποκριθει pro λαληση
εκφοβοι γαρ εγενοντο pro ησαν γαρ εκφοβοι
7 εγενετο pro ηλθε
— λεγουσα
ακουετε αυτου pro αυτου ακουετε
8 ει μη pro αλλα
9 και καταβαινοντων pro καταβαινοντων δε
α ειδον διηγησονται pro διηγησωνται α ειδον
11 + οι φαρισαιοι και ante οι γραμματεις
12 εφη pro αποκριθεις ειπεν
εξουθενηθη pro εξουδενωθη
13 ηθελον pro ηθελησαν
14 ελθοντες pro ελθων
ειδον pro ειδεν
— και γραμματεις συζητουντας αυτοις
15 ευθυς pro ευθεως
ιδοντες pro ιδων
εξεθαμβηθησαν pro εξεθαμβηθη
16 αυτους pro τους γραμματεις
εαυτους pro αυτους
17 απεκριθη αυτω pro αποκριθεις
— ειπε
18 ειπα pro ειπον
εβαλλωσι pro εκβαλωσι
20 το πνευμα ευθυς pro ευθεως το πνευμα
συνεσπαραξεν pro εσπαραξεν
21 εως pro ως
+ εκ ante παιδιοθεν
22 και εις πυρ αυτον pro αυτον και εις πυρ
24 ευθυς pro ευθεως
25 + ο ante οχλος
το αλαλον και κωφον πνευμα pro το πνευμα το αλαλον και κωφον
απ pro εξ
26 κραξας pro κραξαν
σπαραξας pro σπαραξαν
— αυτον
27 της χειρος αυτου pro αυτον της χειρος
28 εισελθοντος αυτου pro εισελθοντα αυτον
κατ ιδιαν επηρωτων αυτον pro επηρωτων αυτον κατ ιδιαν
εδυνηθημεν
29 εξερχεται pro δυναται εξελθειν
30 κακειθεν pro και εκειθεν
31 μετα τρεις ημερας pro τη τριτη ημερα
33 καφαρναουμ
— προς εαυτους
37 αν pro εαν 1°
παιδιων τουτων pro τοιουτων παιδιων
38 εφη pro απεκριθη δε
— λεγων
τινα + επι
— ος ουκ ακολουθει ημιν
μεθ ημων pro ημιν
40 ημων pro υμων 1° 2°

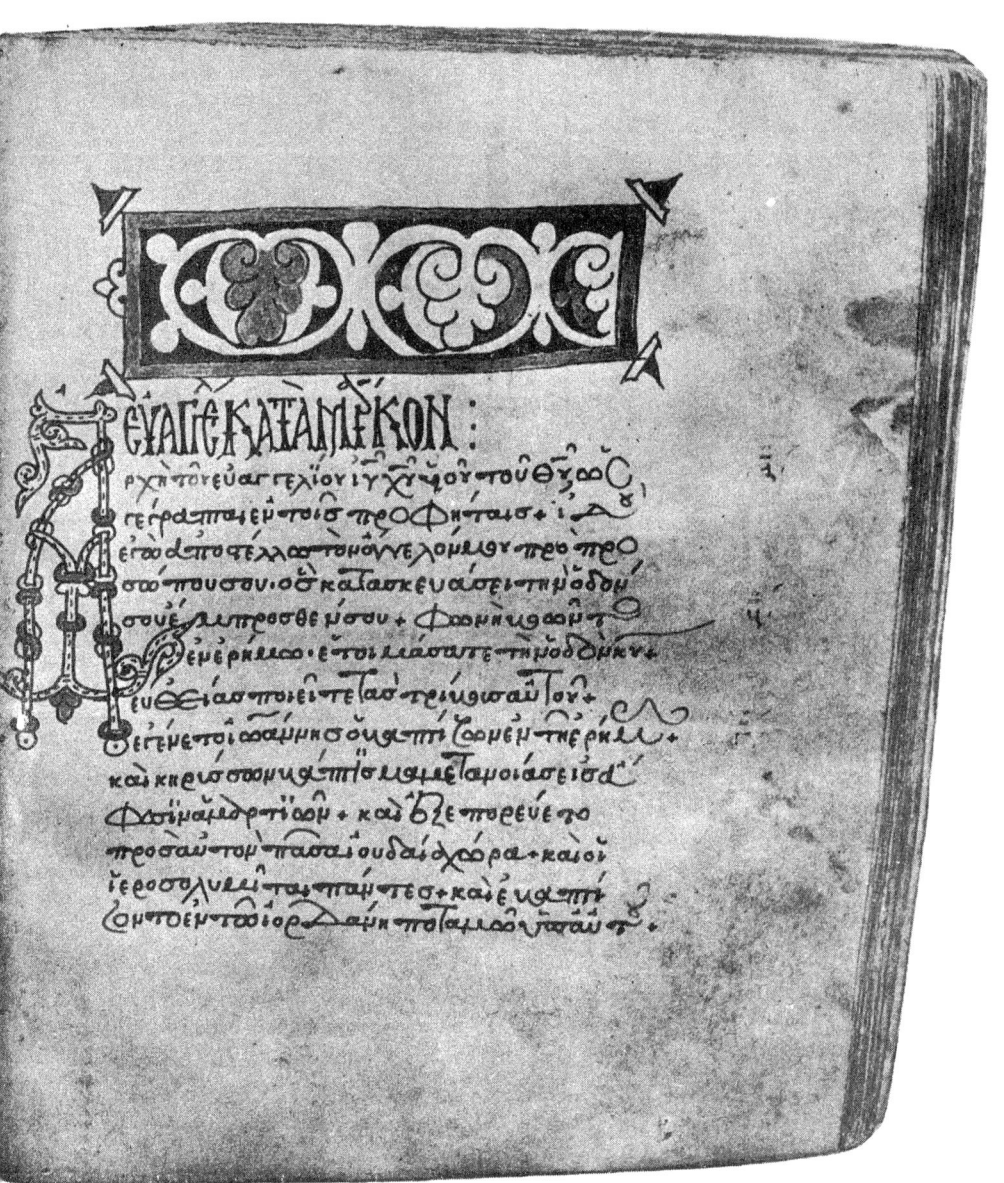

Codex 1342 (Jerusalem, St. Saba 411): Mark 1, 1–5

41 — τω
— μου
42 εαν pro αν
μικρων + τουτων
μυλος ονικος pro λιθος μυ-
λικος
43 σκανδαλιση pro σκανδαλιζη
— σοι
εισελθειν σε εις την ζωην pro
εις την ζωην εισελθειν
44 σκωλιξ
45 σκανδαλιζει
σε pro σοι
— εις το πυρ το ασβεστον
47 σε pro σοι
— του πυρος
49 + εν ante πυρι
— και πασα θυσια αλι αλι-
σθησεται
50 αλα pro αλας 1° 2° 3°
ειρηνην εχετε pro ειρηνευετε
x. 1 και εκειθεν pro κακειθεν
— δια του
2 επηρωτων pro επηρωτησαν
3 — αποκριθεις
4 επετρεψε μωσης pro μωσης
επετρεψε
5 ο δε pro και αποκριθεις ο
υμιν + μωσης
6 — ο θεος
7 καταλιψει
τη γυναικη pro προς την
γυναικα
8 σαρξ μια pro μια σαρξ
10 εις την οικιαν pro εν τη οικια
— αυτου 1°
επηρωτων αυτον περι τουτου
pro περι του αυτου επηρω-
τησαν αυτον
12 αυτη pro γυνη

απολυσασα pro απολυση
— και 2°
13 αυτων αψωνται pro αψηται
αυτων
επιτιμησαν pro επετιμων
αυτοις pro τοις προσφερουσιν
14 επετιμησε pro ηγανακτησε
15 αν
16 κατηυλογει αυτα τιθεις τας
χειρας επ αυτα pro τιθεις
τας χειρας επ αυτα ηυλογει
αυτα
17 κληρονομησω αιωνιον pro αιω-
νιον κληρονομησω
20 εφη pro αποκριθεις ειπεν
— διδασκαλε
21 αυτω pro αυτον
+ και ante οσα
— αρας τον σταυρον
23 ελεγε pro λεγει
24 δυσκολως pro δυσκολον
— τοις
25 — της 1° 2°
27 — εστι
28 λεγειν ο πετρος pro ο πετρος
λεγειν
29 και εφη αυτω ο ιησους pro
αποκριθεις δε ο ιησους ειπεν
30 πατερα pro μητερας
31 — οι
32 — και ακολουθουντες εφοβο-
υντο
33 — τοις 2°
34 και εμπτυσουσιν αυτω και
μαστιγωσουσιν αυτον pro
και μαστιγωσουσιν αυτον
και εμπτυσουσιν αυτω
μετα τρεις ημερας pro τη
τριτη ημερα
35 + δυο ante υιοι

x. 35 + οτι ante εαν
αιτησωμεν + σε
36 με ποιησαι pro ποιησαι με
37 σου εκ δεξιων pro εξ δεξιων σου
σου εξ ευωνυμων pro εξ ευω-
νυμων σου
38 η pro και
39 μου pro ο εγω πινω
40 η pro και
— μου 2°
ητοιμασται + υπο του πατρος
μου
42 και προσκαλεσαμενος αυτους ο
ιησους pro ο δε ιησους
προκαλεσαμενος αυτους
— αυτων 2°
43 ουτως pro ουτω
αν pro εαν
μεγας γενεσθαι pro γενεσθαι
μεγας
υμων διακονος pro διακονος
υμων
44 εαν pro αν
εν υμιν pro υμων
ειναι pro γενεσθαι
υμων pro παντων
46 προσαιτης εκαθητο παρα την
οδον pro εκαθητο παρα την
οδον προσαιτων
47 υιε pro ο υιος
48 αυτον pro αυτω
+ ιησου ante υιε
49 φωνησατε αυτον pro αυτον
φωνηθηναι
εγειρε pro εγειραι
50 αναπηδησας pro αναστας
51 αυτω ο ιησους ειπεν pro λεγει
αυτω ο ιησους
σοι θελεις ποιησω pro θελεις
ποιησω σοι

ραβουνι pro ραββονι
52 και ο pro ο δε
ευθυς pro ευθεως
αυτον pro τω ιησου
xi. 1 ιεροσολυμα pro ιερουσαλημ
βηθσφαγη
+ εις ante βηθανιαν
2 ευθυς pro ευθεως
ουδεις + πωποτε
εκαθισεν pro κεκαθικε
λυσατε pro λυσαντες
και φερετε pro αγαγετε
3 ευθυς pro ευθεως
αποστελλει pro αποστελει
4 και απηλθον pro απηλθον δε
εξω προς την θυραν επι του
αμφοδου δεδεμενον pro δε-
δεμενον προς την θυραν εξω
επι του αμφοδου
6 ειπεν pro ενετειλατο
7 αγουσι pro ηγαγον
επιβαλλουσιν pro επεβαλον
επ αυτον pro επ αυτω
8 και πολλοι pro πολλοι δε
στιβαδας pro στοιβαδας
κοψαντες pro εκοπτον
αγρων pro δενδρων
— και
9 — λεγοντες
10 — εν ονοματι κυριου
11 — εις ιεροσολυμα ο ιησους και
οψε δε pro οψιας
ενδεκα pro δωδεκα
13 απο μακροθεν pro μακροθεν
τι ευρησει pro ευρησει τι
ο γαρ καιρος ουκ ην pro ου
γαρ ην καιρος
14 — ο ιησους
εις τον αιωνα εκ σου pro εκ
σου εις τον αιωνα

15 − ο ιησους
πολουντας
τους αγοραζοντας
17 και ελεγεν pro λεγων
πεποιηκατε pro εποιησατε
18 οι αρχιερεις και added in margin, before οι γραμματεις, probably by original hand
απολεσωσιν pro απολεσουσιν
ο λαον pro αυτον 2°
πας γαρ pro οτι πας
19 οταν pro οτε
20 παραπορευομενοι πρωι pro πρωι παραπορευομενοι
21 − ραββι
εξηρανθη pro εξηρανται
22 + ο ante ιησους
23 − οτι
ο λαλει pro α λεγει
24 − αν
αιτετε και προσευχεσθε pro προσευχομενοι αιτεισθε
ελαβετε pro λαμβανετε
25 ο ουρανιος pro ο εν τοις ουρανοις
28 ελεγον pro λεγουσιν
η τις pro και τις
εδωκε την εξουσιαν ταυτην pro την εξουσιαν ταυτην εδωκεν
29 − αποκριθεις
ερωτησω pro επερωτησω
30 ποθεν ην εξ ουρανου pro εξ ουρανου ην
31 διελογιζοντο pro ελογιζοντο
αλληλους pro εαυτους
ειπομεν
32 αλλα pro αλλ εαν
οχλον pro λαον
παντες pro απαντες

33 − αποκριθεις
xii. 1 λαλειν pro λεγειν
ανθρωπος εφυτευσεν pro εφυτευσεν ανθρωπος
2 − τω καιρω
− παρα των γεωργων
των καρπων pro του καρπου
3 και pro οι δε
εδηραν
4 − λιθοβολησαντες
− απεστειλαν
ητιμασαν pro ητιμωμενον
5 − παλιν
ους pro τους 1° 2°
δαιροντες
αποκτενοντες
6 − ουν
ειχεν υιον pro υιον εχων
− αυτου
και απεστειλε pro απεστειλε και
εσχατον προς αυτους
7 προς αὑτους ειπον
αποκτεινομεν
8 εξεβαλον + αυτον
9 − ουν
11 εστη pro εστι
υμων pro ημων
14 και pro οι δε
μελλει pro μελει
δουναι κηνσον καισαρι pro κηνσον καισαρι δουναι
15 ιδων pro ειδως
16 λεγουσιν pro οι δε ειπον
17 − και αποκριθεις
ο + δε
− ιησους
εξεθαυμαζον pro εθαυμασαν
18 επηρωτων pro επηρωτησαν

xii. 19 μη αφη τεκνον pro τεκνα μη αφη
— αυτου 2°
20 εις pro πρωτος
— αποθνησκων
21 μη καταλιπων pro και ουδε αυτος αφηκε
22 — ελαβον αυτην
— και 2°
εσχατον pro εσχατη
και η γυνη απεθανεν pro απεθανε και η γυνη
23 — ουν
— οταν αναστωσι
γινεται pro εσται
24 εφη αυτοις ο ιησους pro και αποκριθεις ο ιησους ειπεν αυτοις
— ου
ιδοτες
25 αναστωσιν εκ νεκρων pro εκ νεκρων αναστωσιν
γαμιζονται pro γαμισκονται
— οι
τω ουρανω pro τοις ουρανοις
26 πως pro ως
εγω + ειμι
27 θεος 1° + θεος
— θεος ante ζωτων
28 ιδων pro ειδως
απεκριθη αυτοις pro αυτοις απεκριθη
εντολη πρωτη παντων pro πρωτη πασων εντολη
29 απεκριθη ιησους pro ο δε ιησους απεκριθη
— αυτω
εστιν pro πασων των εντολων
30 — αυτη πρωτη εντολη
31 — και
— ομοια

αυτη + εστιν
— μειζων τουτων αλλη εντολη ουκ εστι
32 — θεος
33 — και εξ ολης της ψυχης
σεαυτον pro εαυτον
περισσοτερον pro πλειον
34 — αυτον 1°
ετολμα ουκετι pro ουκετι ετολμα
35 του δαϊδ pro δαβιδ
36 — γαρ
δαϊδ (elsewhere always δαδ̄)
— εν
37 — ουν
αυτου εστι υιος pro υιος αυτου εστι
38 εν τη διδαχη αυτου ελεγεν pro ελεγεν αυτοις εν τη διδαχη αυτου
39 — και πρωτοκαθεδριας εν ταις συναγωγαις
41 — ο ιησους
εβαλον pro εβαλλον
42 μια + γυνη
43 ειπεν pro λεγει
— η πτωχη
εβαλεν pro βεβληκε
βαλλοντων pro βαλοντων
xiii. 2 — αποκριθεις
αφεθη + ωδε
— μη 2°
καταλυθησεται
3 + ο ante πετρος
4 ειπον pro ειπε
ταυτα συντελεισθαι παντα pro παντα ταυτα συντελεισθαι
5 — αποκριθεις
ηρξατο λεγειν αυτοις pro αυτοις ηρξατο λεγειν

CODEX 1342

7 γαρ + ταυτα
ουπω + εστι
8 λιμοι + και λοιμοι
9 αρχη pro αρχαι
ηγεμονας pro ηγεμονων
βαισι(λεις?) pro βασιλεων
(last four letters written over erasure)
10 παντα + δε
11 και οταν pro οταν δε
αγωσιν pro αγαγωσιν
— μηδε μελετατε
αν pro εαν
υμεις εστε pro εστε υμεις
12 και παραδωσει pro παραδωσει δε
15 — δε
— εις την οικιαν
16 — ων
18 χειμωνος + μηδε σαββατου
19 θλιψεις
ην pro ης
20 — κυριος
εκολοβωθησαν pro εκολοβωσε
αι ημεραι εκειναι pro τας ημερας
21 ιδε pro ιδου 1° 2°
22 ωστε pro προς το
23 — ιδου
25 πεσουνται απο του ουρανου pro του ουρανου εσονται εκπιπτοντες
26 και δοξης πολλης pro πολλης και δοξης
27 — αυτου 2°
28 ιδη pro ηδη
κλαδος + αυτης (et om ante ιδη)
τα φυλλα εκφυη pro εκφυη τα φυλλα
— εστιν

29 ουτως pro ουτω
ιδητε ταυτα pro ταυτα ιδητε
30 οπου pro ου παντα
31 παρελευσεται pro παρελευσονται
παρελευσονται pro παρελθωσι
32 η pro και
34 αποδημων pro αποδημος
αφετε pro αφεις
γρηγορει
35 ποια ωρα pro ποτε
η οψε
μεσονυκτιον pro μεσονυκτιου
37 ο pro α
xiv. 1 εζητουν + αυτον
2 γαρ pro δε
εν τω λαω pro του λαου
3 — τη
λαιπρου
πολυτιμου pro πολυτελους
την pro το
— κατα
4 — και λεγοντες
5 εδυνατο
τουτο + το μυρον
6 εν εμοι pro εις εμε
7 αυτους + παντοτε
8 εσχεν pro ειχεν
— αυτη
9 εαν pro αν
πεποιηκεν pro εποιησεν
10 — ο 1° 2°
ισκαριωθ pro ισκαριωτης
αυτον παραδω pro παραδω αυτον
11 αργυρια pro αργυριον
αυτον ευκαιρως pro ευκαιρως αυτον
παραδω + αυτοις
12 — ημερα
ετοιμασομεν

xiv. 14 − οτι
  15 ανωγαιον pro ανωγεον
     ετοιμον + και
  19 και pro οι δε
     λυπεισθε
     κατα pro καθ
     − και αλλος μη τι εγω
  20 − αποκριθεις
     − εκ
  21 + και ante ο μεν
  22 αρτον + και
  23 − το
  24 εκχυνομενον υπερ πολλων pro το περι πολλων εκχυνομενον
  25 − ουκετι
     γενηματος
  27 παντες + υμεις
     − εν εμοι εν τη νυκτι ταυτη
     διασκορπισθησονται pro διασκορπισθησεται
     προβατα + της ποιμνης
  29 ει και pro και ει
  30 οτι + συ
     ταυτη τη νυκτι pro εν τη νυκτι ταυτη
     με απαρνηση pro απαρνηση με
  31 περισσως pro περισσου
     ελαλει pro ελεγε
     − μαλλον
     δεη με pro με δεη
     συν σοι αποθανειν pro συναποθανειν σοι
  32 προσευξομαι
  33 − τον 2°
     − και ιωαννην
     μετ αυτου pro μεθ εαυτου
  35 προσελθων pro προελθων
     επι της γης επεσε pro επεσεν επι της γης
  36 παρενεγκαι
     απ εμου το ποτηριον απ εμου τουτο
  40 και παλιν ελθων ευρεν αυτους pro και υποστρεψας ευρεν αυτους παλιν
     αυτων οι οφθαλμοι pro οι οφθαλμοι αυτων
     αποκριθωσιν αυτω pro αυτω αποκριθωσιν
  41 − το 2°
     παραδιδοτε
     − ο υιος του ανθρωπου
     − τας
  43 ευθυς pro ευθεως
     − ων
     − πολυς
     − των 3° 4°
  44 σημειον pro συσσημον
  45 ευθυς pro ευθεως
     + και ante προσελθων
     − ραββι 2°
  46 − επ αυτον
     αυτω pro αυτων
  47 − την
     επεσε
     ωταριον pro ωτιον
  50 εφυγον παντες pro παντες εφυγον
  51 − εις
     νεανισκος τις pro τις νεανισκος
     συνηκολουθει pro ηκολουθει
     − οι
  52 εφυγε γυμνος pro γυμνος εφυγε
  53 ηγαγον pro απηγαγον
     − αυτω
  54 − απο μακροθεν
  60 − το

61 ουκ απεκρινατο ουδεν pro
   ουδεν απεκρινατο
   + του θεου ante του ευλογη-
   του, but above the line
62 εκ δεξιων καθημενον pro καθη-
   μενον εκ δεξιων
63 τα ιματια pro τους χιτωνας
64 φαινετε
   ενοχον ειναι pro ειναι ενοχον
65 αυτου το προσωπον pro το
   προσωπον αυτου
   αυτων pro αυτον 2°
   ελαβον pro εβαλλον
66 παιδισκη pro των παιδισκων
67 ειπεν pro λεγει
   ησθα ιησου pro ιησου ησθα
68 ουτε ... ουτε pro ουκ ...
   ουδε
   συ τι pro τι συ
69 ηρξατο παλιν η παιδισκη
   ιδουσα αυτον pro η παιδι-
   σκη ιδουσα αυτον ηρξατο
   παλιν
   παρεστωσιν pro παρεστηκο-
   σιν
70 ηρνησατο pro ηρνειτο
   — και η λαλια σου ομοιαζει
72 και + ευθεως
   δις pro εκ δευτερω
   το ρημα pro του ρηματος
   ως pro ου
   δις φωνησαι pro φωνησαι δις
   τρις απαρνηση με pro απα-
   ρνηση με τρις
   εκλασεν pro εκλαιε
xv. 1 ευθυς pro ευθεως
   — επι το
   ετοιμασαντες pro ποιησαντες
   και οι γραμματεις μετα των
   πρεσβυτερων pro μετα των

πρεσβυτερων και γραμμα-
τεων
— τω
2 αυτω λεγει pro ειπεν αυτω
4 επηρωτησεν αυτον παλιν pro
   παλιν επηρωτησεν αυτον
7 στασιαστων pro συστασια-
   στων
   φονον + τινα
8 — αει
12 παλιν αποκριθεις
   ελεγεν pro ειπεν
   — θελετε
14 πιλατος + παλιν
   εποιησε κακον pro κακον εποι-
   ησεν
   περισσως pro περισσοτερως
   εκραζον pro εκραξαν
15 ποιησαι το ικανον τω οχλω
   pro τω οχλω το ικανον
   ποιησαι
17 ενδιδυσκουσιν pro ενδυουσιν
   στεφανον εξ ακανθων pro
   ακανθινον στεφανον
20 αυτου pro τα ιδια
21 — παραγοντα
22 επι + τον
   οσπερ pro ο
23 — πιειν
   ηθελεν pro ελαβε
24 διαμεριζονται pro διεμεριζον
26 γεγραμμενη pro επιγεγραμ-
   μενη
27 εσταυρωσαν pro σταυρουσι
30 καταβας pro και καταβα
31 και pro δε
   — μετα των γραμματεων
32 — του 1°
   καταβητω
33 και γενομενης pro γενομενης
   δε

xv. 34 τη εννατη ωρα pro τη ωρα τη εννατη
ανεβοησεν pro εβοησεν
λεμα pro λαμμα
σαβακτανι pro σαβαχθανι
— μεθερμηνευομενον
35 οτι pro ιδου
36 ημων pro ιδωμεν
38 και + τοτε
39 ουτως pro ουτω
ουτος ο ανθρωπος pro ο ανθρωπος ουτος
θεου ην pro ην θεου
40 — ην
— του 1°
43 ελθων pro ηλθεν
44 ηδη pro παλαι

τεθνηκεν pro απεθανε
46 — και 2°
ενειλησε + εν
εθηκεν pro κατεθηκεν
αυτο pro αυτον 2°
μνηματι pro μνημειω
47 ιακοβου pro ιωση
xvi. 1 — η του
2 τη μια των pro της μιας
3 αποκυλιση
υμιν pro ημιν, but corrected to ημιν, probably not by first hand
6 εκθαμβησθε
photographs end with end of vs 6

IV

CODEX 1241

Sinai 260 (Greg. 1241; von Soden δ 371)

Kirsopp Lake

Codex 1241, containing the whole New Testament except the Apocalypse, is of the twelfth or thirteenth century. It is rightly included by von Soden among the supporters of the H-text, but, as an examination of three chapters of each gospel shows, it belongs, at least for the gospels, not with Bא, but with CLΔΨ 33, that is, with the witnesses to the text called 'Alexandrian' by Westcott and Hort. In Matthew and Mark its text shows a larger infusion of Byzantine readings than in Luke and John.

The collation, which covers the gospels only, is made with Lloyd's Oxford edition of the Received Text.

MATTHEW

i. 1 αβρααμ (so throughout)
   δαδ pro δαβιδ (so throughout)
   2 ιουδα
   5 ιωβηδ
   6 ιωβηδ
      σολομωνα
   11 μετοικησιας (so also vs 12 and vs 17)
   17 δεκατεσσαρεις ter
   19 ηβουληθη
   20 μαριαν
   21 καλεσουσι pro καλεσεις
   24 om ο ante ιωσηφ
ii. 1 βιθλεεμ sic pass
    1 f. λεγοντες εις ιερουσαλημ
    2 ιδομεν
    5 ουτως
    6 ηγεμωσιν
    11 ειδον pro ευρον
    13 ισθη
iii. 8 καρπον αξιον
    17 ηυδοκησα
iv. 6 προσκοψεις
    7 εκπειρασης
    9 προσκυνησεις
    10 υπαγε οπισω μου
    12 om ο ιησους
    15 om γη 2°
    16 σκοτει pro χωρα
    18 om ο ιησους
v. 5 om την ante γην

v. 12 εν τω ουρανω
    ουτως
    om τους 1°
    om προφητας et add ipse* in
       mg post υμων 2°
16 ουτως
    ενπροσθεν et sic passim
17 νομησητε
18 om γαρ
19 διδαξει 1° 2°
    ουτος pro ουτω
20 υμων η δικαιοσυνη
21 ερρηθη (et sic vs 38 sed
       non vss 27, 31, 43)
    φονευσει pro φονευση
23 προσφερεις
    και εκει
25 ου pro οτου
    βληθειση
27 om τοις αρχαιοις
28 αυτην pro αυτης
29 απωληται et sic infra
    την γεενναν
32 πας ο απολυων pro ος αν
       απολυση
    γαμησει pro γαμηση
34 ομωσαι
35 του βασιλεως του μεγαλου
36 ομωσης
39 om σου ante σιαγονα
40 ιματιον σου
44 τοις μισουσι
    om και διωκοντων υμας
45 τοις ουρανοις
46 om γαρ
47 φιλους pro αδελφους
    οι εθνηκοι το αυτο pro οι τελω-
       ναι ουτω
48 ως και pro ωσπερ
    ο ουρανιος
vi. 1 προσεχετε δε

    ενπροσθεν et sic infra
2 ποιεις
6 ταμειον
    αυτος αποδωσει
7 βατολογησητε
    εθνηκοι
13 εισενεγκεις
15 αφησει υμιν
17 αλειψε
18 φανεις
24 ουδεις οικετης
    μαμωνα
26 ουτε 1° 2°
27 προσθηναι
29 om αυτου
31 φαγομεν
    πιομεν
    περιβαλλωμεθα
32 ταυτα γαρ παντα
vii. 2 μετρηθησεται
4 εκ pro απο
6 δοτε
    βαλετε
    ρηξουσιν
9 om εστιν
    αν pro εαν
10 η και pro και εαν
    αιτησει
    add και εαν ωον μη σκορπιον
       επιδωσει αυτω post finem
       vs 10
12 εαν θελετε
    ουτως pro ουτω
    ουτως pro ουτος
13 εισελθατε
    ευρυχορος
    απωλιαν
    εισπορευομενοι pro εισερχο-
       μενοι
14 τι pro οτι
    om η ante πυλη

17 ουτως
18 om ουδε . . . καλους ποιειν
19 παν ουν
21 add ουτος εισελευσεται εις την βασιλειαν των ουρανων post fin vers
22 πολλας δυναμεις
24 ομοιωθησεται pro ομοιωσω
αυτον
εαυτου την οικιαν
25 προσεπεσαν
26 αυτου την οικιαν
27 add extra lin ipse* σφοδρα post μεγαλη
28 παντας τους λογους
29 γραμματεις αυτων και οι φαρισαιοι

viii. 2 θελεις pro θελης
5 εισελθοντος δε αυτου
8 εφη αυτω
λογω pro λογον
9 om υπο εξουσιαν
εμαυτου pro εμαυτον
10 ακολουθουσιν αυτω
οτι ουδε
12 εμβληθησονται
εξοτερον
13 add και υποστρεψας ο εκατονταρχος εις τον οικον αυτου εν αυτη τη ωρα ευρεν αυτον υγιαινοντα
A lacuna comes here down to xiii. 3 ιδου εξηλθεν, the six inside leaves of a quaternion being lost.

xiii. 3 σπειραι τον σπορον pro σπειρειν
4 πετεινα του ουρανου
8 επεσαν pro επεσεν
12 om και περισσευθησεται
13 ακουωσιν

συνιωσι
14 om επ ante αυτοις
ακουσητε
βλεψητε
15 ωσιν αυτων
συνιωσι
επιστραφωσι
ιασομαι
16 om τα ante ωτα
ακουουσιν
17 om γαρ
21 προς καιρον pro προσκαιρος
ειτα γενομενης pro γενομενης δε
ευθεως
23 ως δει
νοει pro ποιει
25 επεσπειρε
26 σιτος pro χορτος
27 om σω
om τα
28 λεγουσι pro ειπον
30 om τω ante καιρω
om εις ante δεσμας
εις το κατακαυσαι
33 παρεθηκεν αυτοις λεγων pro ελαλησεν αυτοις
εκρυψεν pro ενεκρυψεν
40 καιεται pro κατακαιεται
41 αποστελλει
43 εκλαμψουσιν οι δικαιοι
44 om παλιν
47 παλιν ειπεν ομοια
48 αναβηβασαντες
52 ο δε ιησους ειπεν
τη βασιλεια
55 ουχ pro ουχι
57 ατιμος προφητης
οικια εαυτου
58 πολλας δυναμεις

xiv. 6 γενομενων pro αγομενων

xiv. 8 προβηβασθεισα
10 απεκεφαλησε
12 πτωμα pro σωμα
13 πασων των πολεων
14 ευσπλαγχνισθη
 επ αυτοις
15 απολυσον ουν
τας κυκλω κωμας
19 om και ante λαβων
22 om αυτου
25 ηλθε pro απηλθεν
επ αυτους pro προς αυτους
την θαλασσαν
26 om οι μαθηται
της θαλασσης
27 θαρσητε
28 ελθειν προς σε
32 εμβαντι αυτω
34 γενησαρετ
35 επιγνωντες
36 ινα καν
αψονται
οσοι αν

xv. 1 φαρισαιοι και γραμματεις
2 παραδωσιν et sic infra
5 μητρι αυτου
ωφεληθεις
om και ante ου μη
τιμησει
και pro η 2°
8 χειλεσιν αυτων
τιμωσι με pro με τιμα
11 εισπορευομενον pro εισερχομενον
om τουτο
14 τυφλοι εισιν οδηγοι τυφλων
τυφλος γαρ τυφλον οδηγει
16 ειπεν αυτοις
17 εκβαλλεται αυτο
19 φονοι φθονοι

20 om το δε ανιπτοις ... ανθρωπον
22 εκραξεν pro εκραυγασεν
om αυτω
26 βαλειν αυτον
29 εκαθιτο
30 κωφους τυφλους χωλους κυλλους
31 τον οχλον
om κωφους ... βλεποντας
εδοξαζον
32 ειπεν αυτοις
οχλον τουτον
33 om αυτου post μαθηται
ποθεν ουν
35 τω οχλω
36 εδιδου pro εδωκεν
om αυτου post μαθηταις
τοις οχλοις
38 ανδρες ωσει τετρακισχιλιοι
39 ανεβη
om το ante πλοιον
ορη pro ορια

xvi. 1 οι Σαδδουκαιοι
επηρωτων
3 πρωιας
om υποκριται
4 μοιχαλλις
6 om αυτοις
8 om αυτοις
om ολιγοπιστοι
εχετε pro ελαβετε
10 om επτα ante αρτους
11 αρτων
add προσεχετε post προσεχειν
12 των αρτων pro του αρτου
13 καισαριας
15 αυτοις ο ιησους
17 αποκριθεις δε ο ιησους
21 εις ιεροσολυμα απελθειν

23 αυτω pro τω πετρω
25 θελει
   απολεσει pro απολεση
28 εστωτων
   γευσονται
xvii. 2 ενπροσθεν
   ελλαμψε
   εγενοντο
4 μωυσει
5 ηυδοκησα
9 εκ του ορους
11 απεκριθη αυτοις λεγων
12 om δε post λεγω
   om εν ante αυτω
   ουτως
14 γονυπετων αυτον
20 εχετε
23 add αποκτανθεις ante τη
   τριτη
24 τα διδραγμα et sic infra
26 om οι ante υιοι
27 αναβαινοντα pro αναβαντα
xviii. 1 μειζον
2 om ο ιησους
4 ταπεινωσει
   ο μειζον
6 σκανδαλισει
   εις pro επι
7 om εστιν
8 εστι (extr. lin. scrip.) καλον
   σοι
   ελθειν pro εισελθειν
12 εαν γαρ γενηται
   ενενικοντα εννεα et sic infra
   πλανομενον
14 πατρος μου pro πατρος υμων
   απωληται
16 σταθησεται
17 τη εκκλησια pro της εκκλησιας
   εθνηκος

18 αν pro εαν 1°
19 παλιν αμην λεγω
   om οτι
   αιτησονται
21 αμαρτηση
22 εβδομικοντακις
23 om η
28 επνηγε
   ει τι pro ο τι
29 σοι αποδωσω
35 ουτως
   ουρανιος pro επουρανιος
   αφη pro αφητε
xix. 3 αυτω οι φαρισαιοι τω ιησου
   (sic)
5 πατερα αυτου
   μητερα αυτου
6 om ο ante θεος
8 ουτως
9 om ει ante μη
   om και ο ... μοιχαται
12 ουτως
13 προσηνεχθησαν
14 ειπεν αυτοις
19 μητερα σου
24 εισελθειν pro διελθειν
26 om εστι post δυνατα
28 καθισει
29 οστις pro ος
xx. 2 om την
3 αλλους εργατας
7 εμισθοσατο
   αμπελωνα μου
10 οι περι την πρωτην και τριτην
   και εννατην ωραν pro οι
   πρωτοι et add ipse* in
   mg και εκτην
11 διεγογγυζον
14 τω εσχατω τουτω
17 αναβαινον pro αναβαινων
21 δυο μου υιοι

xx. 21 ευωνυμων σου
22 η pro και ante το βαπτισμα
24 ηρξαντο αγανακτειν
25 om ιησους
26 om αλλ ος . . . 27 εν υμιν
27 πρωτος ειναι
   εσται pro εστω
29 ιερειχω
   ηκολουθησαν
30 υιε
31 μειζων pro μειζον
   υιε
32 αυτοις pro αυτους
xxi. 1 βηθσφαγη
   om ο ιησους
2 πορευεσθε
3 αυτου pro αυτων
   αποστελλει
7 εκαθισεν
8 αυτων pro εαυτων
11 om ιησους
12 om ο
13 εποιησατε αυτον
14 χωλοι και τυφλοι
15 εποιησεν ο ιησους
   ηγανακτισαν
18 add ο ιησους post επαναγων
20 om λεγοντες
23 προσελθοντι
26 ειπομεν (sed non bis)
27 υμιν λεγω
28 ανθρωπος τις
   om τεκνον
30 ετερω pro δευτερω
35 εδηραν
   ελιθοβολισαν
41 εκδωσεται
xxii. 7 και ακουσας pro ακουσας δε
   βασιλευς εκεινος
   ενεπρισεν
9 εαν pro αν

12 εφημωθη
13 βαλετε pro εκβαλετε
   εξοτερον
16 μελλει
19 εφερον pro προσηνεγκαν
23 om οι
26 om ο δευτερος και
29 ιδοντες
30 εγγαμιζονται
   om του ante θεου
34 εφημωσε
37 εφη pro ειπεν
   om τη ante καρδια
38 η πρωτη
39 και τον πλησιον
46 αποκριθηναι αυτω
xxiii. 4 δε pro γαρ
7 ραβι et sic infra
   om ραββει alterum
10 om υμων
16 om ουαι υμιν
   ομωση et sic infra
17 αγιαζον
19 μειζων pro μειζον
20 f. om και εν πασι . . . ομνυει
   εν αυτω
   κατοικησαντι
25 om και ante της παροψιδος
27 παρομοιαζεται
28 εστε μεστοι
30 ημεθα pro ημεν bis
   κοινωνοι αυτων post προφητων
36 οτι ηξει
37 αποκτενουσα
38 αφιετε
xxiv. 3 μαθηται αυτου
6 om γαρ
   παντα ταυτα
11 αλληλους pro πολλους
15 εστως
17 τα pro τι

20 om εν ante σαββατω
21 ουδε μη (om ου)
22 εκολωβοθησαν
κολωβοθησονται
24 σημεια και τερατα μεγαλα
27 om και ante η παρουσια
31 αποστελλει
και φωνης
33 ταυτα παντα
36 om δε
om της ante ωρας
38 εγγαμιζοντες
43 ερχεται της νυκτος
45 οικετειας pro θεραπειας
47 και επι πασι
49 εσθιει δε και πινει
xxv. 3 λαμπαδας αυτων
19 λογον μετ αυτων
21 om δε post εφη
επει pro επι 1°
22 om λαβων
23 επει pro επι 1°
29 δωθησεται
ο δοκει εχειν pro εχει
30 εκβαλετε
εξοτερον
31 καθιση
35 εδοκατε
36 ηλθατε
37 ιδομεν et sic passim
44 om αυτω
xxvi. 4 δολω κρατησωσι
7 om και ante κατεχεεν
9 τοις πτωχοις
20 δωδεκα μαθητων
22 ηρξατο (sic)
25 ραβι
26 ευχαριστησας pro ευλογησας
29 γενηματος
31 διασκορπισθησονται
33 εγω δε

36 προσευξομαι
38 αυτοις ο ιησους
39 προσελθων
43 ευρεν pro ευρισκει
44 προσηυξατο παλιν
post ειπων add ωφθη δε αυτω
αγγελος απο του ουρανου
ενισχυων αυτον
45 om αυτου
om το ante λοιπον
49 ραβι
51 om ιδου
52 om σου ante την μαχαιραν
αποθανουνται pro απολουνται
53 δοκει σοι pro δοκεις
54 ουτως
55 εξηλθατε
εν τω ιερω διδασκων
57 στρατιωται κρατησαντες
58 ηκολουθη
εκαθιτο
59 θανατωσουσιν αυτον
60 om και πολλων . . . ευρον
61 δυο τινες
62 αποκρινει
63 ειπεις
ο υιος του θεου του ζωντος
67 εκολαφησαν
om αυτον . . . ερραπισαν
69 εκαθιτο
70 αυτων παντων
71 αυτοις pro τοις
74 καταθεματιζειν
xxvii. 2 ηγεμωνι et sic passim
6 κορβοναν
15 τω οχλω ενα
18 αυτον παρεδωκαν
20 αιτησονται
21 om αυτοις
22 om αυτω
σταυρωθειτω et sic infra

xxvii. 27 σπηραν
31 om αυτον 3°
32 ηγκαρευσαν pro ηγγαρευσαν
33 ελθοντες οι στρατιωται
34 ο pro ος
   om λεγομενος
   μεμηγμενον
35 om ινα . . . κληρον
41 add και φαρισαιων post
   πρεσβυτερων
42 πιστευομεν
   επ αυτω
44 συνσταυρωθεντες
   αυτον pro αυτω 2°
46 λυμα pro λαμα
49 σωσαι pro σωσων
52 ανεωχθη
53 αυτων pro αυτου

54 om σφοδρα
55 om απο 1°
56 μαγδαλινη et sic infra
60 om καινω αυτου
   μεγα pro μεγαν
64 οτι ηγερθη
65 om δε post εφη
xxviii. 1 om δε post οψε
2 απεκυλησεν
   add του μνημειου post θυρας
   εκαθιτο
9 om ο ante ιησους
   υπηντησεν
12 στρατιωτες pro στρατιωταις
14 ποιησωμεν
15 διεφημησθη
17 προσεκυνησαν αυτον

MARK

i. 1 κυριου pro θεου
2 καθως
   τω ησαια τω προφητη
5 ιεροσολυμειται παντες
   om παντες post εβαπτιζοντο
   υπ' αυτου ante εν τω ιορδανη
6 ο ιωαννης
   και ην εσθιων
7 του υποδηματος
8 add και πυρι post αγιω
9 ταις ημεραις εκειναις
   ο ιησους
   εις τον ιορδανην υπο ιωαννου
10 ευθυς
   αναβαινον
11 σοι pro ω
   ηυδοκησα
12 ευθεως
13 add και τεσσαρακοντα νυκτας
   post τεσσαρακοντα

om οι ante αγγελοι
15 ηγγισεν
16 του σιμωνος pro αυτου
   εις την θαλασσαν
18 om αυτων post δικτυα
19 add αυτων post δικτυα
20 μισθοτων
21 ευθυς
22 γραμματεις αυτων
23 f. ανεκραξε φωνη μεγαλη λεγων
26 φωνησαν pro κραξαν
27 απαντες
   εαυτους pro αυτους
28 και εξηλθεν (om δε)
   om ευθυς
29 ευθυς
30 του σιμωνος
   πυρρεσσουσα
32 f. om και τους . . . 34
   εχοντας (homoiot.)

34 εξεβαλλεν
ηδεισαν τον χριστον αυτον
ειναι
35 εννυχα
37 σε ζητουσι
38 αγωμεν αλλαχου
39 εις τας συναγωγας
40 om αυτον post γονυπετων
θελεις pro θελης
add κυριε post θελεις
42 η λεπρα απηλθεν απ αυτου
εκαθερισθη
44 om μηδεν
habet μωσης
45 διαφημηζειν
παντοθεν
ii. 1 εισηλθε παλιν
2 ευθυς
3 φεροντες παραλυτικον
4 κραββαττον
5 αφιενται
σου αι αμαρτιαι pro σοι αι
αμαρτιαι σου
7 om ουτω ante λαλει
8 ευθυς
add αυτοι post ουτως
om εν εαυτοις
om ταυτα
9 ευκοποτερον
σου pro σοι
εγειρε
τον κραββαττον σου
10 ιδειτε pro ειδητε
επι της γης αφιεναι
11 εγειρε
κραβαττον
12 ενωπιον pro εναντιον
ιδομεν
16 εσθιοντα και πινοντα
om και αμαρτωλων 2°, sed
habet 1°
εσθιετε και πινετε
18 οι φαρισαιοι pro οι των φαρισαιων 1°
om οι δε σοι μαθηται ου
νηστευουσι
19 εχουσι μεθ εαυτων
20 εκεινη τη ημερα
21. om και ante ουδεις
ρακκους
επι ιματιον παλαιον
μηγε
22 μηγε
αλλ pro αλλα
23 add και εσθιειν post σταχυας
24 om εν
25 λεγει pro ελεγεν
om και επεινασεν
26 αρχιερευσι pro ιερευσι
iii. 2 παρετηρουντο
om ει
εν τοις
θεραπευσαι
3 εγειρε
4 εσιωπουν
5 απεκατεσταθη
6 ευθυς
7 add γνους post ιησους
8 ακουοντες pro ακουσαντες
9 ειπον pro ειπε (sic)
προσκαρτερει
θλιβουσιν
11 εθεωρουν
προσεπιπτον
εκραζον
12 φανερον αυτον
14 αποστελλει pro αποστελλη
16 και επεθηκεν αυτοις ονοματα,
τω σιμωνι πετρον
17 αυτου pro του ιακωβου
18 καναναιον
19 ισκαριωθ

iii. 20 ερχεται
συναγονται παλιν οχλος (sic)
μηκετι pro μη
22 βεελβουηλ
23 ἐκβάλειν (sic accent)
25 σταθησεται pro δυναται σταθηναι
26 και ου μεμερισται
27 ουδεις δυναται pro ου δυναται ουδεις διαρπαση
28 τοις υιοις των ανθρωπων τα αμαρτηματα
αι βλασφημιαι
οσαι pro οσας (sic)
29 εσται pro εστι
31 και ερχονται pro ερχονται ουν η μητηρ αυτου και οι αδελφοι αυτου
32 εκαθιτο
περι αυτον οχλος
33 και pro η ante οι
34 τους περιεστωτας επ αυτον pro τους . . . καθημενους
ιδου pro ιδε
iv. 1 εις πλοιον εμβαντα
ησαν pro ην
3 ακουσατε pro ακουετε
4 α pro ο
επι pro παρα
ηλθον pro ηλθεν
αυτα pro αυτο
5 και αλλο (om δε)
6 και suprascr.
7 απεπνιξαν
8 ἐν pro ἒν ter
9 om αυτοις
10 και οτε (om δε)
κατα μονας
ηρωτων
11 δεδωται

τα μυστηρια
12 αμαρτηματα αυτων
15 ευθυς pro ευθεως
16 ομοιως εισιν
σπειρωμενοι
ευθυς
λαμβανωσιν
17 ευθυς
18 σπειρωμενοι
om ουτοι εισιν 2°
19 συμπορευομεναι
20 ἐν pro ἒν ter
21 ερχεται ο λυχνος
22 εαν μη ινα pro ο εαν μη
ελθη εις φανερον
24 om και ante προστεθησεται
25 om και ο εχει
26 om εαν
βαλει
27 καθευδει
εγειρητε
βλαστανει
μὴ κύνεται pro μηκύνηται
ειδεν pro οιδεν
28 αυτοματει
om γαρ
30 πως pro τινι
ωμοιωσωμεν
τινι pro ποια
παραβαλομεν
31 κοκκον
σπαρει
μικροτερον
32 σπαρει
μειζον παντων των λαχανων
33 om πολλαις
34 ουκ ελαλει αυτοις τον λογον
ελεγε pro επελυε
35 διελθομεν
36 πλοια pro πλοιαρια
37 επεβαλεν

CODEX 1241

ηδη βυθιζεσθαι αυτο pro αυτο
ηδη γεμιζεσθαι
38 μελλει pro μελει
39 πεφημωσο
40 ουτως
41 μεγα pro μεγαν
v. 1 ηλθεν pro ηλθον
γεργεσηνων
2 εξελθοντος αυτου
μνημασι pro μνημειοις
4 ισχυεν αυτον
5 εν τοις μνημασι και εν τοις ορεσιν
7 αυτον pro αυτω
λεγει pro ειπε
om ιησου
9 λεγει αυτω pro απεκριθη λεγων
10 αποστειλει αυτους
11 om προς τα ορη
βοσκομενη εν τω ορει
12 εισελθομεν
13 και ευθεως ο ιησους επετρεψεν αυτοις
ωσει pro ως
14 και οι pro οι δε
om τους χοιρους
απηγγειλαν
add παντα post πολιν
ηλθον pro εξηλθον
15 καθιμενον
18 μετ αυτου η
19 και pro ο δε ιησους
σοι εποιησεν ο θεος pro σοι ο κυριος εποιησεν
20 ο θεος pro ο ιησους
22 ιδων τον ιησουν
23 επιθεις pro επιθης
25 ρυση pro ρυσει
26 δαπανισασα
28 ελεγε γαρ εν εαυτη

οτι εαν αψομαι καν των ιματιων
29 ευθυς pro ευθεως
ιαθη
33 επ αυτην pro επ αυτη
35 ερχεται τις του αρχισυναγωγου λεγων αυτω
36 om ευθεως
37 ακολουθησαι
τον αδελφον αυτου του ιακωβου
38 και κλαιοντας
39 add αναχωρειτε ante τι θορυβεισθε
41 om της χειρος
το παιδιον pro του παιδιου
om αυτη post λεγει
εγειρε
42 ευθυς pro ευθεως
vi. 2 γινωνται
3 της μαριας
και αδελφος (om δε)
4 συγγενευσι
6 περιηγεν ο ιησους
9 ενδιδυσκεσθε
11 εκτειναξετε
κονιορτον pro χουν
14 add την ακοην ιησου post ηρωδης
ηγερθη απο των νεκρων
αι δυναμεις ενεργουσιν
αυτου pro εν αυτω
15 αλλοι δε pro αλλοι 1°
om δε post αλλοι 2°
om η
16 om εγω
απεκεφαλησα
απο των νεκρων
18 om οτι
add φιλιππου ante του αδελφου

vi. 21 γεννεσιοις
χιλιαρχοις αυτου
22 θελεις
23 om ο ante εαν
25 δος pro δως
om εξ αυτης
26 ανακειμενους
λυπησαι αυτην pro αυτην αθετησαι
27 om ευθεως
σπεκουλατορα
28 απεκεφαλησεν
πινακος
om αυτην
29 ηλθαν
αυτω (sic) εν μνημειω
30 om και ante οσα
32 εν πλοιω pro τω πλοιω
33 om οι οχλοι
αυτους pro αυτον 1°
προσηλθεν αυτους pro προηλθον . . . αυτον
34 και εξελθων ο ιησους ειδεν
ευσπλαγχνισθη
36 om και κωμας
φαγειν pro φαγωσιν
37 δωσωμεν
38 οιδατε pro ιδετε
γνωντες
40 ανεπεσαν
πρασίαι (sic accent. bis)
41 ηυλογησε
om αυτου
43 περισσευματα κλασματων
44 om ωσει
45 om το ante πλοιον
βηθσαιδα
απολυσει
48 ιδων pro ειδεν
εναντιος ο ανεμος
50 ο δε ευθεως

53 γεννησαρετ
54 επιγνωντες
55 περιεδραμον
και ηρξαντο
56 ετιθεσαν
αυτων (post ιματιου) pro αυτου
ηψαντο pro ηπτοντο
vii. 2 οτι κοιναις
om εμεμψαντο
3 νυψονται
5 ου περιπατουσιν οι μαθηται σου
παραδωσιν* sed ω per rasuram correctum est
6 επροεφητευσεν περι υμων ησαιας
8 παραδωσιν
om αλλα
πολλα τοιαυτα
9 παραδωσιν
11 ωφεληθεις
12 om και ante ουκετι
13 παραδοσει sic
πολλα τοιαυτα
15 om απ αυτου, εκεινα
18 ουτως
19 καθαριζων
22 ασελγιαι
24 εκειθεν δε (om και)
ις pro εις την
26 συροφοινικισσα
εκβαλει pro εκβαλλη
27 εστι καλον
τοις κυναριοις βαλειν
28 απεκριθη αυτω λεγουσα
om γαρ
εσθιουσιν
ψυχιων
των πιπτοντων εκ ante των
παιδιων

30 ευρεν το παιδιον βεβλημενον
   επι την κλινην και το δαι-
   μονιον εξεληλυθος
31 εξελθων ο ιησους
   παρα pro προς
32 μογγιλαλον
   αυτω pro αυτον
33 κατ ιδιαν απο του οχλου
   αυτου τους δακτυλους
   γλωττης et sic infra
36 αυτοι μαλλον
37 om τους ante αλαλους
viii. 1 παλιν πολλου pro παμπολλου
   om ο ιησους
   ειπεν pro λεγει
2 οχλον τουτον
   ημεραι pro ημερας
   εχωσι pro εχουσι
3 απο μακροθεν
4 αρτον pro αρτων
6 επι την γην
7 ευλογησας αυτα
8 τα περισσευματα των
   σπυριδας πληρεις
   om οι φαγοντες
   ωσει
9 απελυεν pro απελυσεν
10 εμβας ευθυς
   ορια pro μερη
12 om αυτου post πνευματι
   ζητει pro επιζητει
13 om εμβας παλιν
   απηλθε παλιν
   om εις το περαν
14 τους αρτους
17 om ετι ante πεπωρωμενην
19 και ποσους
   κλασματων πληρεις
20 om δε post οτε
   om κλασματων
21 ουπω pro πως ου

22 βηθσαιδα
   αυτου ινα pro αυτον ινα αυτου
23–25 om αυτω . . . επεθηκεν τας
   χειρας
25 απεκατεσταθη
27 om αυτοις post λεγων
28 οι μεν ιωαννην
29 και αποκριθεις (om δε)
30 λεγουσι pro λεγωσι
31 υπο pro απο
   εγερθηναι pro αναστηναι
33 στραφεις
35 εαν pro αν 1°
   om ουτος
36 ωφελη pro ωφελησει
   ανθρωπος
37 τι γαρ δοσει pro η τι δωσει
38 εαν pro αν
   μοιχαλλιδι
ix. 1 λεγει pro ελεγεν
   om οτι ante εισι
   γευσονται
2 om τον ante ιωαννην
   ενπροσθεν
3 εγενοντο
   ωσει pro ως
   ουτως λευκαναι
4 ωφθησαν pro ωφθη
   μωυσει et sic infra
5 ραβι
6 λαλησει
   εκφοβοι γαρ ησαν
7 εγενετο δε (om και)
   ακουετε αυτου
8 ειδον α ειδον pro ουδενα ειδον
   ει μη pro αλλα
9 διηγησονται
14 μαθητας αυτου
14 f. οχλον πολυν συζητουντας περι
   αυτους, γραμματεις, και ευ-
   θεως (sic punct.)

ix. 15 ιδοντες εξεθαμβηθησαν
16 εαυτους
18 οπου αυτον καταλαβοι
19 αποκριθεις αυτοις
om εως 1° . . . εσομαι
ανεξωμαι
20 το πνευμα ευθυς εσπαραξεν
21 επηρωτησεν ο ιησους
εκ παιδιωθεν
22 αυτον απολεση
25 συντρεχει
28 κατ ιδιαν επηρωτων αυτον
29 εξερχεται pro δυναται εξελθειν
37 ο εμε δεχομενος δεχεται τον
αποστειλαντα με pro και ος
. . . με
38 om δε
οιδαμεν pro ειδομεν
εν τω ονοματι
om οτι . . . ημιν
39 ειπεν αυτοις
40 ημων bis
41 ποτησει
εν ονοματι οτι
απολεσει
42 μικρων τουτων των
om αυτω
επι pro περι
43 ff. σκανδαλιζει ter
εισελθειν εις την ζωην
45 καλον σοι εστιν
46 πυρ αυτων
47 εκβαλον
εισελθειν pro βληθηναι
50 αρτυθησεται
x. 1 και εκειθεν
om δια του
συνεπορευοντο αυτω οχλοι πολλοι
om προς αυτον
2 επηρωτων

3 μωυσης
4 αποκριθεντες ειπον αυτω
επετρεψεν μωυσης
om γραψαι
7 μητερα αυτου
8 σαρξ μια
9 om ο ante θεος
10 εις την οικιαν παλιν
οι μαθηται επηρωτων περι τουτου
11 αν pro εαν
12 γυνη απολυσασα τον ανδρα
om αυτης και
13 αυτων αψηται
15 αμην γαρ
αν pro εαν
16 εγκαλισαμενος αυτα κατηυλογει τιθεις κ. τ. λ.
18 om αυτω
om ουδεις αγαθος*
20 om παντα
21 om σοι ante υστερει
ει θελεις τελειος ειναι υπαγε
om τοις ante πτωχοις
24 δυσκολως οι τα χρηματα εχοντες
εισελευσονται pro εισελθειν
25 om της ante τρυμαλιας
om της ante ραφιδος
om εισελθειν 2°
27 θεω pro τω θεω 1°
om εστι
28 om και ante ηρξατο
29 ενεκεν του ευαγγελιου
30 λαβοι
και πατερα και μητερα pro μητερας
31 om οι ante εσχατοι
32 παραλαβων ο ιησους
δωδεκα μαθητας
λαλειν pro λεγειν

33 om τοις ante γραμματευσιν
34 om και εμπτυσουσιν αυτω
   εγερθησεται pro αναστησεται
35 λεγοντες αυτω
   σε αιτησομεν
36 ο δε ιησους
   θελετε ινα ποιησω υμιν
37 σου εκ δεξιων
   σου εξ ευωνυμων
   καθησωμεν
38 ποιειν pro πιειν
   η το βαπτισμα
40 ητοιμασται
   add υπο του πατρος μου fin
42 om οτι ante οι δοκουντες
43 ουτως
   θελει
   μεγας γενεσθαι
   υμων διακονος
44 θελει
   εν υμιν ειναι πρωτος
46 ιερειχω bis
   ο υιος
   om ο ante τυφλος
   εκαθιτο
47 f. om ο υιος . . . εκραζεν
49 σταθεις pro στας
   ειπεν φωνησατε αυτον
   om λεγοντες αυτω
   εγειρε
51 τι σοι θελεις ποιησω
   ραβι pro ραββονι
52 και ο ιησους
   ηκολουθη
   αυτω pro τω ιησου
xi. 1 ιεροσολυμα
   add και ηλθον ante εις 2°
   βηθσφαγη
2 ο pro ον
   add πωποτε post ουδεις
   εκαθισεν pro κεκαθικε

3 αποστελλει
   παλιν ωδε
4 om τον ante πωλον
5 εστωτων pro εστηκοτων
8 om δε post αλλοι
   στιβαδας
10 om εν ονοματι κυριου
11 παντας pro παντα
12 om αυτων
13 om ει ante αρα
14 om ο ιησους
15 add τους ante αγοραζοντας
16 διενεγκει pro διενεγκη
18 απολεσωσιν
20 ipse* πορευομενοι scripsit
   sed παρα- in margine addidit
21 ραβι (non per incuriam nam alibi etiam hoc scripsit)
22 add ο ante ιησους
23 εαν pro αν
25 στηκετε
28 δεδωκεν pro εδωκεν
29 και εγω pro καγω
31 ειπομεν
   και διατι pro διατι ουν
32 om εαν ante ειπομεν
   ειπομεν pro ειπωμεν
33 αποκριθεις ο ιησους
xii. 2 λαβοι
3 εδηραν
4 λιθοβολισαντες
5 αποκτεννοντες
8 εξεβαλον αυτον
14 μελλει
   δουναι κηνσον καισαρι
18 επερωτησαν
19 λαβοι
   εξαναστησει
24 om ου ante δια τουτο

xii. 25 om οι ante εν τοις ουρανοις
26 εγειρωνται
του βατου
27 ο θεος θεος νεκρων
28 παντων pro πασων
29 οτι πρωτη παντων εντολη
30 αγαπησης
31 και δευτερα δε
αγαπησης
μειζον
32 om θεος
33 om και εξ ολης της ψυχης
om των ante θυσιων
34 ειδων
35 add του ante δαδ
36 εν πνευματι αγιω
λεγει pro ειπεν 2°
39 πρωτοκλησιας
43 βαλλοντων
44 του υστερηματος
xiii. 2 λιθον pro λιθω
3 καθιμενου
4 μελλει
5 λεπετε pro βλεπετε
9 ηγεμωνων
11 αγωσιν
μεριμνατε
υμεις εστε
14 ειδητε pro ιδητε
εστως εν τοπω αγιω et in mg.
m. s. γρ. οπου [ου δει]¹
16 om totum versum
20 om κυριος
εκολοβωθησαν αι ημεραι
21 om η
μη πιστευετε
26 δυναμεως και δοξης πολλης
27 αποστελλει

ακρων γης εως ακρου ουρανου
(sic)
28 f. om το θερος . . . εγγυς
30 ταυτα παντα
31 παρελευσεται
32 η pro και
om της 2°
αγγελοι των ουρανων
34 γρηγορει
37 λεγω υμιν
α λεγω πασι
xiv. 1 κρατησωσι και
6 εν εμοι
8 εσχεν pro ειχεν
om τον
9 εαν pro αν
11 αυτο pro αυτον
12 om ημερα
15 υποδειξει pro δειξει
ανωγεων
εστρωμμενον
19 εις καθεις
21 add και ante ο μεν υιος
22 τον αρτον
25 γενηματος
27 διασκορπισθησονται
29 καν οι pro και ει
30 add συ ante σημερον
απαρνησει
31 ελεγεν· μαλλον εαν (sic punct.)
ομοιως pro ωσαυτως
32 προσευξομαι
33 παραλαμβανη
om τον ante ιακωβον
αθυμεισθαι pro εκθαμβεισθαι
35 προσελθων
36 ο πατηρ μου

¹ ου δει has doubtless been cut off in binding, probably when the present two manuscripts were united.

CODEX 1241 111

om παντα δυνατα σοι
απ εμου το ποτηριον
ουτι [non ου τι]
αλλ ει τι συ
40 καταβαρυνομενοι
41 om απεχει, add m. s.¹
43 ιουδας ο ισκαριωτης
44 δεδωκεν pro δεδωκει
συσημον
ασφαλως αυτον
45 λεγει αυτω
χαιρε ραβι pro ραββι, ραββι
47 τον του αρχιερεως δουλον
51 ηκολουθησεν
52 σιδονα pro σινδονα
53 εις pro προς
55 om και ουχ ευρισκον
56 μαρτυριαι αυτων
57 αυτου pro κατ αυτου
60 om το ante μεσον
62 om καθημενον
63 εχωμεν
64 βλασφημιας αυτου
65 εβαλον
70 ηρνησατο
αυτω pro τω πετρω
72 το ρημα ο
αλεκτωρα
xv. 6 ον αν pro ονπερ
8 ολος ο οχλος
11 απολυσει
12 τον βασιλεα
14 εποιησε κακον
περισσως pro περισσοτερως
16 τον ιησουν pro αυτον

add το ante πραιτωριον
17 στεφανον εξ ακανθων
18 add και λεγειν post αυτον
ο βασιλευς
22 γολγοθαν
καανιου pro κρανιου (ipse*
sed cor)
24 διαμεριζονται
31 om δε
32 πιστευσωμεν αυτω
34 μεγαλη φωνη
λιμα pro λαμμα
ινα τι pro εις τι
36 γεμησας
ιδομεν
39 ουτως pro ουτω
40 om και 2°
μαγδαλινη
43 ελθων pro ηλθεν
αριμαθιας
47 μαγδαλινη et sic infra
xvi. 1 μαρια ιακωβου
το σωμα του κυριου ιησου pro
αυτον
7 ειπον
8 om ταχυ
The end of f. 55 is εφοβ-
ουντο γαρ written in the
centre of the line. The
scribe has not done this
elsewhere.
9 αναστας δε ο ιησους
14 εγηγερμενον εκ νεκρων
19 κυριος ιησους

¹ Both the hand and the ink are different, but it is very well added at the end of a line, which was originally a little short.

LUKE

i. 2 παρεδωσαν
   γεναμενοι
6 εναντιον pro ενωπιον
7 ην post καθοτι
8 εναντιον pro εναντι
10 ην του λαου
   προσδεχομενον pro προσευχομενον
13 ο αγγελος προς αυτον
   σου η δεησις
   γεννηση
   καλεσης
15 om του ante κυριου
17 κατασκευασμενον
22 εμενε pro διεμενε
24 ζαχαριου pro αυτου
25 ουτως
26 απο pro υπο
28 ευηγγελισατο αυτην και pro ο
   αγγελος
   om ευλογημενη συ εν γυναιξι
29 om ιδουσα
   επι τω λογω διεταραχθη pro
   διεταραχθη επι τω λογω
   αυτου
   διεταραχθη + εν εαυτη λεγουσα
31 συλληψει
34 εσται μοι
35 το γεννωμενον αγιον, κληθησεται sic punct.
36 γηρει
39 ορινην
42 κραυγη pro φωνη
44 το βρεφος εν αγαλλιασει εν τη
   κοιλια
50 απο γενεας (sic) εις γενεαν
55 ἀβρααμ et sic passim
   εως αιωνος pro εις τον αιωνα

59 τη ημερα τη ογδοη
63 εσται pro εστι
65 ορινη et sic infra
   om παντα
66 ακουοντες pro ακουσαντες
   εν ταις καρδιαις
67 επροεφητευσεν
69 οικω sine τω
75 om της ζωης
76 κληθειση
ii. 9 om ιδου
   περιελλαμψεν
11 σωτηρ σημερον
12 και κειμενον
15 om εις τον ουρανον
   διελθομεν
17 εγνωρισαν
19 μαρια
20 υπεστρεψαν
21 αι ημεραι οκτω
   αυτον pro το παιδιον
22 μωυσεως
24 om εν νομω κυριου
26 ιδειν pro ιδη
27 ηθισμενον
28 om και ευλογησε τον θεον
33 ο πατηρ αυτου και η μητηρ
   (sine αυτου)
36 προφητης
   ετη post ανδρος
37 ναου pro ιερου
38 τω θεω pro τω κυριω
39 παντα pro απαντα
   εαυτων pro αυτων
40 επ αυτω
41 εξεπορευοντο
42 αναβαινοντων
   om εις ιεροσολυμα
43 ουκ εγνωσαν οι γονεις αυτου

CODEX 1241

44 συγγενευσι
   om εν ante τοις γνωστοις
45 om αυτον post ευροντες
   αναζητουντες
46 μετα pro μεθ
47 om οι ακουοντες αυτου
48 ειπε ante προς αυτον
49 αυτοις pro προς αυτους
   ειδητε pro ηδειτε
iii. 2 αρχιερεως
4 om λεγοντος
5 λιας pro λειας
10 ποιησωμεν
11 ελεγεν pro λεγει
12 ποιησωμεν
13 ειπεν
14 add οι ante στρατευομενοι
   τι ποιησωμεν και ημεις
   ειπεν δε προς αυτους
   μηδενα συκοφαντησητε, μηδενα διασεισητε
15 om του ante ιωαννου
16 ο ιωαννης in marg add ipse*
   om απασι
18 τω λαω pro τον λαον
19 αυτου pro φιλιππου του αδελφου αυτου
   των πονηρων ων εποιησεν
21 παντα pro απαντα
22 και το πνευμα το αγιον κατελθειν
   ως pro ωσει
   om λεγουσαν
23 om ο ante ιησους
   αρχομενος ωσει ετων τριακοντα ων υιος, ως ενομιζετο ιωσηφ
24 ηλει
   ματθαν
   ιανναι

25 εσλιμ
   ναγαι
26 μαατ
   ματταθια
   σεμεει
   ιωσηλ pro ιωσηφ
27 ιωδα pro ιουδα
   ιωαναν pro ιωαννα
   νηρει
28 εδαδαν pro ελμωδαμ
29 ιησου pro ιωση
31 μελέα (sic accent)
   μεννα pro μαιναν
   ματταθαν
   δᾱδ pro δανειδ et sic ubique
32 ιωβηδ
33 αδαμ pro αμιναδαβ
   του αδμιν, του αρνει pro του αραμ
34 σερουα pro σαρουχ
35 φαλεχ
36 σηφ pro σημ
   μαμεχ pro λαμεχ (this implies minuscule λαμεχ)
iv. 1 πληρης πνευματος αγιου
   εν τη ερημω
3 ειπεν δε pro και ειπεν
4 προς αυτον ο ιησους
   om λεγων
   om οτι ante ουκ
   om ο ante ανθρωπος
   om αλλ' ... θεου
5 αγαγων pro αναγαγων
   om ο διαβολος
   om εις ορος υψηλον
   του κοσμου pro της οικουμενης
6 παραδεδοται
7 εμου pro μου
   πασα pro παντα
8 αποκριθεις ο ιησους ειπεν αυτω
   om υπαγε ... γεγραπται γαρ

iv. 8 κυριον τον θεον σου προσκυνη-
σεις
9 ηγαγεν δε αυτον
om ο ante υιος
16 εξηλθεν ο ιησους pro ηλθεν
om την ante ναζαρετ
αυτου pro αυτω
17 ανοιξας pro αναπτυξας
18 εινεκεν
ευαγγελισασθαι
τη καρδια
20 οι οφθαλμοι εν τη συναγωγη
22 ουχι υιος εστιν ιωσηφ ουτος
24 f. om ουδεις προφητης ... λεγω
υμιν
25 om επι ante ετη
26 σιδωνιας
27 εν τω ισραηλ επι ελισσαιου
του προφητου
εκαθερισθη
29 om της ante οφρυος
ωστε pro εις το
κατακρημνησαι
34 om λεγων
συ pro σοι
35 om εις το μεσον
36 om και εξερχονται
38 απο pro εκ
om η ante πενθερα
ηρωτων
40 επιτιθεις
41 εξηρχοντο
om απο ante πολλων
om και λεγοντα
om ο χριστος
42 επι pro εις
επεζητουν
43 απεσταλην
44 της ιουδαιας
v. 1 και ακουειν pro του ακουειν
γεννησάρετ sic accent

2 πλοιαρια
επλυναν
3 καθισας δε εκ του πλοιου εδι-
δασκε
6 πληθος ιχθυων πολυ
διερρισσετο δε τα δικτυα αυτων
7 κατενευον pro κατενευσαν
8 om πετρος
12 θελεις pro θελης
13 λεγων pro ειπων
14 μωυσης
15 om μαλλον
om υπ αυτου
17 om κωμης
om και δυναμις ... αυτους
18 θηναι pro θειναι
19 πως pro δια ποιας
καταβαντες pro αναβαντες
20 om σου
23 σου αι αμαρτιαι σου
εγειρε pro εγειραι
24 ιδητε pro ειδητε
παραλυτικω
εγειρε
25 ο pro ω
26 om και εκστασις ... θεον
ιδομεν
28 παντα
29 om ο ante λευις
om πολυς
αυτου pro αυτων
30 οι φαρισαιοι και οι γραμμα-
τεις αυτων
των τελωνων
31 om ο ιησους
33 om διατι
πικνα
om ομοιως
34 ο δε ιησους
ποιησαι νηστευσαι
35 και τοτε

36 απο ιματιου καινου σχισας
σχισει
το επιβλημα το απο
37 ο οινος ο νεος
38 αλλ pro αλλα
38 f. om και αμφοτεροι συντη-
ρουνται και
39 om ευθεως
οτι ο παλαιος χρηστος
vi. 1 om δευτεροπρωτω
και ησθιον τους σταχυας ψω-
χοντες
2 om αυτοις
εν σαββατω
3 αποκριθεις ο ιησους ειπε προς
αυτους
οτε pro οποτε
om οντες
4 πως pro ως
om ελαβε και
μετ αυτου ουσι
5 κυριος εστι του σαββατου ο
υιος του ανθρωπου
6 ην ανθρωπος εκει
7 παρετηρουντο
κατηγορειν
8 ειπεν δε τω ανδρι
εγειρε
και pro ο δε
9 ειπεν δε pro ειπεν ουν
ει εξεστι pro τι εξεστι
τω σαββατω
10 αυτω pro τω ανθρωπω
om ουτω
απεκατεσταθη
11 ποιησαι εν τω ιησου (sic)
12 εξελθειν
14 και ιακωβον
15 και ματθαιον
και ιακωβον αλφαιου
16 και ιουδαν ιακωβου

In the margin εις τον οσιον
πατερα ημων νικολαον
[This is the lection from S.
Nicolas of Myra.]
17 οχλος πολυς
20 βασιλεια των ουρανων
23 χαρητε
τα αυτα
25 εμπεπλησμενοι νυν
πεινασετε και κλαυσετε
om υμιν 2°
πεινασετε pro πενθησετε
26 om υμιν
τα αυτα
om οι πατερες αυτων
27 υμας pro υμιν
28 om και
περι pro υπερ
29 την δεξιαν σιαγονα
30 om δε post παντι
31 om και υμεις
33 αγαθοποιειτε
om γαρ
34 δανειζετε
om οι ante αμαρτωλοι
35 om του ante υψιστου
πονηρους και αχαριστους
37 και μη καταδικαζετε
38 om και ante σεσαλευμενον
τους κολπους
ω γαρ μετρω μετρειτε
39 add και ante παραβολην
εμπεσουνται
42 την δε εν τω σω οφθαλμον
(sic) δοκον, ου κατανοεις,
pro αυτος την . . . βλεπων
εκβαλειν post αδελφου σου
43 ουδε παλιν
44 σταφυλην τρυγωσι
45 om θησαυρου της καρδιας
αυτου 2°

vi. 47 εσται pro εστιν
48 om ομοιος (sic)
πλημμυρης
δια το καλως οικοδομεισθαι
αυτην pro τεθεμελιωτο ...
πετραν
49 συνεπεσε
om το ante ρηγμα
vii. 1 καφαρναουμ (prius καπερν.
passim)
2 εμελλετε
4 παραγεναμενοι
6 επεμψεν φιλους ο εκατονταρ-
χος λεγων αυτω
μου υπο την στεγην
7 om προς σε
ιαθητω pro ιαθησεται
10 om ασθενουντα
11 τω εξης
επορευθη
om ικανοι
12 om ην
13 om αυτην
ο ιησους pro ο κυριος
επ' αυτην
15 παρεδωκεν pro εδωκεν
16 παντας pro απαντας
17 om εν ante παση
19 ετερον pro αλλον
20 παραγεναμενοι
απεστειλεν
ετερον pro αλλον
21 εν εκεινη τη ωρα
ακαθαρτων pro πονηρων
εχαρησατο βλεπειν
22 om ο ιησους
ιδετε
om οτι
και χωλοι
και κωφοι
εγειρωνται

και πτωχοι
24 εξηλθατε
25 εξηλθατε
26 εξηλθατε
27 ουτος γαρ
28 om γαρ post λεγω
om ιωαννου του βαπτιστου
ουκ pro ουδεις
των ουρανων pro του θεου
31 om ειπεν δε ο κυριος
32 om υμιν 2°
33 om γαρ
εσθιων αρτον
πινων οινον
35 om παντων
36 των φαρισαιων τον ιησουν
φαγει
τον οικον
κατεκλιθη
37 γυνη τις ην εν τη πολει αμα-
ρτωλος, και
κατεκλιθη
38 επιστασα (om και) οπισω
παρα τους ποδας του ιησου
κλαιουσα τοις δακρυσι, ηρ-
ξατο βρεχειν τους ποδας
του ιησου· (sic punct.)
εξεμαξε
ειληφεν pro ηλειφε
40 om φησι
41 ο δε φησι δυοχρεοφειλεται
42 om ειπε
αγαπησει αυτον
43 om ο ante σιμων
ο pro ω
44 μοι επι τους ποδας (sine μου)
ου δεδωκας pro ουκ εδωκας
om της κεφαλης
49 εστιν ουτος
viii. 2 om τινες
μαριαμ

μαγδαλινη
πολλα pro επτα
3 εκ pro απο
4 συνοντος
5 ῳ (iota subscript) pro ο 1°
9 τις αυτη η παραβολη
10 ειπεν αυτοις
12 τον λογον τον εσπαρμενον
πιστευοντες pro πιστευσαντες
13 την πετραν
αυτοι pro ουτοι
προσκαιρον pro προς καιρον
14 ακουοντες pro ακουσαντες
15 om ακουσαντες
κατεχουσι τον λογον
υπομονη πολλη
16 επι την λυχνιαν
om επιτιθησιν
το φως βλεπουσι
17 ο ου μη γνωσθη
18 εχει pro εχη (bis)
εαν pro αν ante μη εχει
19 μητηρ αυτου
20 ανηγγελει δε (om και)
οτι pro λεγοντων
21 η μητηρ
οι αδελφοι
22 εγενετο δε (om και)
24 διεγερθεις
25 οι δε φοβηθεντες
προς αλληλους λεγοντες
εστιν ουτος
26 γεργεσηνων*, γεργεσινων corr?*
αντίπερα (sic accent.)
27 εχων pro ος ειχε
και χρονω ικανω ουκ ενδυσατο ιματιον
28 om και 1°
29 παρηγγειλεν
εδεσμευετο

30 om λεγων
ονομα εστι
εισηλθε δαιμονια πολλα
31 παρεκαλουν
επιταξει
32 επιτρεψει
om αυτοις post επετρεψεν
33 θαλασσαν pro λιμνην
34 οι δε βοσκοντες ιδοντες
το γεγονος
om απελθοντες
35 εξεληλυθεν
36 om και ante οι ιδοντες
37 ηρωτησεν
παν pro απαν
γεργεσινων
om το ante πλοιον
38 τα δαιμονια εξεληλυθη
39 om ο ιησους
40 υποστρεφειν
41 om και ante αυτος, add m. sec.
43 ιατροις pro εις ιατρους
44 ρυσης pro ρυσις
45 συν αυτω
om και λεγεις . . . μου
48 ο δε ιησους ειπεν
om θαρσει
49 om αυτω post λεγων
σκυλλου
50 om λεγων
51 ελθων δε
τινα συν αυτω pro ουδενα
52 ου γαρ απεθανε το κορασιον
54 om εκβαλων εξω παντας, και εγειρε
55 δοθηναι αυτη
ix. 1 αποστολους pro μαθητας αυτου
2 τους ασθενεις
3 ραβδον

ix. 3 om ανα
εχετε pro εχειν
4 οιαν pro ην αν
5 δεχονται pro δεξωνται
αποτειναξετε
7 γενομενα
om υπ αυτου
ηγερθη απο των νεκρων
8 τις pro εις
9 ειπεν δε (om και)
απεκεφαλησα
10 ερημον τοπον pro τοπον . . .
βηθσαϊδα
11 γνωντες επηκολουθησαν
αποδεξαμενος
ιασατο
12 πορευθεντες pro απελθοντες
om τους ante αγρους
επισιτισμον εν τη οδω
13 αυτοις pro προς αυτους
πλεον pro πλειον
14 add ωσει ante ανα πεντη-
κοντα
15 ουτως
παντας pro απαντας
16 ηυλογησε
om αυτους
παραθηναι
18 ανθρωποι pro οχλοι
20 πετρος δε ειπεν (om αποκρι-
θεις)
22 τον υιον του ανθρωπου δει
23 ερχεσθαι pro ελθειν
24 θελει
απολεσει
26 εαν pro αν
27 οιτινες pro οι
28 ως pro ωσει
om τον ante πετρον
29 εγενετο post αυτον
30 μωυσης

32 βεβαρυμενοι
33 μιαν μωσει
34 επεσκιαζεν
εν τω εισελθειν αυτους
35 εκλελεγμενος pro αγαπητος
36 και εγενετο εν τω γενεσθαι
om ο ante ιησους
ο pro ων
37 εξελθοντων
38 εβοησε
επιβλεψαι
μοι εστιν
40 εκβαλωσι
41 τον υιον σου ωδε
43 εποιει pro εποιησεν
om ο ιησους
44 om υμεις
ανθρωπων αμαρτωλων
48 om επι τω ονοματι μου
εστι μεγας
49 om ο ante ιωαννης
ιδωμεν pro ειδομεν
om τα ante δαιμονια
εκωλυομεν
ημιν pro μεθ ημων
50 ειπεν δε pro και ειπε
υμων pro ημων bis
51 εστηρισεν
52–53 om 2 vers. homoioteleuton
54 om αυτου post μαθηται
ει pro κυριε
ειπομεν
om του ante ουρανου (et απ)
om ως και ηλιας εποιησε
55 στραφεις δε ο ιησους
55 f. om και ειπεν . . . κωμην (sic)
57 και pro εγενετο δε
εαν pro αν
58 κλιναι
59 om απελθοντι
60 om ο ιησους

CODEX 1241

62 εν τη βασιλεια
x. 1 παντα τοπον και πολιν
  2 δε pro ουν 1°
    εκβαλλει
  4 βαλλαντιον
    μη υποδηματα
  5 ην δ αν εισελθητε οικιαν
  6 om μεν
  7 om εστι
  8 δεχονται
  9 οτι ηγγικεν
 10 εισελθητε pro εισερχησθε
    δεχονται
 11 υμων εις τους ποδας
    om εφ υμας
 12 om δε post λεγω
 13 χοραξιν
    εγενηθησαν
    καθημενοι
 14 om εν τη κρισει
 15 καφαρναουμ
    καταβιβασθειση
 19 δεδωκα pro διδωμι
 20 χαιρεται 1° tantum
    om μαλλον
    ενγεγραπται
 21 εν τω πνευματι τω αγιω
    om ο ιησους
 22 om και στραφεις . . . ειπε
    μοι παρεδοθη
    αποκαλυπτει (non αποκαλυπ-
    τειν)
 24 om πολλοι
    om υμεις
 26 ειπεν
 27 εν ολη τη ψυχη σου
    om και εξ ολης της ισχυος σου
    και εν ολη τη διανοια σου
 29 δικαιωσαι
 30 ιερειχω
    om τυγχανοντα

 32 om δε post ομοιως
    om γενομενος
 33 om αυτον 2°
    ευσπλαγχνισθη
 34 και επιβιβασας
 35 om εξελθων
    om αυτω
    προσδαπανιση
    om εγω
 36 πλησιον δοκει σοι
 37 ειπεν δε
 38 εν δε pro εγενετο δε εν
    om και
 39 παρακαθησασα
 40 μελλει
    μη pro μοι
 41 ο ιησους ειπεν αυτη
    τυρβαζει
 42 μαρια γαρ
    αφερεσθησεται
xi. 1 εγενετο δε
    om ως επαυσατο
  2 προσευχεσθε
    ελθατω
  4 τω οφειλοντι
  5 χρεισον
  7 om μου post παιδια
  8 om λεγω υμιν
    φιλον αυτου
    οσον
 11 εξ υμων
    αιτησει τον πατερα
    om ο υιος . . . ει και
 12 αιτησει pro εαν αιτηση
 13 δοματα αγαθα
 14 om και αυτο ην
    εκβληθεντος pro εξελθοντος
 15 τω αρχοντι
 16 εκπειραζοντες
    εξ ουρανου εζητουν παρ αυτου
 17 ιδων pro ειδως

xi. 17 μερισθεισα
   επ οικον
18 εμερισθη pro διεμερισθη
19 om ει δε εγω . . . δαιμονια
   εκβαλουσι
   αυτοι ante κριται
21 καθοπλισαμενος
22 om ο ante ισχυροτερος
   om αυτου 1°
   ελθων pro επελθων
   νικησει
   επεποθει (sic)
24 οταν δε
   εκ pro απο
   ευρισκων
   τοτε λεγει
25 ελθων
26 μεθ εαυτου ετερα πνευματα
   πονηροτερα εαυτου επτα
27 μασθοι
29 γενεα πονηρα
   om του προφητου
30 τοις νινευιταις σημειον
31 om εν τη κρισει . . . ταυτης
32 νινευιται
33 om δε post ουδεις
   κρυπτην
   om ουδε υπο τον μοδιον
   om οι
   φως pro φεγγος
34 οφθαλμος 1° + σου
   om ουν
   om και ante ολον
   εσται pro εστιν 2°
   add εσται post σκοτεινον
35 f. ει ουν το φως το εν σοι σκοτος
   εστι, το σκοτος ποσον; ει
   δε το σωμα σου ολον φωτει-
   νον μη
   εχων pro εχον
   μερος τι

φωτιζει
37 om τις post φαρισαιος
41 απαντα pro παντα
42 παρερχεσθε τα βαρυτερα του
   νομου την κρισιν
   παρειναι pro μη αφιεναι (sic)
   (om μη)
44 om γαμματεις . . . υποκριται
   μνηματα
46 αυτοι υμεις
48 μαρτυρες εστε pro μαρτυρειτε
   om αυτων τα μνημεια
49 αποστελλω
   διωξουσι
50 εκκεχυμμενον (sic)
51 om του ante αιματος (bis)
52 κλιδα
   εισηλθατε
53 κακειθεν εξελθοντος αυτου pro
   λεγοντος . . . αυτους
54 om και ζητουντες
   om ινα κατηγορησωσιν αυτου
xii. 1 αυτου, πρωτον προσεχετε sic
   punct
   om των φαρισαιων
   υποκρισις των φαρισαιων
2 κεκαλυμμενον
3 σκοτεια
4 αποκτενοντων
   τι περισσοτερον ποιησαι
5 εχοντα εξουσιαν
6 πωλουνται
7 κεφαλης πασαι υμων
   om ουν
8 ομολογησει
   ενπροσθεν (bis)
11 εισφερωσιν
   εις pro επι
   μεριμνησητε
   απολογησεισθε
13 om αυτω

CODEX 1241

14 κριτην pro δικαστην
15 πασης πλεονεξιας
υπαρχοντων αυτω
18 τον σιτον pro τα γενηματα
μου
19 εις ετη πολλα κειμενα
22 om αυτου
λεγω υμιν
23 η γαρ ψυχη
25 προσθηναι
26 ουδε pro ουτε
28 ιδε εν αγρω τον χορτον
29 και τι πιητε
30 επιζητουσι
τουτων απαντων
31 ζητειτε πρωτον
32 ηυδοκησεν
33 βαλλαντια
διαφθειρη
36 αυτων pro εαυτων
αναλυση
κρουσαντος αυτου
37 μακαριοι εισιν
διακονισει
38 καν pro και εαν
om ελθη ... φυλακη και
ουτως
39 om αν ante αφηκε
41 om αυτω
42 και ειπεν
δουναι pro διδοναι
43 ουτως ποιουντα
45 ειπει
ο κακος δουλος
ελθειν
46 αυτου pro του δουλου εκεινου
47 om εαυτου
η pro μηδε
πολλα pro πολλας
48 ολιγα
ζητηθησεται παρ αυτου πολυ

49 επι την γην
50 οτου pro ου
52 εν οικω
53 διαμερισθησονται
επι pro εφ
την μητερα
54 om την
επι δυσμων
εστι pro ερχεται
ουτως
56 του ουρανου και της γης
58 απιλλαχθαι αυτου
παρασυρη pro κατασυρη
παραδωσει σε
βαλη σε
59 εως pro εως ου
om λεπτον
xiii. 2 om ο ιησους
om ουτοι
3 μετανοησητε
ομοιως pro ωσαυτως
ο πυργος επεσεν
4 εις pro εν 2°
5 μετανοησητε
ωσαυτως pro ομοιως
6 πεφυτευμενη εν τω αμπελωνι
αυτου
ζητων καρπον
7 αφ ου ερχομαι
8 αποκριθεις δε
ου pro οτου
κοπρια pro κοπριαν
9 καρπον εις το μελλον, ει δε
μηγε εκκοψον αυτην
10 ην δε ο ιησους
11 om ην 1°
14 οτι εξ ημεραι
15 δε pro ουν
υποκριται
το σαββατον
18 ελεγεν ουν

xiii. 19 om μεγα
22 ιεροσολυμα
24 θυρας pro πυλης
26 αρξησθε
27 om υμας
28 οψεσθε
28 f. om υμας . . . θεου
32 αποτελω
33 ερχομενη pro εχομενη
34 αποκτενουσα
τα εαυτης νοσσια
επι pro υπο
35 λεγω δε pro αμην δε λεγω
ιδητε απ αρτι
om ηξη οτε
xiv. 2 ενπροσθεν
3 om ει
το pro τω
θεραπευσαι η ου
5 και ειπε προς αυτους (om αποκριθεις)
om εν
6 om αυτω
7 om επεχων
om λεγων προς αυτους
8 κληθεις pro κληθης
κατακλιθεις
πρωτοκλησιαν
10 κλιθεις pro κληθης
αναπεσε
ερει pro ειπη
παντων των συνανακειμενων
11 εαυτων pro εαυτον 1°
αυτον pro εαυτον 2°
12 αντικαλεσωσι σε
ανταποδομα σοι
13 δοχην ποιησης
21 om εκεινος
παντα pro ταυτα
ταχυ pro ταχεως

τυφλους και χωλους
23 μου ο οικος
26 αυτου pro εαυτου 1°
την ψυχην αυτου
ειναι μου μαθητης
27 ειναι μου μαθητης
28 εις pro τα προς
29 αυτω εμπαιζειν
31 ετερω βασιλει συμβαλειν
βουλευσεται
υπαντησαι
32 om τα ante προς ειρηνην
33 ειναι μου μαθητης
34 καλον ουν
εαν δε και
35 αλλ' εξω
xv. 2 οι τε φαρισαιοι
4 καταλιπη
ενενικονταεννεα (et sic vs 7)
5 ωμους αυτου
6 συγκαλειται
7 εν τω ουρανω εσται
8 δραγμας
μιαν δραγμην
ου pro οτου
9 δραγμην
10 γινεται εν τω ουρανω
11 νεοτερος (et sic vs 13)
12 ο δε διειλεν
13 παντα pro απαντα
14 δαπανισαντος
15 om αυτου
16 χορτασθηναι pro γεμισαι
. . . . αυτου
habet απο (non εκ)
17 περισσευονται
ωδε λιμω
18 om και ante ουκετι
19 κλιθηναι
20 ευσπλαγχνισθη

21 om και ante ουκετι
add ποιησον με ως ενα των μισθιων σου
22 ταχυ ενεγκατε (sic)
23 φερετε pro ενεγκαντες
(non habet και ante θυσατε)
24 απολωλος pro και απολωλως
(et sic vs 32)
26 om αυτου
28 δε pro ουν
29 αυτω pro τω πατρι
om εντολην ... παρηλθον και ουδεποτε μοι
32 ουτος ο αδελφος σου
om και ante απολωλος
xvi. 1 om αυτου 1°
2 om σου post οικονομιας
4 εκ της οικονομιας
5 χρεοφειλετων
αυτου pro εαυτου
6 καδους pro βατους
ο δε ειπεν pro και ειπεν
7 om και ante λεγει
8 om οι ante υιοι
9 και εγω
εκλειπητε
10 ο γαρ πιστος
11 f. om αληθινον ... εγενεσθε
13 οικετις
14 om και 1°
15 om εστιν
16 μεχρις pro εως
17 om δε
κερεαν
18 om πας ο
20 om ην et ος
ειλκωμενος
21 ψυχιων
επελιχον
22 om του ante αβρααμ
24 γλωτταν
25 ειπεν δε αυτω
ωδε pro οδε
26 υμων τε και ημων
ενθεν pro εντευθεν
ημας pro υμας
υμας pro ημας
29 ειπεν δε αβρααμ
30 μετανοησωσι
31 πισθησονται
xvii. 1 μαθητας αυτου
του τα σκανδαλα μη ελθειν
πλην ουαι pro ουαι δε
2 λιθος μυλικος pro μυλος ονικος
3 om δε post εαν
om εις σε
4 om της ημερας ante επιστρεψη
προς σε pro επι σε
5 αυτω pro τω κυριω
κυριε προσθες
7 τις δε υμων
ποιμενοντα
ερει αυτω
αναπεσε
9 μη εχει χαριν
om εκεινω
om αυτω post διαταχθεντα
om ου δοκω
10 ουτως
αχρειοι δουλοι
om οτι
12 υπηντησαν
14 ιδων αυτους
εαυτοις pro εαυτους
εκαθερισθησαν
17 om οι ante δεκα
εκαθερισθησαν
19 οτι η πιστις
21 om ιδου ante εκει

xvii. 24 om η ante αστραπτουσα
ουν̄ων pro ουρανον 1°
om και ante ο υιος
26 om του ante νωε
27 εγαμιζοντο
28 καθως pro και ως
30 ουτως pro κατα ταυτα
31 om ομοιως
33 απολεση pro απολεσει
om και ος . . . ζωογονησει αυτην
34 δυο εσονται
εις pro ο εις
35 εσονται δυο
om και ante ετερα
36 πτωμα pro σωμα
και οι αετοι συναχθησονται
xviii. 1 om και ante παραβολην
προσευχεσθαι αυτους
3 χηρα δε τις
4 ηθελεν
5 χηρα pro χηραν
υποπιαζη
7 ποιηση
αυτω pro προς αυτον
νυκτος και ημερας
μακροθυμει
11 ταυτα προς εαυτον
προσηυξατο
ως οι πολλοι pro ωσπερ οι λοιποι
13 ο δε τελωνης
om εις ante το στηθος
14 δεδικαιομενος
η γαρ εκεινος
15 απτεται pro απτηται
επετιμων
16 προσεκαλεσατο αυτα λεγων
των ουρανων pro θεου

17 αμην αμην
αν pro εαν
18 αυτον τις αρχων
20 om σου post μητερα
22 om ταυτα
δος pro διαδος
23 om ταυτα
24 και ιδων (om δε)
om περιλυπον γενομενον
εις την βασιλειαν του θεου εισελευσονται
25 om γαρ
τρυπηματος βελωνης
27 παρα τω θεω εστιν
29 οικιαν η αδελφους η αδελφας η γονεις η τεκνα (om η γυναικα)
εινεκεν
30 ουχι μη απολαβοι εκατονταπλασιονα
31 αναβαινωμεν
ιερουσαλημ
32 om και υβρισθησεται
35 ιερειχω
εκαθιτο
36 τι αν
38 εβοησε δε pro και εβοησε
41 om λεγων
xix. 1 ιερειχω
om καλουμενος
2 om ουτος
4 εις το ενπροσθεν
συκομοραιαν
5 om ειδεν αυτον και
7 παντες εξεπλησσοντο pro απαντες διεγογγυζον
8 ιησουν pro κυριον
τα ημισυ (sic)
om κυριε

9 ην pro εστιν
11 εγγυς ειναι ιλῆμ αυτων
13 εν ω ερχομαι
15 δεδωκε pro εδωκε
   om τι
16 μνας pro μνα
   δεκα προσειργασατο μνας
17 αγαθε δουλε και πιστε
18 μνας pro μνα
20 add ο ante ετερος
   μνας pro μνα
22 om δε post λεγει
   om εγω
   συναγων οθεν ου διεσκορπισα
      pro θεριζων . . . εσπειρα
23 μου το αργυριον
   om την ante τραπεζαν
   και ελθων εγω
   αυτω (sic) επραξα
26 om γαρ
27 τουτους pro εκεινους
   ενπροσθεν μου
28 ενπροσθεν
   αναβαινον (sic)
29 ηγγικεν
   βηθσφαγη
   ἐλαιὼν (sic accent.)
30 λεγων pro ειπων
   ευρησητε
   πωλον και ονον
   om αυτον
   αγαγετε μοι
31 om αυτω
33 om αυτων post λυοντων δε
   ειπαν
34 ειπον οτι
35 αυτων pro εαυτων
36 om αυτων
37 om των ελαιων
   ηρξατο
   χαιρειν και pro χαιροντες

38 εν ουρανω ειρηνη
40 om αυτοις post ειπεν
   κραξωσιν pro κεκραξονται
41 επ αυτην
42 και συ post ταυτη
43 παρεμβαλουσι pro περιβαλουσι
   om σε post περικυκλωσουσι
44 λιθον επι λιθον εν σοι
45 om εν αυτω και αγοραζοντας
46 κληθησεται pro εστιν
47 απωλεσαι
48 ακουων αυτου
xx. 1 om εκεινων
2 και ελεγον αυτω pro ειπον
      . . . λεγοντες
   σοι εδωκε pro εστιν ο δους σοι
3 om και ειπατε μοι
   ιωαννου ποθεν ην, εξ ουρανου, η
5 διελογιζοντο
   om οτι
   ειπομεν
   ερει ημιν
   om ουν
6 ειπομεν
   ο λαος απας
9 οχλον pro λαον
10 om εν ante καιρω
   δωσουσι
   απεστειλαν αυτον δηραντες
   κενον
11 προσεθετο αυτοις ετερον πεμψαι δουλον
   και τουτον pro κακεινον
   δηραντες
   om και ατιμασαντες
12 τριτον πεμψαι
   τραυματησαντες
   εξαπεστειλαν κενον pro εξεβαλον
13 om ιδοντες

xx. 14 om αυτον 1°
  ειπον προς αλληλους pro διελογιζοντο προς εαυτους
  om λεγοντες
  η κληρονομια γενηται
15 εκβαλλοντες
  om του αμπελωνος
16 ειπαν
17 λεγει pro ειπε
  om το ante γεγραμμενον
20 λογον pro λογου
  ωστε παραδουναι
21 om και διδασκεις
22 ημας pro ημιν
23 om τι με πειραζετε
  δειξατε pro επιδειξατε
24 add οι δε επεδειξαν και ειπεν ante τινος
  οι δε pro αποκριθεντες δε
25 προς αυτους pro αυτοις
  τοινυν αποδοτε
  τω καισαρι
26 του ρηματος pro αυτου ρηματος
  παντος του λαου
  εσιωπησαν pro εσιγησαν
27 λεγοντες pro αντιλεγοντες
28 μωυσης
  αποθανη μη εχων τεκνα pro αποθανη ... αποθανη
  λαβοι
30 f. και ο δευτερος και ο τριτος ελαβεν αυτην εως των επτα pro και ελαβε ... επτα
31 και ου κατελιπον
32 και η γυνη απεθανεν
33 η γυνη ουν εν τη αναστασει
  παντες γαρ pro οι γαρ επτα
34 om αποκριθεις
  om ο ιησους

γαμισκονται pro εκγαμισκονται
35 γαμισκονται
36 ισαγγελοι δε
37 εγειρωνται
  μωυσης
39 γραμματεων και φαρισαιων
40 ουκ ετι γαρ
41 ειναι υιον δ̄ᾱδ
42 αυτος γαρ δ̄ᾱδ
44 αυτον καλει κυριον
46 εν στολαις περιπατειν
  om και πρωτοκαθεδριας εν ταις συναγωγαις
  πρωτοκλησιας
xxi. 1 εις το γαζοφυλακιον τα δωρα αυτων
2 εκει τινα pro και τινα
  πενηχραν
  βαλουσαν
  λεπτα δυο εις το γαζοφυλακιον
3 αυτη η πτωχη
4 περισσευματος
  αυτων pro αυτοις
  om του θεου
  παντα pro απαντα
5 κεκαλλωπισται pro κεκοσμηται
6 αφεθησεται ωδε
  επι λιθον
7 om ουν
  om ταυτα ante γινεσθαι
8 om οτι ante εγω
  om ουν
9 πτωηθητε
10 επ εθνος
11 om και init
  λοιμοι και λιμοι
  σημεια μεγαλα απ ουρανου

12 παντων pro απαντων
    post απαντων add προσε-
    χετε απο των ανθρωπων
    επιβαλουσι γαρ
    ηγεμωνας
15 πνευμα pro στομα
18 απωλληται
20 ειδητε
21 εκχωρητωσαν
23 om μεγαλη
    om εν ante τω λαω
    om τουτω
24 εν στοματι
    ρομφαιας pro μαχαιρας
    αχρις ου
    om εθνων
    add και εσονται καιροι εθνων
    post καιροι
25 om της ante γης
    ηχους
    σαλους
27 νεφελαις
28 εγγυς ηδη
31 ουτως
    ειδητε
33 παρελευσεται
34 om δε post προσεχετε
    βαρηθωσι
    κρεπαλη
    επιστη εφ υμας αιφνηδιως
35 ελευσεται
36 κατισχυσητε pro καταξιωθητε
    ενπροσθεν
37 ἐλαιὼν (sic accent)
xxii. 2 οπως pro το πως
3 καλουμενον
4 ελαλησε pro συνελαλησε
6 ατερ οχλου αυτοις
7 om εν ante η
8 λεγων pro ειπων
9 ειπαν pro ειπον αυτω

10 ελθοντων pro εισελθοντων
    υπαντησει
    εις ην pro ου
11 om σοι post λεγει
12 ἀνώγεων (sic accent.)
13 ειρηκει pro ειρηκε
14 om αποστολοι
15 αυτοις pro προς αυτους
    om με ante παθειν
16 om ουκετι
    αυτο pro εξ αυτου
    τελεσθη pro πληρωθη
17 εις εαυτους pro εαυτοις
18 πιω απο του νυν απο
    γενηματος
    εως αν η βασιλεια
20 om ωσαυτως ... τουτο add
    και ante το ποτηριον
22 οτι pro και
    ο μεν ο υιος (sic)
    κατα το ωρισμενον πορευεται
23 om το ante τις
    ο μελλων αυτο πρασσειν
25 και οι μεγαλοι κατεξουσια-
    ζουσιν αυτων pro και οι
    ... καλουνται
26 νεοτερος
27 εστι μειζων
    ουχ pro ουχι
30 καθησεσθε
    θρονου pro θρονων
31 om ειπε δε ο κυριος
32 στηρισον
34 om μη
    εως ου pro πριν η
    απαρνησει με τρις
    om μη ειδεναι με
35 βαλλαντιου
    ουθενος
36 δε pro νυν
    βαλλαντιον ομοιως αρατω

xxii. 37 om ετι
 41 προσηυξατο
 42 παρενεγκε τουτο το ποτηριον
 43 του ουρανου
 45 om αυτου post μαθητας
 47 om δε post ετι
    αυτους pro αυτων
 49 ειπαν
    om αυτω
    om εν
 50 εις τις
    του αρχιερεως τον δουλον
 52 εξηλθατε pro εξεληλυθατε
 53 εστιν υμων
 54 om αυτον 2°
    την οικιαν pro τον οικον
 55 περιαψαντων δε αυτων πυρ
    συγκαθησαντων
    εκαθιτο
 56 λεγει pro ειπε
    μετ αυτου pro συν αυτω
 57 αυτην pro αυτον 1°
    ουκ οιδα αυτον γῦναι
 58 εφη pro ειπεν
 59 om ωσει
    λεγων αυτω
 60 om ο ante αλεκτωρ
 61 ιησους pro κυριος
    ρηματος pro λογου
    add σημερον post φωνησαι
    απαρνησει
 62 om ο πετρος
 63 αυτον pro τον ιησουν
 64 om ετυπτον . . . προσωπον
    προφητευσον ημιν χριστε
 66 οτε pro ως
    τον ιησουν pro αυτον
    αυτων pro εαυτων
 68 om και post εαν δε
    επερωτησω

    om μοι η απολυσητε
 69 add δε post νυν
 70 ειπαν
 71 ειπαν
    εχομεν μαρτυριας χρειαν
xxiii. 1 ηγαγον
    προς pro επι
  2 ευραμεν
    εθνος ημων
    φορους καισαρι δουναι
    και λεγοντα
  3 om λεγων
    ειπεν αυτω pro αυτω εφη
  5 ανασειη
    και αρξαμενος
  6 om γαλιλαιαν
    om ο ante ανθρωπος
  7 γνους pro επιγνους
  8 εξ ικανων χρονων θελων
    om πολλα
  9 om εν
 11 om ο ante ηρωδης
    επεμψεν
 12 ηρωδης και ο πιλατος
 14 αυτοις pro προς αυτους
    διαστρεφοντα
    ευρισκω pro ευρον
    om κατ
 15 ανεπεμψεν
    αυτον προς υμας
 17 om totum versum
 18 ανεκραγον
    πανπληθει
 19 om γενομενην εν τη πολει
    την φυλακην
 20 δε pro ουν
    προσεφωνησεν αυτοις
 21 προσεφωνουν
 22 προς αυτους ειπεν
    αξιον pro αιτιον

CODEX 1241

23 om και των αρχιερεων
25 om αυτοις
26 σιμωνα τινα κυρηναιον ερχο-
μενον
27 om και 2°
εκοπτοντον (sic)
28 ο ιησους προς αυτας
29 ημεραι ερχονται
εξεθρεψαν pro εθηλασαν
30 αρξωνται
πεσατε
32 ηγοντο δε συν τω ιησου
σταυρωθηναι pro αναιρεθηναι
33 ηλθον
34 om ο δε . . . ποιουσιν
35 ante θεωρων eras quinque
literas forsitan αυτους po-
tius quam αυτον
om συν αυτοις
αυτον pro εαυτον
36 ενεπαιξαν
om και ante οξος
38 om γεγραμμενη
om γραμμασιν . . . εβραικοις
39 εβλασφημει αυτω
om λεγων
ουχι pro ει
40 επιτιμων
εφη pro λεγων
ουδεν φοβει
42 om κυριε
43 παραδεισσω
44 και ην ηδη
45 εσχισθη δε
46 παρατιθεμαι
τουτο δε ειπων
47 εδοξαζεν
48 om οχλοι
θεωρησαντες

αυτων pro εαυτων
49 αυτω απο μακροθεν
αι γυναικες
51 συγκατατεθεις
αριμαθιας
om και ante προσεδεχετο
om και αυτος
52 τω σωμα (sic)
53 om αυτο 1°
εντιληξεν
μνημειω pro μνηματι
ουδεις ουπω
55 αι γυναικες pro και γυναικες
εκ της γαλιλαιας αυτω

xxiv. 1 om ορθρου βαθεος
ηλθον αι γυναικες
3 εισελθουσαι δε
om κυριου
4 ανδρες δυο
9 παντα ταυτα
10 om ησαν δε
μαγδαλινη
om αι ante ελεγον
18 εις εξ αυτων pro ο εις
παροκεις
22 ορθιαι (sic)
24 ουτως
33 τοις ενδεκα pro τους ενδεκα
habet τους συν (non τοις)
36 om ο ιησους
των μαθητων αυτου pro
αυτων
add εγω ειμι, μη φοβεισθε
post υμιν
37 θροηθεντες pro πτοηθεντες
38 προς αυτους pro αυτοις
40 εδειξεν
44 προς αυτους pro αυτοις
46 ουτως

John

i. 19 om οι ante ιουδαιοι
21 add και ειπον αυτω post ηρωτησαν αυτον
25 ηρωτουν pro ηρωτησαν (sic)
27 om αυτος εστι
om ος . . . γεγονεν
ου ουκ ειμι αξιος εγω ινα
28 βηθανια
το πρωτον βαπτιζων
29 om ο ιωαννης
31 εγω ηλθον
om τω ante υδατι
32 εμενεν
33 ιδεις
36 add ο αιρων την αμαρτιαν του κοσμου post θεου
38 ακολουθουντας αυτω
39 ραβι
40 ο δε λεγει
om δε post ωρα
41 ακολουθησαντω (without ν)
42 μεσιαν
μεθερμηνευομενος
om ο ante χριστος
43 ιωανα pro ιωνα
45 om ο ante φιλιππος
47 λεγει pro ειπεν
49 απεκριθη αυτω ιησους
om αυτω post ειπεν
ιδον pro ειδον
50 απεκριθη αυτω ναθαναηλ ραβι
add αληθως ante ο υιος
51 ιδον pro ειδον
οψη pro οψει
52 om αμην αμην λεγω υμιν

ii. 4 και λεγει
συ pro σοι
5 λεγει bis per incuriam
λεγει pro λεγη
6 κειμεναι post ιουδαιων
9 οι δε ηνεγκαν
10 τω νυμφιω
συ δε τετηρηκας
11 ταυτην την αρχην εποιησεν
12 om και η μητηρ αυτου
και οι μαθηται αυτου και οι αδελφοι αυτου
εμενεν pro εμειναν
13 ο ιησους εις ιεροσολυμα
15 ως φραγελλιον
16 και μη
17 εστι γεγραμμενον
καταφαγεται με
18 om ουν
19 om ο ante ιησους
22 om αυτοις
ο pro ω
23 τα σημεια αυτου
24 om ο ante ιησους

iii. 2 ραβι
δυναται ante ταυτα
3 om ο ante ιησους
5 απεκριθη ιησους και ειπεν αυτω
ιδειν pro εισελθειν εις
11 ουδεις λαμβανει pro ου λαμβανετε
12 ουκ επιστευσατε pro ου πιστευετε
πιστευσητε pro πιστευσετε
13 om ο ων εν τω ουρανω
14 μωυσης
15 απωλληται
εχει
16 om totum versum
17 κρινει
18 επ pro εις 1°
19 εληλυθεν . . . φως 2° bis scripsit per incuriam

CODEX 1241

αυτων πονηρα τα εργα
20 αυτου τα εργα οτι πονηρα
    εισιν
21 τα εργα αυτου
    εισιν pro εστιν
23 παρεγενοντο
25 ιουδαιου
26 ραβι
27 ο ιωαννης
28 αυτοι δε
31 om εκ της γης εστι και
34 om ο θεος
36 τον υιον του θεου
iv. 1 ο ιησους pro ο κυριος
2 αυτος ιησους
5 ουν ο ιησους
    ου pro ο
6 επι τη γη pro επι τη πηγη
8 απεληλυθησαν
10 υδωρ πιειν
13 om ο ante ιησους
14 πιει
    διψησει
    ο εγω δωσω
    αλομενου
15 ερχομαι
17 ειπεν αυτω
    ανδρα ουκ εχω (bis)
20 εν τω ορει τουτω
21 πιστευε μοι γυναι
25 οιδαμεν
    μεσιας
28 ειπεν pro λεγει
30 εξηρχοντο pro εξηλθον
    δε pro ουν
31 om οι μαθηται
    ραβι
33 om οι μαθηται
35 τετραμηνος et om ετι
    om ιδου λεγω υμιν
36 om και post ινα

χαιρει
37 om ο ante αληθινος
40 ηκουσαν pro ηλθον προς αυτον
41 επιστευσαν εις αυτον
42 λαλαλιαν
    om αληθως
43 om τας ante δυο
    om και απηλθεν
45 οσα pro α
46 om ο ιησους
    ην δε pro και ην
47 απο της pro εκ της
    ηλθε pro απηλθε
    om αυτον post ηρωτα
50 om και ante επιστευσεν
    add ο ante ιησους 2°
51 om αυτου post δουλοι
    υπηντησαν
    om και απηγγειλαν
    υιος pro παις
52 επειθετο pro επυθετο
    ειπον ουν pro και ειπον
53 add αυτου post πατηρ
54 τουτο δε
v. 2 εβραιστι δε
3 om πολυ
4 αγγελος γαρ του θεου
    ελουετο pro κατεβαινε
    εγενετο pro εγινετο
5 ην δε εκει ανθρωπος τριακοντα
    και οκτω
    ασθενεια αυτου
7 ναι κυριε
    ανθρωπον δε
    βαλη
8 εγειρε
    σου τον κραββατον
10 και ουκ εξεστι
    κραββατον σου
11 ο δε απεκριθη
    σου τον κραββατον

v. 12 επερωτησαν δε
14 λεγει pro ειπεν
15 απηλθεν ουν
   απηγγειλε
16 αυτον pro τον ιησουν
   om και εζητουν αυτον αποκτειναι
17 ο δε pro ο δε ιησους
18 μαλλον εδιωκον οι ιουδαιοι τον ιησουν και εζητουν αυτον αποκτειναι, οτι
19 om ουν
   λεγει pro ειπεν
   αμην semel tantum
   μη βλεπει τι
   om αν
   ποιει
20 θαυμασητε
21 ουτως
22 ου pro ουδε
25 ακουσωσι
30 καθως ακουω
31 εμου pro εμαυτου
34 παρα ανθρωπου την μαρτυριαν ου λαμβανω
35 εν τω φωτι αυτου προς ωραν αγαλλιαθηναι
36 μειζων pro μειζω
   δεδωκεν
   om αυτα post τελειωσω
   om α εγω ποιω
   εκεινος pro ο πατηρ
   απεστειλε pro απεσταλκε
37 om και ο ... εμου
   πωποτε ακηκοατε
38 εν υμιν μενοντα
40 om προς με
44 ανθρωπων pro αλληλων
45 υμιν pro υμων post κατηγορησω
46 μωυσει

47 πιστευσητε
vi. 2 ηκολουθη δε
   εθεωρουν
   om αυτου
3 ανηλθεν δε ο ιησους
   εκαθιτο
5 τους οφθαλμους ο ιησους
   αγορασωμεν
6 ημελλεν
7 λαβοι
9 om εν
   ος pro ο
10 ειπεν ουν
   ανεπεσαν
   om οι ante ανδρες
11 ουν pro δε 1°
   εδωκε pro διεδωκε
   om τοις μαθηταις οι δε μαθηται
12 λεγει ο ιησους
   om τι
15 ερχεσθαι μελλουσιν
   ποιησωσι βασιλεα (om αυτον)
16 εις την θαλασσαν
17 om το ante πλοιον
   διηρχον pro ηρχοντο
18 δε pro τε
   διεγειρετο
19 εικοσι και πεντε
   επι της θαλασσης περιπατουντα
21 εγενετο το πλοιον
22 τη δε επαυριον
   om εκει
   om εκεινο ... αυτου 1°
   πλοιον pro πλοιαριον
23 πλοιαρια ηλθον
25 ραβι
   παραγεγονας
26 om ο ante ιησους
   ιδετε

28 ποιωμεν
εργαζομεθα
29 om ο ante ιησους
ταυτα εστι
τα εργα
30 om συ
31 εφαγον το μαννα
αρτους
33 καταβαινον
35 ουν pro δε
πεινασει
38 απο του ουρανου
39 αυτον pro αυτο
40 πατρος μου pro πεμψαντος με
καγω ante αναστησω
om εγω
εν τη εσχατη
42 om ιησους
νυν pro ουν
om ουτος
43 om ουν
om ο ante ιησους
44 ελκυσει
καγω
εν τη εσχατη
45 om του ante θεου
om ουν
46 εωρακεν τις
50 καταβαινον
51 ζηση
52 οι ιουδαιοι προς αλληλους
δουναι ημιν
54 τρωγον
καγω
εν τη εσχατη
55 αληθης (bis)
56 τρωγον
57 απεσταλκε
τρωγον
ζησει
58 εξ ουρανου

τρωγον
60 ο λογος ουτος
62 θεωρειτε
om ανθρωπου (habet του, sic)
63 λελαληκα
66 πολλοι των μαθητων αυτου
απηλθον
68 om ουν
απελευσωμεθα
71 ισκαριωτου
εμελλεν
παραδιδοναι αυτον
vii. 1 και μετα ταυτα περιεπατει ο
ιησους
3 om σου post εργα
5 ου pro ουδε
εις αυτον τοτε
6 παρεστην
ημετερος
7 μισεισε (= μισησαι)
8 om ταυτην 1°
ουκ pro ουπω
9 ειπων αυτος εμεινεν (om αυτοις)
10 add εις την εορτην post αυτου
om εις την εορτην post ανεβη
12 περι αυτου ην πολυς
om δε post αλλοι
15 εθαυμαζον ουν (om και)
16 απεκριθη ουν
17 το θελημα αυτου θελει ποιειν
ποτερον ει εκ (sic)
20 om και ειπε
21 om ο ante ιησους
23 χωλατε
24 κρινατε
25 ιεροσολυμητων
26 om και ουδεν αυτω λεγουσι
εγνωσαν αληθως οι αρχοντες
om αληθως 2°
30 εληλυθη

vii. 31 εκ δε του οχλου πολλοι
   om οτι
   μη pro μητι
   om τουτων
   ποιηση
32 ηκουσαν ουν
   οι αρχιερεις και οι φαρισαιοι
33 ο ιησους αυτοις
36 ο λογος ουτος
   ευρησεται
39 ημελλον
   om ο ante ιησους
40 τον λογον τουτον
41 οτι ουτος
   οι δε pro αλλοι δε
42 om του ante σπερματος
   βιθλεεμ
43 εγενετο εν τω οχλω
44 ηθελον (in mg.) τινες δε
46 ελαλησεν ουτως
48 η εκ των φαρισαιων επιστευ-
   σεν εις αυτον
50 το προτερον νυκτος
51 κρινη
53 om tot vers et peric de
   adult –viii. 11
viii. 12 ελαλησεν αυτοις ο ιησους
   περιπατηση
13 περι σεαυτου συ τουτο
14 ο ιησους
   εαν pro καν
   ηλθα pro ηλθον
16 αληθινη
19 ο ιησους και ειπεν
   ειδητε pro ηδειτε 2°
20 επεβαλεν επ αυτω την χειρα
   pro επιασεν αυτον
   εληλυθη pro εληλυθει
21 om αυτοις
22 αυτον pro εαυτον
23 ελεγεν pro ειπεν

   ουκ ειμι post κοσμου τουτου
24 om εαν γαρ . . . υμων 2°
25 ειπεν ουν pro και ειπεν
26 λαλω pro λεγω
27 ουκ εγνωσαν δε
28 om αυτοις
   ενετειλατο μοι pro εδιδαξε με
   om μου
29 και ουκ
   om ο πατηρ
33 απεκριθησαν οι ιουδαιοι προς
   αυτον
35 om ο υιος μενει εις τον αιωνα
36 om ουν
   γενησεσθε pro εσεσθε
37ff. om οτι ο λογος . . . 40 απο-
   κτειναι
40 του πατρος μου pro του θεου
42 om ουν
44 εκ του πατρος
   λαλει pro λαλη
45 λεγω υμιν
46 ελεγξει
   om δε post ει
47 λαλει pro ακουει
48 om ουν
   ημεις λεγομεν
51 om αμην 2°
   τον εμον λογον
52 θανατου ου μη γευσηται
53 om συ 2°
54 ημων pro υμων
55 αυτον εγνων pro οιδα αυτον 1°
59 λιθασωσιν pro βαλωσιν επ
   και διελθων
   add επορευετο post αυτων
ix. 1 παραγων ο ιησους
   γεννητοις
2 ραβι
3 om ο ante ιησους
4 om εως . . . νυξ

α pro οτε
6 επεχρισε αυτου
αυτου pro του τυφλου
7 απoσταλμενος
9 ουχι pro οτι ουτος . . . δε
αλλ pro οτι 2°
εκεινος δε
10 ηνεωχθησαν
11 υπαγε νιψαι εις τον σιλωαμ
pro υπαγε . . . νιψαι
ουν pro δε
12 και ειπον pro ειπον ουν
14 εποιησεν αυτον αναβλεψαι pro
ανεωξε . . . οφθαλμους
15 om και 1°
πηλον εποιησε και επεχρισε
μου τους οφθαλμους
16 ουκ εστιν ουτος παρα θεου ο
ανθρωπος
17 λεγουσιν ουν
ηνεωξε
18 ην τυφλος
20 om αυτοις
21 ηνεωξεν
αυτον ερωτησατε αυτος ηλικιαν εχει
22 συνετεθηντο
24 om ος ην τυφλος
ουτος ο ανθρωπος
25 ημην και pro ων
26 ειπον ουν
ηνεωξεν
27 απεκριθη εκεινος
28 οι δε ελοιδορησαν
om ουν
29 μωυσει
30 εν τουτω γαρ το θαυμαστον
ηνεωξε
31 αμαρτωλον
ποιει
33 ουτος ο ανθρωπος

36 om και ειπε
37 και ειπεν pro ειπε δε
38 αυτον sed ipse* αυτω correxit
39 om τουτον
om οι μη . . . και 2°
40 ηκουσαν ουν
οι μετ αυτου οντες
41 ειπεν δε
και αι αμαρτιαι υμων μενουσι
pro η ουν . . . μενει
x. 1 αναβαινον
3 φωνει pro καλει
4 παντα pro προβατα
εκβαλει
6 ελαλη
7 om παλιν
om οτι
8 ηλθον προ εμου
10 μι pro μη
12 ο δε μισθωτος
εστι pro εισι
om τα προβατα post σκορπιζει
13 om ο δε . . . φευγει
μισθοτος
μελλει
16 ακουσωσι
18 θηναι
19 om παλιν
22 om τοις
23 om εν τω ιερω
om του
24 om αυτον
25 ειπον υμιν ηδη
26 αλλα pro αλλ
οτι ουκ pro ου γαρ
om καθως ειπον υμιν
27 ακουουσι
28 διδωμι αυτοις ζωην αιωνιον
απωλονται

x. 28 αρπαση
31 λιθους παλιν
32 εργα καλα
ποιων pro ποιον
εργων
εμε λιθαζετε
33 om λεγοντες
om και ante οτι
om συ
εαυτον pro σεαυτον
36 τουτο υμεις ου πιστευετε pro
υμεις λεγετε οτι βλασφημεις
38 πιστευετε pro πιστευητε
τοις εργοις μοι πιστευετε
πιστευετε pro πιστευσητε
εν τω πατρι pro εν αυτω
39 om παλιν
add και ουδεις επεβαλεν επ
αυτω την χειραν post
πιασαι
εξηλθεν ουν pro και εξηλθεν
40 om το πρωτον
41 εποιησεν σημειον ουδεν
42 πολλοι επιστευσαν
om εκει
xi. 2 ησθενη
3 add αυτου post αδελφαι
4 εν αυτη pro δι αυτης
5 μαρθαρ (sic)
8 μαθηται αυτου
ραβι
οι ιουδαιοι λιθασαι
9 om ο ante ιησους
ωραι εισι
περιπατει et sic infra
12 αυτω pro αυτου
15 δει pro δι
αλλα pro αλλ
16 συμμαθηταις αυτου
19 πολλοι δε pro και πολλοι
εληλυθησαν

την pro τας περι
παραμυθησονται
20 om ο ante ιησους
21 ουκ αν μου απεθανεν ο αδελφος
22 om αλλα
24 η μαρθα
28 τουτο pro ταυτα
29 εκεινη δε
εγερθη
ηρχετο
εληλυθη
30 ην ετι
31 δοξαντες pro λεγοντες
32 η δε
προς pro εις
33 ενεβριμμησατο
34 τεθηκατε
37 om ινα
38 om παλιν
εμβριμμησαμενος
επ' αυτον
39 τελευτηκοτος
τεταρτεος
40 οψη
41 om ου . . . κειμενος
οφθαλμους αυτου
44 τας χειρας και τους ποδας
κηρειαις
47 ο ανθρωπος ουτος
48 ουτως
πιστευσωσιν
om και ante τον τοπον
50 υμιν
απωλησαι
51 μελλει
52 μονου
συναγαγει
53 ωρας pro ημερας
add οι ιουδαιοι post συνεβου-
λευσαντο
54 ο ουν ιησους

CODEX 1241

και εκει εμεινεν pro κακει διετριβε
55 αγνησωσιν
56 εστηκοτες εν τω ιερω
57 om και ante οι αρχιερεις
xii. 1 ηλθεν ο ιησους (et ιησους in principio vers.)
τεθνηκος
2 ανακειμενων συν αυτω
3 ταις θριξιν αυτης εξεμαξε
4 λεγει ιουδας ο ισκαριωτης, εις εκ
5 επανω τριακοσιων
6 εμελλεν
7 αυτην ινα τηρηση
9 ο οχλος
9 f. om ιδωσιν ... λαζαρον sed add. literis minut. in mg. forsitan ipse*
10 κτεινωσιν pro αποκτεινωσι
11 δι αυτον πολλοι
12 ακουσας
ιησους ερχεται pro ερχεται ο ιησους
13 συναντησιν
om ο ante βασιλευς
15 καθιμενος
16 εγνωσαν pro εμνησθησαν
18 ηκουον pro ηκουσε
19 αυτους pro εαυτους
κοσμος ολος
20 ελληνες τινες
21 ηρωτησαν
22 ο φιλιππος
26 τις διακονει
om και ante εαν τις
28 υιον pro ονομα
των ουρανων
λεγουσα και εδοξασα
29 εστηκως

ελαλησε pro λελαληκεν
30 om ο ante ιησους
η φωνη αυτη
32 οταν pro εαν
34 απεκριθη ουν
om πως
35 εν υμιν pro μεθ υμων
καταλαβοι
40 ιασομαι
43 η pro ηπερ
44 λεγων pro και ειπεν
47 και φυλαξη pro και μη πιστευση (non habet μη)
σωθη ο κοσμος δι εμε pro σωσω τον κοσμον
48 om εν
49 δεδωκεν
50 om εγω
ουτως
xiii. 1 ηλθεν
2 γινομενου
om εις την καρδιαν
ινα παραδω αυτον ιουδας σιμωνος ισκαριωτου
3 om ο ιησους
5 μαθητων αυτου
8 ο πετρος
μου νιψης τους ποδας
om αυτω 2°
om ο ante ιησους
12 om και ante ελαβε
και αναπεσων
13 ο κυριος και ο διδασκαλος
15 δεδωκα
om εγω
ποιειτε
17 ποιειτε
18 τινας pro ους
πληρωθη οτι
19 om υμιν
ιν pro ινα

xiii. 20 αν pro εαν
22 μαθηται αυτου
ἀπορρουμενοι
23 εκ των
24 πειθεσθαι
25 επιπεσων ουν
26 απεκρινατο ο ιησους και ειπεν
ο pro ω
βαψω
και δωσω αυτω pro επιδωσω
βαψας ουν pro και εμβαψας
λαμβανει και διδωσι
27 αυτον pro εκεινον
ταχειον
31 om λεγει ο ιησους
33 om ζητησετε με
add post ιουδαιοις: ζητησετε με και ουχ ευρησετε
και pro οτι
εγω υπαγω
34 και νυν pro καινην
διδομι
35 εχετε
36 εγω υπαγω
38 αποκρινεται
om αυτω
xiv. 3 om και 2°
11 om μοι post πιστευετε
14 και εαν
τουτο εγω
16 μενει
21 εμφανησω
23 om ο ante ιησους
τηρηση
ελευσωμεθα
ποιησωμεν
26 διδαξει υμας παντα
om και υπομνησει υμας παντα
27 διδομι et sic infra
δειλιατο
28 om ειπον 2°

30 om τουτου
31 ουτως
xv. 2 φερων pro φερον bis
καθερει
φερει
4 μεινει
6 εκβληθη
το πυρ
7 θελετε
10 μενῶ pro μένω
11 η pro μεινη
15 οσα pro α
16 μενει
δωη
19 τον ιδιον
20 τηρησωσιν
21 ποιησωσι
xvi. 3 om υμιν
4 μνημονευετε
om οτι εγω ειπον υμιν
7 συμφερει γαρ
εαν γαρ εγω
8 ελεγξη
10 om και ουκ ... με
13 αναγγελλει
14 om vers. tot.
15 λαμβανει pro ληψεται
αναγγελλει
16 και οτι
om εγω
21 τικτει
23 ο εαν pro οσα αν
25 αναγγελλω
30 επερωτα
32 πατηρ μου
33 θαρσητε
xvii. 1 επαρας
om και ante ειπε
δοξασει pro δοξαση
2 και καθως
δωσει

CODEX 1241

3 γινωσκουσιν
4 ποιησω αυτο
6 ους εδωκας μοι
7 εγνωσαν
  σοι pro σου
8 om δεδωκας μοι
10 δεδοξασμε
11 αυτοι pro ουτοι
   ω pro ους
12 απολειας
14 εκ του κοσμου ουκ ειμι
19 ωσι και αυτοι
20 πιστευοντων
23 γινωσκει
24 δεδωκας pro εδωκας
25 αυτοι pro ουτοι
xviii. 3 σπηραν
7 om ουν
8 om ο ante ιησους
  αυτους pro τουτους
11 om σου
12 σπηρα
14 καιαιφας
16 προς την θυρα (sic)
   εκεινος pro ο αλλος
17 om ουν
18 εστηκως
20 om τη ante συναγωγη
   om οι ante ιουδαιοι
21 ακηκοωτας
22 αποκρινει
23 om ο ante ιησους
28 πρωι
31 δε pro ουν 2°
33 πραιτοριον
34 απεκρινατο pro απεκριθη αυτω
36 om ο ante ιησους
   η εμοι ηγονιζοντο
37 om ο ante ιησους
39 απολυσω υμιν 2°
40 om παλιν παντες

xix. 3 ραπισμα pro ραπισματα
4 ο πιλατος εξω
5 εξω ο ιησους
  ακανθηνον
6 σταυρωσον σταυρωσον αυτον
9 πραιτοριον
10 om αυτω 2°
11 om ο ante ιησους
   κατ εμου ουδεμιαν
12 εκραυγαζον
   βασιλεα εαυτον
13 γαβαθα
14 ην ωσει pro δε ωσει
15 εκραυγαζον
16 ηγαγον pro απηγαγον
20 ο τοπος της πολεως
   και ρωμαιστι
23 ποιησαντες pro εποιησαν (sed και habet)
   χειτων
   αραφος
24 εαυτον
   λαχομεν
25 μαγδαλινη
26 ιδε (sed non infra)
27 μαθητης εκεινος
31 μεινει
32 συνσταυρωθεντος
34 ευθεως
35 εστιν η μαρτυρια αυτου
   ινα και
36 απ' αυτου
38 om ο ante ιωσηφ
40 εν οθωνιοις
xx. 1 μαγδαλινη (et sic infra)
   εν τω μνημειω
2 οιδα
4 ταχειον
5 οθωνια (et sic infra)
7 εντετιληγμενον
9 αναστησαι

xx. 14 om ο ante ιησους
15 κηπωρος
εθηκας αυτον
18 ερχεται ουν
19 om ουν
23 κρατειτε
25 om ουν
μον pro μου post δακτυλον
27 πλευραν σου (sic)
28 om ο ante θωμας
29 om θωμα
ιδοτες pro ιδοντες
31 om ο ante ιησους
xxi. 1 μετα δε
μαθηταις αυτου
εγερθεις εκ νεκρων επι
3 εξηλθον ουν
ενεβησαν

6 ευρησητε
εβαλλον
7 ακουσας τουτον τον λογον οτι
11 εις την γην
πεντηκοντα τριων
15 om ο ιησους
16 ποιμενε
18 νεοτερος
ζωση
19 om τουτο δε . . . θεον sed
add in mg. literis minut.
fors. ipse [1]
20 στραφεις
23 om αυτω
At the end of the gospel,
χ̅ε̅ παρασχου τοις εμοις
πονοις χαριν

[1] The second volume, which begins on f. 117, is partly written in the small writing of the marginal addition in xxi. 19. Possibly it is by the same scribe, but I think more probably by the διορθώτης and perhaps the rubricator of the first part.

V

CODEX 1739

ATHOS, LAURA 184 [B' 64] (GREG. 1739; VON SODEN α78)

Kirsopp Lake, J. de Zwaan, Morton S. Enslin

CODEX Athous Laurae 184, containing Acts and the Catholic and Pauline epistles, is a beautifully written tenth-century minuscule, with many marginal notes, mostly in a small half-uncial hand, somewhat similar to that found in the Arethas-manuscripts. It seems, however, to be a little later than this group.

Attention was first called to the codex by E. von der Goltz, who collated it for von Soden and in 1899 published a monograph on it in *Texte und Untersuchungen*, N. F. ii. 4, under the title of *Eine textkritische Arbeit des zehnten bezw. sechsten Jahrhunderts*. Further discussion, with the use of von der Goltz's materials and of the collations made for von Soden, is furnished by Otto Bauernfeind, *Der Römerbrieftext des Origenes* (Texte und Untersuchungen, 3. Reihe, xiv. 3), 1923; on page 4 of this monograph several critical articles are mentioned, including one by Corssen in the *Göttingische gelehrte Anzeigen*, 1899, pp. 665-680. The conditions of work on Mt. Athos do not assist accurate observation, and von der Goltz's work is not free from serious mistakes, but those who, like the present writers, have worked at the same subject under the same conditions, will wonder that there are not more mistakes rather than be surprised that there are any. It is also probable that considerable additional inaccuracy crept into his collation during its transference to the apparatus of von Soden, which seems to give a very imperfect presentation of its readings. The marginal notes were copied by K. Lake and J. de Zwaan in 1911; the collation of the text by Morton S. Enslin is made from photographs obtained by Professor R. P. Blake in 1921.

The scribe. The name of the scribe of Codex 1739 was probably Ephraim (see p. 143). The arguments which von der Goltz used to show that Ephraim was the writer of the exemplar and that that exemplar was an uncial, prove to be based on mistakes in collation. Nor does the note at the end of the codex (see p. 219) serve to connect the name Ephraim with the exemplar. It states that the "ancient copy" ended with the usual doxology of a scribe:

Δόξα τῷ ἐλεήμονι θεῷ, ἀμήν.

This is copied in a line by itself. The scribe of 1739 then goes on to conclude his own labors by the customary petition for his readers' prayers, and gives his own name, Ephraim. The arrangement of the lines indicates that he did not intend the request for prayers and the name to be understood as a quotation from the ancient codex which formed his exemplar. This was pointed out by Th. Zahn in a review of von der Goltz in the Theologisches Literaturblatt, XX, April 21, 1899, pp. 177 f. Zahn also believed that this Ephraim was the same as the scribe of the Venice Aristotle (Cod. Marcianus 201); the photographs in the present volume show that the identification is certain.

The original contents of the codex. When Codex 1739 left the scriptorium it was a complete copy of the New Testament except the Apocalypse. This is shown by the gatherings. The present codex begins with gathering ΓΙ' (a curious inversion of the usual Greek numeration for 13, which is found also in the Athens Athanasius and a few other manuscripts). That the numeral has this meaning here is proved by the fact that gathering Κ comes after ΘΙ. There are 102 folia, which include Acts, the Catholic, and the Pauline epistles. Thus twelve gatherings are missing, and they would have provided almost exactly the space required for the gospels, though not enough for any Eusebian canons or tables of κεφάλαια. It should be noted that the traces of the κεφάλαια of the Apocalypse which can be seen on the last page of the manuscript are probably not from the hand of the original scribe.

CODEX 1739 143

The ancestry of the codex. The only evidence which bears on this is provided by the colophons and notes (two sets only being extant) to the three divisions of the manuscript, and by certain general considerations derived from the critical notes.

The colophons and notes (printed on pp. 194–219) reveal two stages in the history of the codex.

(1) In the tenth century the scribe Ephraim copied a single codex of the New Testament containing a series of critical notes. When Ephraim wrote, the whole critical apparatus of the Codex 1739 was already present in his exemplar MS. This is shown by the cross-references in Ephraim's colophons. In his colophon at the end of the Pauline epistles he says that these epistles were written "from the same copy," thus referring back to the colophon at the end of the Acts and Catholic epistles, where in turn it is stated that these books were written "from the same copy." The assumption is not hazardous that this latter reference is to a colophon at the end of the gospels now unfortunately lost; if we possessed it, we should doubtless know — and the thought is tantalizing — what this 'copy' was.

(2) At some unknown date, later than the end of the fourth century, the codex which Ephraim copied (or else its exemplar) was itself compiled in a library where access could be had to copies of the New Testament and of the writings of Irenaeus, Clement, Origen, Eusebius, and Basil. In its compilation different archetypes were used for the Pauline epistles on the one hand and for the rest of the New Testament on the other. This is shown by the note introducing the Pauline epistles, which clearly indicates that a new archetype is being used for this section. It should be observed that this note is quite unintelligible if it be not referred to a stage in the history of the document earlier than that of the colophons. Moreover, the style of the note is not the same as the style of the colophons.

For the Pauline epistles the manuscript chiefly used by the compiler of the exemplar which Ephraim himself followed was a very ancient codex which the compiler recognized, by comparing it with the writings of Origen, as containing an Origenian text. For the Epistle to the Romans, however, though he consulted his ancient codex (see note on Rom. viii. 24), he actually provides a text which he reconstituted from the lemmata in Origen's commentary.

If we turn now to the critical notes on Acts and the Catholic epistles which Ephraim copied from his exemplar, these are not so markedly taken from Origen as are the notes on the Pauline epistles; but they are of the same general nature and seem to indicate that the same mind selected them.

The following points seem especially noticeable.

(1) They contain no reference to any writer later than Basil of Cappadocia (A.D. 329–379).

(2) A note on James ii. 13 refers to a manuscript written by Eusebius of Caesarea "with his own hand." This suggests the possibility that the original compilation was made in Caesarea, where, of all places, such a codex is most likely to have been preserved. It is obvious that this library would also possess copies of Origen's commentary.

(3) A hint in the same direction may also be found in a note, unfortunately very much mutilated, on Gal. v. 15, which seems to refer to a manuscript written in prison. We are reminded of the colophon in the Codex Sinaiticus which refers to a manuscript written "in prison" by Pamphilus and preserved at Caesarea.

Thus, though too much stress ought not to be put on the suggestion, there is a possibility that Ephraim, the scribe of Codex Athous Laurae 184, in the tenth century copied a critical edition of the New Testament which had been made in Caesarea from manuscripts and patristic writings preserved in the great library of Pamphilus.

This evidence, linking up our MS. with Origen and Caesarea, is strikingly similar to that which has made it possible to identify the text of family Θ as the Caesarean text. With little doubt [1] the text of Romans in Codex 1739 is that which Origen used, while the text of the other epistles is based on an ancient copy which the compiler of the archetypal text, who seems to

---

[1] There would be no question at all if it were not for the bare possibility that in the copy of Origen's commentary which the compiler used the lemmata had already been assimilated to some other textual fashion.

have had an intelligent and accurate interest in textual questions, identified as agreeing with the text used by Origen in his commentaries. Thus, considering the way in which our MS. and its archetype were made, Codex 1739 may well represent the Origenian-Caesarean text of the epistles more accurately than any MS. in family Θ represents the corresponding text of the gospels.

It is natural to presume that the same may be true of Acts, but here the evidence fails. The scribe of the archetype tells us nothing. Perhaps a closer investigation of the quotations from Acts in Origen and Eusebius would settle the matter, but the direct citations are so meagre as to make a convincing result improbable.

The later hands in the codex. Some two or three centuries or more after Codex 1739 was written it was gone over by a scribe who added lectionary notes, and (probably) by another who added long but unimportant comments. Neither von der Goltz nor Lake copied these notes, since a cursory inspection indicated that they are quite valueless. At this or some other time the manuscript was much injured by some one who tried to erase all the ancient notes. Fortunately he was not very industrious, but he did a great deal of damage and many valuable notes are illegible. They could perhaps be revived by chemicals, but at present the librarian of the Laura is not disposed to permit this treatment. It is also possible that the use of a modern binocular microscope, such as is used in deciphering papyri, might be valuable; it certainly would detect errors and clear up doubts in the readings of Lake and de Zwaan. But many notes have been destroyed beyond all hope of recovery.

A curious accident which befell the codex led to an equally curious mistake by von der Goltz. He noted on ff. 32^r and 39^v a number of strange-looking letters, in an alphabet which he could not recognize but thought to be possibly Georgian. Had he thought of examining them in a mirror he would have seen what they really are.

The explanation seems certain. On f. 32^r the following numbers, reversed and upside down, can be read as an offset: $\rho\pi\varsigma'$, $\rho\pi\zeta$, $\rho\pi\eta$, $\rho\pi\theta$, $\rho\varsigma a$, $\rho\varsigma\beta$, $\rho\varsigma\gamma$ and above them are traces of $\rho\pi\epsilon$, $\rho\pi\delta$.

The irregular intervals, vertically, at which these reversed numbers occur on the page, show, when measured, the same proportionate relations to one another as do the lengths of the Ammonian sections in John found in gospel manuscripts between John xviii. 40 and xix. 10. On f. 39ᵛ is the similar series ρος, ροζ, ροη, ροθ, ρπ and above them are partly legible ροε, ροδ, ρογ, ροβ, ροα, ρξθ. These correspond to the Ammonian sections of John xviii. 18 to 37. It is curious that in the first series ρς, and in the second series ρο, seem to be omitted. There is a similar set of offprints on f. 75ᵛ and f. 76ʳ, but they cannot be read with certainty.

It would seem that gathering 17 of the original codex was placed upside down between the leaves of a manuscript of the gospel of John of which the Ammonian sections were not quite dry. Professor Enslin has pointed out that the size of the manuscript of which we see these traces was exactly that of Codex 1739. It is therefore not improbable that the division of the original codex, and the subsequent loss of its first part, took place at a time when it was being 'renovated', and that the Ammonian sections were inserted on that occasion. The most interesting aspect of this observation is the implication (which corresponds to the reckoning of the probable contents of the lost twelve gatherings mentioned above) that the original codex did not contain the Ammonian sections. This, however, of course depends on our judgment that the Ammonian sections, of which we can still see the offprints, are probably in a hand later than the original scribe, but it is confirmed by the apparent indication from implied space, noted above, that the Eusebian canons were absent from the gospel part of the codex.

The following collation of the text of Codex 1739 is made with Lloyd's Oxford edition.

Acts

(Acts i. 1–ii. 6 not original part of MS)

αι πραξεις των αγιων αποστολων

i. 3 τεσσαρακοντα] τεσσαρακον
4 συναλιζομενος] συναυλιζομενος*
10 λευκη] λευκην
11 εμβλεποντες] βλεποντες
πορευομενον] πορευόμεν
16 δαβιδ] δα̅δ̅ so throughout
18 om του
om και 2°
19 αυτων ante διαλεκτω
21 om εν 2°
22 εως] αχρι
της ημερας ης] ης ημερας
om αυτου
23 επεκληθη] επικληθη
24 ον εξελεξω post αναδειξον
25 λαβειν obscured, but rather too long for simple form; perhaps αναλαβειν
εξ] αφ
26 αυτων] αυτης
συγκατεψηφισθη] συγκατεψιφισθη

ii. 1 συμπληρουσθαι] συμπληρουσθε
απαντες] παντες
4 αποφθεγγεσθαι] αποφεγγεσθαι
6 om εις
12 αν θελοι] θελει
13 χλευαζοντες] διαχλευαζοντες
14 πετρος] praem ο
17 ενυπνια] ενυπνιοις
21 αν] εαν
22 ισραηλιται] ισδραηλιται

αποδεδειγμενον ante απο του θεου
om και post καθως
23 om λαβοντες
χειρων] χειρος
27 αδου] αδην
30 om το κατα σαρκα
31 προιδων] προειδως
ελαλησε post περι της αναστασεως
ου] ουτε
κατελειφθη] εγκατελειφθη
αδου] αδην
ουδε] ουτε
33 του αγιου πνευματος] του πνευματος του αγιου
om νυν
36 αυτον post χριστον] αυτον post κυριον
38 εφη post πετρος δε] φησιν post μετανοησατε
επι] εν
ιησου χριστου] praem του κυριου
40 διεμαρτυρετο] διεμαρτυρατο
add αυτους post παρεκαλει

iii. 1 πετρος ante δε (connecting επι το αυτο with ii. 47)
εννατην] ενατην
2 θυραν] πυλην
7 αυτου post αι βασεις
11 του ιαθεντος χωλου] αυτου
ιωαννην] praem τον
13 add μεν post υμεις
om. αυτον

iii. 18 om αυτου
ουτω] ουτως
20 προκεκηρυγμενον] προκεχειρισμενον
21 παντων 2°] των
αυτου προφητων post απ αιωνος
22 μωσης] μωυσης so throughout
om γαρ
ειπεν ante προς
25 υιοι] praem οι
ημων] υμων
τω σπερματι σου] praem εν
ενευλογηθησονται] ευλογηθησονται
26 υμων] αυτου
iv. 5 πρεσβυτερους και γραμματεις] praem τους bis
εις] εν
11 οικοδομουντων] οικοδομων
12 ουτε] ουδε
εστιν post ετερον
14 δε] τε
βλεποντες post συν αυτοις
15 om αυτους*
συνεβαλον] συνεβαλλον
16 αρνησασθαι] αρνεισθαι
17 om απειλη
18 καλεσαντες] προσκαλεσαμενοι
om αυτοις
19 προς αυτους post ειπον
21 μηδεν] μη
κολασωνται] κολασονται
24 ομοθυμαδον post φωνην
25 ο δια στοματος δαβιδ του παιδος σου ειπων] ο του πατρος ημων δια πνευματος αγιου στοματος δαυιδ παιδος σου ειπων

27 add εν τη πολει ταυτη post αληθειας
28 om σου 2°
30 om σε
31 πνευματος αγιου] του αγιου πνευματος
33 δυναμει ante μεγαλη
το μαρτυριον post οι αποστολοι
add χριστου post ιησου
34 υπηρχεν] ην
36 ιωσης] ιωσηφ
υπο] απο
v. 1 σαπφειρη] σαπφειρα
2 om αυτου
3 πετρος] praem ο
5 om ταυτα
8 αυτη] προς αυτην
9 om ειπε
12 εγενετο] εγινετο
πολλα post τερατα
15 κατα] και εις
κλινων] κλιναριων
19 om της 1°
22 παραγενομενοι ante υπηρεται
23 om εξω
24 ο τε ιερευς και ο στρατηγος του ιερου και οι αρχιερεις] ο τε στρατηγος του ιερου και οι αρχιερεις
25 om τη
28 επι] εν
29 om ο
32 εσμεν αυτου] εν αυτω εσμεν
om δε
33 ακουσαντες] ακουοντες
34 om τι
36 προσεκολληθη] προσεκλιθη
ανδρων ante αριθμος
ωσει] ως

CODEX 1739 — 149

39 δυνασθε] δυνησεσθε
αυτο] αυτους*
40 δειραντες] δηραντες corr vid
επι] εν
41 κατηξιωθησαν ante υπερ
om αυτου
42 ιησουν τον χριστον] τον χριστον ιησουν
vi. 4 προσκαρτερησομεν] προσκαρτερησωμεν
7 υπηκουον] υπηκουεν
8 πιστεως] χαριτος
13 ρηματα βλασφημα λαλων] λαλων ρηματα
14 ημιν] υμιν
15 απαντες] παντες
vii. 1 om αρα
2 add μου post ακουσατε
4 μετωκισεν] μετωκησεν
υμεις post νυν
5 αυτω δουναι εις κατασχεσιν αυτην] δουναι αυτην εις κατασχεσιν αυτω
αυτον] αυτης
10 εναντιον] εναντι
ολον] praem εφ
11 om την
12 σιτα] σιτια
13 ιωσηφ]ι ras
14 ιακωβ ante τον πατερα
ψυχαις post πεντε
15 κατεβη δε] και κατεβη
16 ο] ω
εμμορ] εμμωρ
του] εν
18 add επ αιγυπτον post ετερος
20 εγεννηθη] εγενηθη*
om αυτου
21 om αυτον 2°
22 εν εργοις] εργοις αυτου

26 συνηλασεν] συνηλλασσεν
om υμεις
30 εν φλογι πυρος] εν πυρι φλογος
31 εθαυμασε] εθαυμαζε
om προς αυτον
33 των ποδων σου] praem εκ
34 αποστελω] αποστειλω
35 add εφ ημας post δικαστην
απεστειλεν] απεσταλκεν
36 τερατα και σημεια] σημεια και τερατα
37 om ο 1°
om υμων post θεος
40 γεγονεν] εγενετο
42 ετη τεσσαρακοντα post ερημω
44 εωρακει] εωρακεν
48 om ναοις
51 τη καρδια] ταις καρδιαις υμων
52 γεγενησθε] εγενεσθε
55 πνευματος] praem πιστεως και
56 ανεωγμενους] διηνοιγμενους
viii. 2 εποιησαντο] εποιησαν
6 τε] δε
om του
7 φωνη ante μεγαλη
εξηρχετο] εξηρχοντο corr
8 και εγενετο] εγενετο δε
10 μεγαλη] praem καλουμενη
12 om του ante ιησου
14 om τον ante πετρον
16 ουπω] ουδεπω
17 επετιθουν] επετιθεσαν
18 θεασαμενος] ιδων
21 ενωπιον] εναντιον
25 υπεστρεψαν] υπεστρεφον
ιερουσαλημ] ιεροσολυμα
ευηγγελισαντο] ευηγγελιζοντο
28 om και ante ανεγινωσκε

viii. 30 ησαιαν ante τον προφητην
33 om αυτου 1°
36 ηλθον] ηλθεν
37 ο φιλιππος] αυτω
     add σου post καρδιας
     om τον ante ιησουν
39 add αγιον επεπεσεν επι τον
     ευνουχον· αγγελος δε post
     πνευμα
     ο ευνουχος ante ουκετι
ix. 2 οντας ante της οδου
3 και εξαιφνης] και (?) εξαι-
     φνης τε vid om και corr
     (forsan scriba ipse)
     αυτον ante περιηστραψεν
     απο] εκ
5 om κυριος ειπεν
5–6 om σκληρον ..... προς αυτον
     et praem αλλα ante ανα-
     στηθι
6 τι] οτι
7 εννεοι] ενεοι
8 ανεωγμενων] ηνεωγμενων
10 εν οραματι ante ο κυριος
12 ονοματι post ανανιαν
     χειρα] χειρας
13 om ο ante ανανιας
     om απο
15 εστιν ante μοι
     add τε post εθνων
18 απεπεσον] απεπεσαν*
     τροφην] τροφης
     ενισχυσεν] ενισχυθη
19 om ο σαυλος
20 χριστον] ιησουν
21 αγαγη] απαγαγη·
24 παρετηρουν τε] παρετηρουντο
     δε και
25 καθηκαν post τειχους et add
     αυτον
28 om ιησου

29 ανελειν ante αυτον
30 om αυτον 2°
31 αι μεν ουν εκκλησιαι ... ειχον
     .... οικοδομουμεναι και
     πορευομεναι .... επληθυ-
     νοντο] η μεν ουν εκκλησια
     .... ειχεν ... οικοδομου-
     μενη και πορευομενη ....
     επληθυνετο
33 εκει ανθρωπον τινα], ανθρωπον
     εκει
     ονοματι ante αινεαν
     κραββατω] κραβαττω
36 ην ante τις
37 εν υπερω] εν τω υπερωω corr
39 πετρος] praem ο
40 θεις] praem και
41 τας χηρας] τας χειρας This
     reading of the first hand
     is almost certain al-
     though it has been cor-
     rected by changing ει
     to η. Whether this cor-
     rection was made by the
     scribe himself or by a
     later hand is not certain.
42 επιστευσαν ante πολλοι
43 αυτον ante ημερας
x. 1 om ην
3 ωσει] ως περι
     εννατην] ενατην
4 ενωπιον] εμπροσθεν
5 ανδρας ante εις ιοππην
     add τινα post σιμωνα
6 om ουτος 2° ...... ποιειν
7 τω κορνηλιω] αυτω
9 εκεινων] αυτων
10 εκεινων] αυτων
     επεπεσεν] εγενετο
11 om επ αυτον
12 της γης post ερπετα

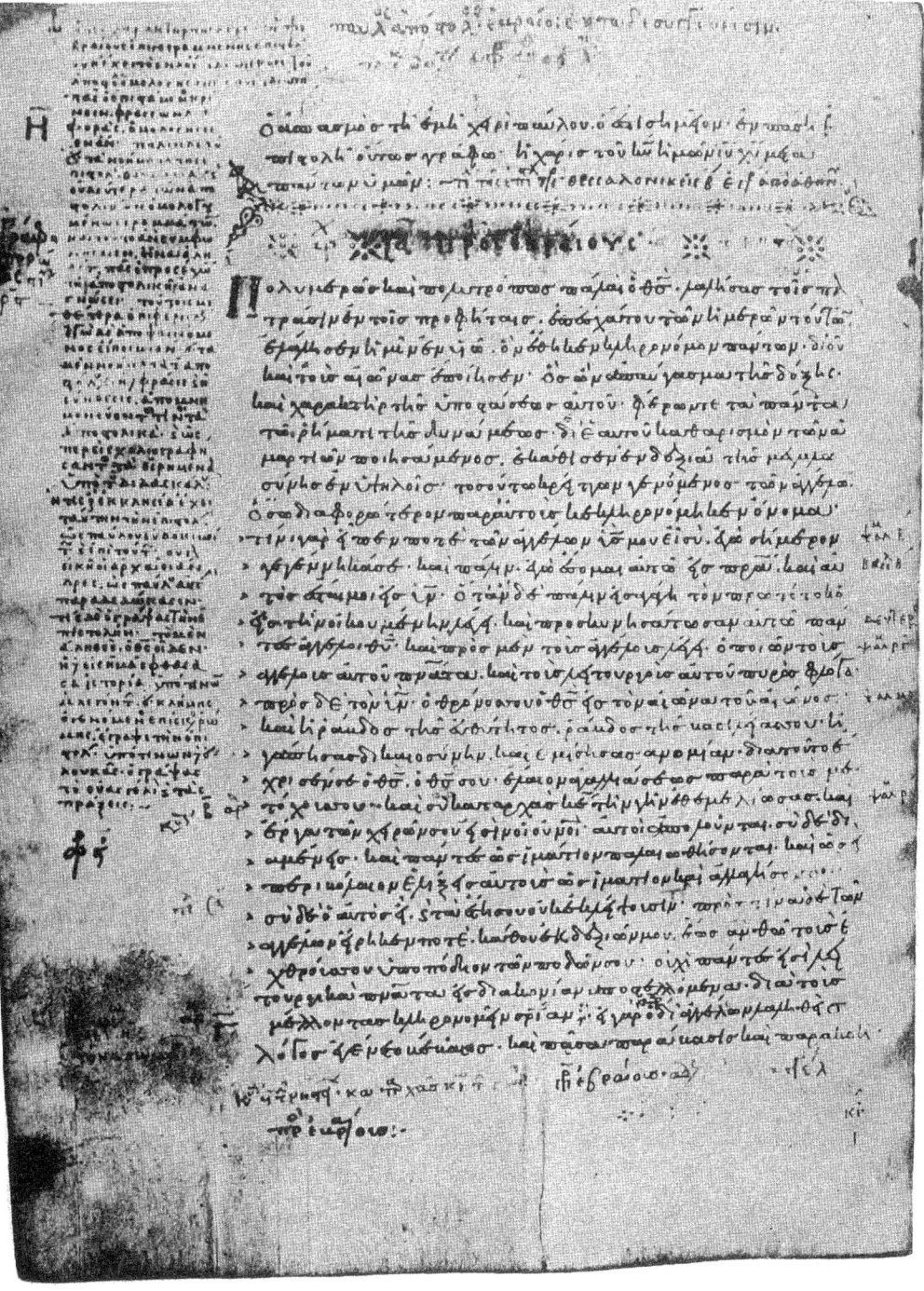

CODEX 1739

om και τα θηρια
14 η] και
16 το σκευος] απαντα
17 om και
   om οι 1°
   απο] υπο
   σιμωνος] praem του
19 ενθυμουμενου] διενθυμουμενου
20 διοτι] οτι
21 πετρος] praem ο corr
   om τους απεσταλμενους . . .
   αυτον
23 ο πετρος] praem αναστας
   om της
24 και τη] τη δε
25 εισελθειν] praem του
   add αυτου post ποδας
26 ηγειρε ante αυτον
   καγω] και γαρ εγω
28 και εμοι] καμοι
   εδειξε ante ο θεος
30 μεχρι] αχρι
   om νηστευων και
   την εννατην ωραν] την ενατην
   ενωπιον] εναντιον
32 μετακαλεσαι] μεταπεμψαι
   add τινος post σιμωνος
33 θεου 2°] κυριου
36 om ον
37 αρξαμενον] αρξαμενος
38 ναζαρετ] ναζαρεθ
39 om εσμεν
   add και post ον
42 αυτος] ουτος
47 δυναται τις ante κωλυσαι
   καθως] ως
48 του κυριου] ιησου χριστου
xi. 2 και οτε] οτε δε
   διεκρινοντο In the margin
      in a later hand is αντι του
      εσκανδαλιζοντο.

3 εισηλθες ante προς
4 om ο
7 add και post ηκουσα δε
8 παν κοινον] κοινοι τι
9 om μοι
10 ανεσπασθη ante παλιν
12 διακρινομενον] διακριναντα
13 τε] δε
   add του θεου post αγγελον
   om ανδρας
16 add οτι post ελεγεν
17 om δε
18 εδοξαζον] εδοξασαν
19 μονον] μονοις
20 εισελθοντες] ελθοντες
   add και post ελαλουν
21 add του ιασθαι αυτους post
   αυτων
22 ιεροσολυμοις] ιερουσαλημ
   om διελθειν
25 om ο βαρναβας
   om αυτον 1°
   om αυτον 2°
26 αυτους] αυτοις
   πρωτον] πρωτως
28 μεγαν] μεγαλην
   om μελλειν
   οστις και] ητις
xii. 3 και ιδων] ιδων δε
5 υπερ] περι
6 εμελλεν] ημελλεν
   προαγειν ante αυτον
   ην] εν*
7 εξεπεσον] εξεπεσαν
8 τε] δε
   περιζωσαι] ζωσαι
   ουτω] ουτως
10 ηνοιχθη] ηνοιγη
10^b–20^a missing

20 τρεφεσθαι] διατρεφεσθαι

xii. 21 om ο
23 αυτον ante επαταξεν
25 add εις αντιοχειαν post ιερουσαλημ
om και 2°
xiii. 1–10^b missing

11 om του
13 om τον corr
15 προς αυτους ante οι αρχισυναγωγοι
add τις post ει
εν υμιν ante λογος
23 om ηγειρε
26 απεσταλη] εξαπεσταλη
29 απαντα] παντα
31 εισι] praem νυν
αυτου ante μαρτυρες
33 γεγραπται ante τω δευτερω
38 υμιν ante εστω
41 add και επιβλεψατε post θαυμασατε
ημεραις] υμεραις
ω] ο
42 εκ της συναγωγης των ιουδαιων] αυτων
om τα εθνη
43 επιμενειν] προσμενειν
44 θεου] κυριου
45 om αντιλεγοντες και
47 ουτω] ουτως
om σε 2°
49 δι] καθ
50 om και 1°
om τον 2°
51 om αυτων
xiv. 2 απειθουντες] απειθησαντες
8 om υπαρχων
περιπεπατηκει] περιεπατησεν
9 εχει ante πιστιν

10 αναστηθι] praem σοι λεγω εν τω ονοματι του κυριου ιησου χριστου
ηλλετο] ηλατο
12 τε] δε
δια] διαν
13 δε] τε
om αυτων
ηθελε] ηθελον
14 εισεπηδησαν] εξεπηδησαν
15 ημεις] υμεις
υμιν ante εσμεν
επι τον θεον τον ζωντα] om τον utrumque
17 om γε
αγαθοποιων] αγαθουργων
ημιν] υμιν
διδους ante υετους
εμπιπλων] εμπιμπλων
19 επηλθον δε] διατριβοντων δε αυτων και διδασκοντων επηλθον
και πεισαντες τους οχλους και λιθασαντες] και διαλεγομενων αυτων παρρησια ανεπεισαν τους οχλους αποστηναι απ αυτων λεγοντες οτι ουδεν αληθες λεγουσιν αλλα παντα ψευδονται και λιθασαντες
εσυρον] εσυραν
τεθναναι] τεθνηκεναι
21 om την ante λυστραν
ικονιον . . . αντιοχειαν] praem εις utrumque
22 παρακαλουντες] praem και
23 πρεσβυτερους post εκκλησιαν
κατ] κατα
27 ανηγγειλαν] ανηγγελον
ο θεος ante εποιησεν

xv. 2 ουν] δε
συζητησεως] ζητησεως
εις] εν
5 om δε corr This connective has been deleted by dots above it, because of the beginning of a lection.
7 συζητησεως] ζητησεως
ο θεος εν ημιν εξελεξατο] εν υμιν εξελεξατο ο θεος
8 υμιν] ημιν
11 κυριου] praem του
12 om παν
14 om επι
17 om αν
18 om εστι τω θεω . . . . αυτου
20 αλλα] αλλ
και της πορνειας και του πνικτου και του αιματος] και του αιματος και του πνικτου και της πορνειας et add ※ και οσα αν μη θελωσιν αυτοις γινεσθαι ετεροις μη ποιειν ※
22 εκλεξαμενους] εκλεξαμενοις
βαρσαβαν] βαρσαββαν
25 ημιν] υμιν
εκλεξαμενους] εκλεξαμενοις
26 αυτων] εαυτων
28 πλεον] πλειον
τουτων ante των επαναγκες
29 ειδωλοθυτων] ειδωλοθυτου
add ※ και οσα μη θελετε εαυτοις γινεσθαι ετεροις μη ποιειν ※ post πορνειας
30 απολυθεντες] απωλυθεντες
ηλθον] κατηλθον
32 δε] τε

33 αποστολους] αποστειλαντας αυτους
35 om δε corr (cf. Acts xv. 5)
36 om ημων
37 εβουλευσατο] εβουλετο
om τον 1°
καλουμενον] επικαλουμενον
38 συμπαραλαβειν] συμπαραλαμβανειν

xvi. 1 add και post δε 1°
om τινος
3 τον πατερα αυτου οτι ελλην] οτι ελλην ο πατηρ αυτου
4 om των 2°
ιερουσαλημ] ιεροσολυμοις
6 διελθοντες] διηλθον
7 add δε post ελθοντες
κατα την βιθυνιαν] εις την βιθυνιαν
add ιησου post πνευμα
9 τω παυλω ante ωφθη
μακεδων post ανηρ
παρακαλων] praem και
10 om την
κυριος] θεος
11 τη τε] τη δε
νεαπολιν] νεαν πολιν
12 εκειθεν τε] κακειθεν
om της μεριδος
κολωνια] κολωνεια
13 τε] δε
πολεως] πυλης
15 παρεκαλεσε] παρεκαλει
16 προσευχην] praem την
17 τω παυλω και ημιν] τω παυλω και τω σιλα και ημιν corr
This correction, made by erasing τω παυλω and inserting the change, is in a much later hand.

xvi. 17 It is abbreviated and blurred.
ημιν 2°] υμιν
18 om τω 2°
24 ειληφως] λαβων
26 ανεωχθησαν] ηνεωχθησαν
τε] δε
32 και 2°] συν
34 om αυτου
38 ανηγγειλαν] απηγγειλαν*
και εφοβηθησαν] εφοβηθησαν δε
39 εξελθειν] απελθειν
της πολεως] praem απο
40 εκ] απο
εις] προς
xvii. 1 απολλωνιαν] praem την
om η
2 διελεγετο] διελεξατο
4 πληθος ante πολυ
5 om απειθουντες
ανδρας ante τινας
add κατ αυτων post πολιν
επισταντες τε] και επισταντες
αγαγειν] προαγαγειν
6 εσυρον] εσυραν
7 πραττουσι] πρασσουσιν
ετερον ante λεγοντες
10 om της
11 om το
13 κατηγγελη] κατηγγελλη*
add και ταρασσοντες post σαλευοντες
14 ως] εως
υπεμενον] υπεμειναν
15 ηγαγον αυτον] ηλθον
16 θεωρουντι] θεωρουντος
18 add και post τινες δε
επικουρειων] επικουριων
om των 2°
συνεβαλλον] συνεβαλον
καταγγελευς] καταγγελλευς*
add αυτου post αναστασιν
ευηγγελιζετο ante αυτοις
20 τι αν θελοι] τινα θελει
22 ως] ωσει
24 υπαρχων ante κυριος
25 ανθρωπων] ανθρωπινων
κατα παντα] και τα παντα
26 om αιματος
προτεταγμενους] τεταγμενους
27 κυριον] θεον
ψηλαφησειαν] ψηλαφησαιεν
και] η
απο] αφ
υπαρχοντα] απεχοντα
31 διοτι] καθοτι
32–33 παλιν περι τουτου. και ουτως] περι τουτου και παλιν. ουτως
xviii. 1 δε] om
2 εκ] απο
3 εμενε] εμεινεν
5 add ειναι post ιουδαιοις
6 τα ιματια] praem αυτου
7 ηλθεν] εισηλθεν
ιουστου] praem τιτου
9 εν νυκτι ante δι οραματος
11 τε] δε
12 om οι*
13 αναπειθει ante ουτος
14 om ουν
15 ζητημα] ζητηματα
17 σωσθενην] σωσθενη
τω γαλλιωνι εμελεν] εμελλε τω γαλλιωνι
18 add αυτοις post αποταξαμενος
εν κεγχρεαις ante την κεφαλην
19 διελεχθη] διελεξατο
20 om παρ αυτοις

21 απεταξατο] αποταξαμενος
 ειπων] praem και
 om δει .... ιεροσολυμα
 om δε
 om και 1°
25 την οδον] τον λογον
 κυριου 2°] ιησου
xviii. 25b–xix. 29a missing

xix. 29 om του ante παυλου
33 προεβιβασαν] συνεβιβασαν
35 ανθρωπος] ανθρωπων
 om θεας
36 πραττειν] πρασσειν
37 την θεαν] την θεον
 υμων] ημων
38 εχουσιν ante προς
39 περι ετερων] περαιτερω
 επιζητειτε] ζητειτε
40 add οὐ post οὗ
xx. 1 προσκαλεσαμενος] μεταστειλαμενος
 και ασπασαμενος] και παρακαλεσας ασπασαμενος τε
 om πορευθηναι
 om την
3 εις] επι
 γνωμη] γνωμης
4 add πυρρου post σωπατρος
 σεκοῦνδος] σέκουνδος
5 add δε post ουτοι
6 αχρις] αχρι
7 των μαθητων] ημων
 του κλασαι] κλασαι* κλασας corr
 μεχρι] αχρι
8 ου] ω
 ησαν 2°] ημεν
9 καθημενος] καθεζομενος
10 add αυτον post συμπεριλαβων

11 αχρις] αχρι
13 εις την ἄσσον] επι την ἀσσὸν
 διατεταγμενος ante ην
14 ἄσσον] ἀσσόν
15 αντικρυ] αντικρυς
 om και μειναντες εν τρωγυλλιω et add δε post τη 3°
16 εκρινε] κεκρικει
 ην] ειη
 ιερουσαλημ
22 δεδεμενος ante εγω
 συναντησοντα] συμβησομενα
23 add μοι post διαμαρτυρεται
 με ante μενουσιν
24 om μου 1°
 ως] ωστε
25 την βασιλειαν] το ευαγγελιον
26 εγω] ειμι* εγω ειμι corr
 add υμων post παντων
28 θεου] κυριου
 του ιδιου αιματος] του αιματος του ιδιου
29 om γαρ et τουτο
31 add υμων post εκαστον
32 add υμας post δυναμενω
34 om δε
35 παντα] praem και
 μαλλον ante διδοναι
37 κλαυθμος ante εγενετο
xxi. 4 και ανευροντες] ἀνευροντες δε
 After αν is an erasure of two letters, apparently a slip of the pen corrected by scribe himself.
 ιερουσαλημ] ιεροσολυμα
5 om εξελθοντες
 προπεμποντων] προπεποντων*
5–6 προσηυξαμεθα· και ασπασαμενοι αλληλους] προσευξαμενοι. ησπασαμεθα αλληλους και

xxi. 8 οι περι τον παυλον ηλθον]
    ηλθομεν
  9 τεσσαρες ante παρθενοι
  11 om τε
    αυτου] εαυτου
    τας χειρας και τους ποδας]
    τους ποδας και τας χειρας
  13 add και ειπεν post παυλος
    om εις ιερουσαλημ
  14 του κυριου ante το θελημα
  15 αποσκευασαμενοι] παρασκευασαμενοι
    ιερουσαλημ] ιεροσολυμα
  17 εδεξαντο] απεδεξαντο
  18 δε επιουση] τε επαυριον
    add προς αυτον post πρεσβυτεροι
  20 κυριον] θεον
    ιουδαιων] εν τοις ιουδαιοις
  22 παντως δει πληθος συνελθειν·
    ακουσονται γαρ] παντως ακουσονται
  24 αυτοις 2°] αυτους
    την κεφαλην] τας κεφαλας
    corr (vid scriba).
    γνωσι] γνωσονται
    ων] praem περι
    φυλασσων ante τον νομον
  25 τοιουτον] τοιουτο
    ει μη] αλλα
    om αυτους 2°
    om το 2°
  26 προσηνεχθη] προσενεχθη
  27 εμελλον] ημελλον
    επ αυτον ante τας χειρας
  28 ισραηλιται] ισδραηλιται
    πανταχου] πανταχη
    τε] δε
  31 δε] τε
  33 om αν

  34 εβοων] επεφωνουν
  36 κραζον] κραζοντες
  37 τε] δε
    εισαγεσθαι post παρεμβολην
  40 γενομενης ante σιγης
xxii. 1 νυν] νυνι
  2 προσεφωνει] προσεφωνησεν
  3 om μεν
    γεγεννημενος] γεγενημενος
    γαμηλιηλ] γαμηλιηλου
  5 πρεσβυτεριον] πρεσβυτερειον
    εις δαμασκον] εν δαμασκω
  8 τε] δε
    ναζωραιος] ναζοραιος
  12 ευσεβης] ευλαβης*
    add εν δαμασκω post κατοικουντων
  13 καγω] και εγω
    ανεβλεψα] ενεβλεψα
  16 του κυριου] αυτου
  17 μοι υποστρεψαντι] με υποστρεψαντα
    προσευχομενου μου] προσευχομενον
    om με
  18 om την
  20 εξεχειτο] εξεχυνετο
    μαρτυρος] praem πρωτοcorr mg
  22 καθηκον] καθηκει
  23 add επι πλειον post αυτων
    βαλλοντων] βαλοντων
  24 αυτον ο χιλιαρχος αγεσθαι] ο χιλιαρχος εισαγεσθαι αυτον
    ειπων] ειπας
  25 προετεινεν] προετειναν
    εστωτα] εφεστωτα
  26 τω χιλιαρχω ante απηγγειλε
    om ορα
  27 om ει ante συ

CODEX 1739 157

28 τε] δε
γεγεννημαι (over second ε
is written μ)
30 παρα] υπο
om απο των δεσμων
ελθειν] συνελθειν
ολον] παν
om αυτων
xxiii. 1 τω συνεδριω ante ο παυλος
ημερας] ωρας
2 επεταξε] εκελευσε
4 λοιδορεις] λοιδορειση vid corr
6 φαρισαιων το δε ετερον σαδ-
δουκαιων
7 λαλησαντος] ειποντος
των φαρισαιων και των σαδ-
δουκαιων] των σαδδουκαιων
και φαρισαιων
8 μηδε] μητε
9 οι γραμματεις] τινες των
γραμματεων
ει δε] ιδε
om μη θεομαχωμεν
10 ευλαβηθεις] φοβηθεις
11 om παυλε
ουτω] ουτως
12 τινες των ιουδαιων συστροφην]
συστροφην οι ιουδαιοι
om λεγοντες
13 πεποιηκοτες] ποιησαμενοι
15 om αυριον
καταγαγη ante αυτον
προς] εις
om του 2°
16 το ενεδρον] την ενεδραν
18 ηρωτησε] ηρωτα
νεανιαν] νεανισκον
20 εις το συνεδριον καταγαγης
τον παυλον] τον παυλον
καταγαγης εις το συνεδριον

μελλοντες] μελλοντων
21 εισι ante ετοιμοι
22 νεανιαν] νεανισκον
25 περιεχουσαν] εχουσαν
27 εξειλομην] εξειλαμην
om αυτον
28 γνωναι] επιγνωναι
om αυτον
29 εχοντα ante εγκλημα
30 om μελλειν
υπο των ιουδαιων] εξ αυτων
om εξαυτης
31 om της
34 om ο ηγεμων
35 εκελευσε τε] κελευσας
αυτον post φυλασσεσθαι
xxiv. 1 των πρεσβυτερων] πρεσβυ-
τερων τινων
2 κατορθωματων] διορθωματων
4 om σε 2°
5 στασιν] στασεις
6 κρινειν] κριναι
9 συνεθεντο] συνεπεθεντο
10 add δικαιον post κριτην
ευθυμοτερον] ευθυμως
11 γνωναι] επιγνωναι
η δεκαδυο] δωδεκα
εν] εις
12 επισυστασιν] επιστασιν
13 om με
add σοι post δυνανται
νυν] νυνι
14 ουτω] ουτως
add εν τοις post τοις 2°
15 om νεκρων
16 δε] και
διαπαντος] δια παντος*
17 παρεγενομην ante και προ-
σφορας
18 οις] αις

xxiv. 18 om δε
απο της] praem των (sic)
(cf. ιουδαιοι)
19 δει] εδει
om επι σου
20 om ει post ειπατωσαν
αδικημα ante εν εμοι
21 εν αυτοις ante εστως
υφ υμων ante σημερον
22 ακουσας δε ταυτα ο φηλιξ ανεβαλετο αυτους] ανεβαλετο δε αυτους ο φηλιξ
ειπων] ειπας
διαγνωσομαι] praem ακριβεστερον
23 om τε 1°
τον παυλον] αυτον
om η προσερχεσθαι
24 add ιησουν post χριστον
25 om εσεσθαι
μεταλαβων] λαβων
μετακαλεσομαι] μεταπεμψομαι
26 om δε
om οπως λυση αυτον
27 τε] δε
χαριτας] χαριν
xxv. 2 ο αρχιερευς] οι αρχιερεις
3 κατ αυτου] παρ αυτου
5 δυνατοι post φησι
add ατοπον post εστιν
om τουτω
6 πλειους] ου πλειους οκτω
7 add αυτον post περιεστησαν
αιτιαματα] αιτιωματα
φεροντες κατα] καταφεροντες
9 δε] ουν
θελων ante τοις ιουδαιοις
κρινεσθαι] κριθηναι
επ] επι
11 γαρ] ουν

το] του
αυτοις] τουτοις
15 δικην] καταδικην
16 τινα] τινι
om εις απωλειαν
18 επεφερον] εφερον
add πονηραν post εγω
20 τουτου] τουτων
ιερουσαλημ] ιεροσολυμα
21 επικαλεσαμενου] επικαλουμενου*
πεμψω] αναπεμψω
23 om τοις 2°
om ουσι
24 ου] τουτου
παν] απαν
25 καταλαβομενος] κατελαβομην
πεπραχεναι ante αυτον
om και
26 add μου post κυριω
σχω] εχω
τι γραψαι 2°] τί γραψω
xxvi. 1 επιτρεπεται] επιτετραπται*
υπερ σεαυτου λεγειν] λεγειν περι σεαυτου
2 υπο] παρα
μελλων απολογεισθαι επι σου σημερον] επι σου μελλων σημερον απολογεισθαι
3 om σου
4 om οι
6 add ημων post πατερας
7 εκτενεια] εκτενια
υπο ιουδαιων (sine των) ante βασιλευ
10 εγω ante των αγιων
φυλακαις] praem εν
τε] δε
12 om και 1°
13 μεσης] μεσουσης
14 δε] τε

CODEX 1739   159

εις] επι
λαλουσαν προς με και λεγου-
σαν] λεγουσαν προς με
15 ειπον] ειπα
add κυριος post ο δε
16 add με post ειδες
17 νυν σε αποστελλω] εγω εξα-
ποστελω σε
18 σκοτους] praem του
φως] praem το
της εξουσιας] praem απο
20 απαγγελλων] κατηγγελλον
21 εν τω] praem οντα
22 παρα] απο
μαρτυρουμενος] μαρτυρομενος
23 add τε post τω
25 add παυλος post ο δε
αλλ] αλλα
26 τι] εγω
ου πειθομαι ουδεν] ουδεν πει-
θομαι
ου 2°] ουδε
28 om εφη
29 om ειπεν
πολλω] μεγαλω*
καγω] και εγω
30 και . . . . . . ανεστη] ανεστη
δε
31 αξιον η δεσμων] η δεσμων
αξιον τι
32 εδυνατο] ηδυνατο
xxvii. 1 om τε
2 μελλοντες] μελλοντι
τους] praem εις
3 τε 2°] δε
πορευθεντα] πορευθεντι
5 om την
6 εκατονταρχος] εκατονταρχης
ενεβιβασεν] ανεβιβασεν
7 μη προσεωντος] ουκ εωντος
8 τε] δε

λασαια] λασεα
11 εκατονταρχος] εκατονταρχης
μαλλον ante επειθετο
12 πλειους] πλειονες
κακειθεν] εκειθεν
13 ἆσσον] ἄσσον
16 κλαυδην] κλαυδα
ισχυσαμεν ante μολις
19 ερριψαμεν] ερριψαν
20 ελπις ante πασα
21 δε] τε
22 τανυν] τα νυν
ουδεμια] ουδε μιας
23 αγγελος post λατρευω
29 μηπως] μηπου
εις] κατα
30 πρωρας] πρωρρας corr The
probability that this is
a later correction on the
basis of xxvii. 41 is
heightened by the omis-
sion of the aspirate over
the second ρ, regularly
written by the scribe.
31 εν τω πλοιω ante μεινωσιν
32 απεκοψαν ante οι στρατιωται
33 δε ου] ουν
εμελλεν ημερα] ημερα ημελλεν
34 προσλαβειν] μεταλαβειν
εκ] απο
35 ειπων] ειπας
37 αι πασαι ψυχαι ante εν τω
πλοιω
39 εβουλευσαντο] εβουλευοντο
40 αρτεμονα] αρτεμων
41 πρωρα] πρωρρα (cf. xxvii.
30)
42 διαφυγοι] διαφυγη
43 εκατονταρχος] εκατονταρχης
xxviii. 2 δε] τε
αναψαντες] αψαντες

xxviii. 3 add τι post φρυγανων
εκ] απο
εξελθουσα] διεξελθουσα
4 προς αλληλους ante ελεγον
5 αποτιναξας] αποτιναξαμενος
επαθεν] επασχεν
7 ποπλιω] πουπλιω
8 ποπλιου] πουπλιου
δυσεντερια] δυνσεντεριω
add τε post επιθεις
9 ουν] δε
εν τη νησω ante εχοντες
10 την χρειαν] τας χρειας
14 επ] παρ
ηλθομεν ante εις την ρωμην
15 ημιν] ημων*
αχρις] αχρι
16 ηλθομεν] εισηλθομεν
ο εκατονταρχος . . . . . . επε-
τραπη] επετραπη τω παυλω
17 μετα] μεθ
τον παυλον] αυτον
εγω ante ανδρες
19 κατηγορησαι] κατηγορειν
21 εδεξαμεθα ante περι σου

22 ημιν ante εστιν
23 ηκον] ηλθον
εις την ξενιαν ante προς αυτον
om τα
25 ημων] υμων
26 ειπε] ειπον
27 add αυτων post ωσι(ν) 1°
ιασωμαι] ιασομαι
28 το σωτηριον] praem τουτο
29 om και ταυτα . . . . συζητησιν
30 om ο παυλος
31 om πασης
Subscription (not a part of original MS.): τελος των πραξεων των αγιων αποστολων
τελος ειληφαν πραξεις των αποστολων ταις δεησεσιν λουκα του θεηγορου του συγγραψαντος αυτας εμπνευσι θεια Both of these subscriptions are in the same (later) hand.
στιχοι (sed sine numero)

James

ιακωβου επιστολη καθολικη (uncial) and in later minuscule γραμμα προς εβραιους ιακωβου αδελφοθεου

i. 12 κυριος] θεος
13 om του
17 καταβαινον] κατερχομενον
18 βουληθεις This is followed by an erasure of about three letters.
αυτου] εαυτου
19 ωστε] ιστε
add δε post εστω
23 om οτι
25 om ουτος 1°

26 add δε post ει
om εν υμιν
ii. 3 και επιβλεψητε] επιβλεψητε δε
στηθι εκει η καθου ωδε] στηθι η καθου εκει
υπο] επι
4 om και 1°
5 του κοσμου τουτου] τω κοσμω
10 τηρησει] τελεση
11 ειπων] ειπας

CODEX 1739

μη φονευσης ειπε και μη μοι-
χευσης
φονευσεις ante μοιχευσεις
12 ουτω bis] ουτως bis
13 ανιλεως] ανελεος
om και
κατακαυχαται] κατακαυχα-
σθε* κατακαυχασθω corr
ελεος 2°] ελεον*
15 om δε
16 ειπη δε] και ειπη
18 εκ 1°] χωρις
om σου 2°
om μου 2°
19 ο θεος ante εις] θεος post
εστι
20 νεκρα] αργη
24 om τοινυν
25 υποδεξαμενη] δεξαμενη
αγγελους] κατασκοπους
26 πνευματος] praem του
iii. 3 ιδου] ιδε
προς] εις
ημιν ante αυτους
6 om ουτως
7 δαμαζεται και δεδαμασται]
δεδαμασται και δαμαζεται
8 δαμασαι post ουδεις
ακατασχετον] ακαταστα⟨χ⟩-
τον* The χ in the read-
ing of the text was
apparently accidentally
written and at once
erased. The correction
made by writing σχε
above the word was
probably done by the
scribe himself to give
the variant reading.
9 θεον] κυριον
10 ουτω] ουτως

12 ουδεμια πηγη αλυκον και] ουδε
αλυκον
14 add αρα post δε
πικρον ante ζηλον
τη καρδια] ταις καρδιαις
15 η σοφια ante αυτη
16 εριθεια] ερις
17 add εργων post καρπων
om και 2°
18 om της
iv. 1 μαχαι] praem ποθεν
3 add δε post αιτειτε
4 om μοιχοι και
αν] εαν
5 κατωκησεν] κατωκισεν
6 ο θεος] κυριος?*
7 add δε post αντιστητε
9 μεταστραφητω] μετατραπητω
10 κυριου] θεου
11 και 1°] η
τον αδελφον] τον αδελφων
ουκ] ουκ ετι Probably two
words, but with no ac-
cent on ουκ.
12 add και κριτης post νομο-
θετης
add δε post συ
ος κρινεις] ο κρινων
ετερον] πλησιον
13 και 1°] η
πορευσωμεθα ... ποιησωμεν
... εμπορευσωμεθα ...
κερδησωμεν] πορευσομεθα
... ποιησομεν ... εμπορευ-
σομεθα ... κερδησομεν
om ενα
14 το] τα
εστιν] εστε
om η 2°
δε] και
15 ποιησωμεν] ποιησομεν

iv. 16 καυχασθε] κατακαυχασθε
v. 3 φαγεται] φαγετε
   ημεραις ante εσχαταις
   7 add μου post αδελφοι
   om αν
   om υετον
   9 αδελφοι ante κατ αλληλων
   κατακριθητε] κριθητε
   κριτης] praem ο
   10 αδελφοι μου post κακοπα-
   θειας] αδελφοι (sine μου)
   post λαβετε
   τω ονοματι] praem εν
   κυριου] praem του
   11 υπομενοντας] υπομειναντας
   τελος] ελεος*
   ειδετε] ιδετε

12 ορκον ante τινα
   om εις
15 ευχη] προσευχη
   αφεθησεται] αφηθησονται
16 add ουν post εξομολογεισθε
   τα παραπτωματα] τας αμαρ-
   τιας υμων
17 add υετον post βρεξαι
18 εδωκε ante υετον
19 add μου post αδελφοι
20 add αυτου post ψυχην
   At the end of the text
   the scribe wrote επιστολη
   ιακωβου. A later hand
   changed this to τελος της
   επιστολης ιακωβου του
   αδελφοθεου.

1 Peter

πετρου αποστολου επιστολη καθολικη ᾱ (uncial)

i. 5 ημας] υμας
   6 om εν 1°
   7 δε δοκιμαζομενου] δεδοκιμασ-
   μενου
   8 ειδοτες] ιδοντες
   10 om οι
   12 ημιν] υμιν
   14 ως τεκνα υπακοης cum verso
   priore
   18 πατροπαραδοτου ante ανα-
   στροφης
   20 εσχατων] εσχατου
   22 om δια πνευματος
   23 om εις τον αιωνα
   24 om ως 1°
   ανθρωπου] αυτης
ii. 2 add εις σωτηριαν post αυξη-
   θητε
   4 υπο] απο
   5 οικοδομεισθε] εποικοδομεισθε

   ιερατευμα] praem εις
   om τω
6 διο και] διοτι
   εν τη γραφη] η γραφη
7 απειθουσι] απιστουσι
8 οι] οσοι
12 om ινα
   εποπτευσαντες] εποπτευοντες
15 add υμας post αγαθοποιουν-
   τας
   φιμουν] φημουν
16 θεου ante δουλοι
19 add παρα τω θεω post χαρις
   θεου] αγαθην
20 κολαφιζομενοι] κολαζομενοι
   υπομενειτε bis] υπομενετε bis
   om και πασχοντες
   θεω] praem τω
21 add και post γαρ
   ημων ημιν] υμων υμιν

24 ζησωμεν] συζησωμεν
   om αυτου 2°
25 επεστραφητε] επεστρεψατε
iii. 1 ει ante και
   κερδηθησωνται] κερδηθησονται
2 εποπτευσαντες] εποπτευοντες
5 ουτω] ουτως
   επι τον] εις
7 συγκληρονομοι] συγκληρονομοις
   εκκοπτεσθαι] εγκοπτεσθαι
8 φιλοφρονες] ταπεινοφρονες
9 om ειδοτες
10 om αυτου 1°
   om αυτου 2°
12 om οι
13 μιμηται] ζηλωται
14 αλλ ει] ει δε
15 θεον] χριστον
   om δε 2°
   μετα] praem αλλα
16 καταλαλωσιν υμων ως κακοποιων] καταλαλεισθε sine additam
   εν χριστω ante αγαθην
18 επαθε] υπερ ημων απεθανεν
   om τω 2°
20 απαξ εξεδεχετο] απεξεδεχετο
21 ημας] υμας
iv. 1 om υπερ ημων
   om εν
3 om ημιν
   om του βιου
   θελημα] βουλημα
   κατεργασασθαι] κατεργασθαι
   ειδωλολατρειαις] ειδωλολατριαις

4 ασωτιας] ασωτειας
   βλασφημουντες] και βλασφημουσιν
5 ετοιμως] ετοιμω vid
   om εχοντι
7 om τας
9 γογγυσμων] γογγυσμου
10 θεου] praem του
11 om των αιωνων
14 add και δυναμεως post δοξης
   αναπαυεται] αναπεπαυται*
   om κατα μεν . . . . δοξαζεται
15 φ. νευς
   κακοποιος] κακουργος
16 μερει] ονοματι
19 om ως
   εαυτων ante ψυχας
   αγαθοποιια] αγαθοποιιαις
v. 2 αλλ] αλλα
   add κατα θεον post εκουσιως
3 μηδ] μηδε
5 add δε post ομοιως
   νεωτεροι] praem οι
   om υποτασσομενοι
7 μελει] μελλει
8 ωρυομενος] ωρυωμενος
   καταπιη] καταπιειν
10 ημας] υμας
   καταρτισαι] καταρτισει
   om υμας*
   στηριξαι σθενωσαι θεμελιωσαι] στηριξει σθενωσει θεμελιωσει
11 η δοξα και το κρατος] το κρατος και η δοξα
12 om του 2°
   εστηκατε] στητε
14 om αμην*

πετρου επιστολη ᾱ (semi-uncial) This has been changed to τελος της πρωτης πετρου καθολικης επιστολης and in mg εγραφη απο ρωμης στιχοι σ̅λ̅β̅ (later additions in minuscule).

2 Peter

πετρου επιστολη καθολικη β̄ (uncial) and in later minuscule δευτερα ταυτα παλιν θεοκηρυκων ο χαριστος

i. 2 add χριστου post ιησου
   3 δια δοξης και αρετης] ιδια δοξη και αρετη
   4 ημιν post τιμια
      εν επιθυμια] επιθυμιας και
   5 δε ante τουτο
   9 αμαρτιων] αμαρτηματων
  11 ουτω] ουτως
  12 ουκ αμελησω] μελλησω
  13 τω σκηνωματι ante τουτω
  20 επιλυσεως ante ιδιας
  21 ανθρωπου] ανθρωπων
     οι αγιοι] απο

ii. 2 απωλειαις] ασελγειαις
   4 τετηρημενους] τηρουμενους
   6 om καταστροφη
   8 εγκατοικων] κατοικων
  10 επιθυμια] επιθυμιαις
  12 γεγενημενα] γεγεννημενα
     φυσικα post γεγεν.
     καταφθαρησονται] και φθαρησονται
  13 απαταις] αγνοιαις
  14 ακαταπαυστους] ακαταπαυστου
  15 om την
  17 νεφελαι] και ομιχλαι

  18 ασελγειαις] ασελγειας
     αποφυγοντας] αποφευγοντας
  19 υπαρχοντες] οντες
  20 add ημων post κυριου
  21 κρειττον] κρεισσον
     επιστρεψαι] υποστρεψαι
  22 κυλισμα] κυλισμον

iii. 2 om ημων
   3 εσχατου] εσχατων
     add εμπαιγμονη post ημερων
     επιθυμιας ante αυτων
   4 ουτω] ουτως
   7 αυτου] τω αυτω
     πυρι] praem εν
   9 om ο
  10 om ἡ
     om εν νυκτι
     κατακαησεται] ευρεθησεται*
  11 ουν] ουτως
  13 καινην ante γην
  15 δοθεισαν ante αυτω
  16 οις] αις
     εστι post οις] εισι ante τινα
     στρεβλουσιν] στρεβλωσουσι
     ως] καθα
  18 om αμην*

πετρου επιστολη β̄ changed to τελος πετρου επιστολης β̄

1 John

ιωαννου επιστολη ᾱ (uncial) and in later minuscule βροντης υιος ιωαννης ταδε χριστιανοισιν

i. 3 υμιν] praem και
    om δε
7 om δε
    om χριστου
    καθαριζει] καθαριει
8 εν ημιν ante ουκ εστιν
10 ημαρτηκαμεν] ημαρτομεν
ii. 4 add οτι post λεγων
    om και 2°
5 om αληθως
7 αδελφοι] αγαπητοι
    om απ αρχης 2°
8 υμιν 2°] ημιν
12 τεκνια] παιδια
13 γραφω 3°] εγραψα
17 om αυτου
18 om ο
23 add ο ομολογων τον υιον και τον πατερα εχει post εχει
24 om ουν
27 εν υμιν μενει] μενετω εν υμιν
    αυτο] αυτου
    μενειτε] μενετε
28 οταν] εαν
    εχωμεν] σχωμεν
29 πας] praem και
iii. 1 δεδωκεν] εδωκεν
    add και εσμεν post κληθωμεν
2 om δε
5 om ημων
7 τεκνια] παιδια
13 μη] praem και
    om μου
14 om τον αδελφον
16 τιθεναι] θειναι
18 om μου

    γλωσση] praem τη
    εργω] praem εν
19 γινωσκομεν] γνωσομεθα
    πεισομεν] πεισωμεν
    τας καρδιας] την καρδιαν
21 om ημων 1°
    εχομεν] εχει
22 παρ] απ
23 πιστευσωμεν] πιστευωμεν
iv. 3 ο μη ομολογει τον ιησουν] ο λυει τον ιησουν corr(?) mg
    om χριστον εν σαρκι εληλυθοτα
9 εν τουτω] praem και οτι
10 ηγαπησαμεν] ηγαπηκαμεν
12 εν ημιν ante τετελειωμενη
13 δεδωκεν] εδωκεν
14 τεθεαμεθα] εθεασαμεθα
    απεσταλκε] απεστειλε
15 αν] εαν
16 add μενει post αυτω
17 εχωμεν] σχωμεν
19 om αυτον
20 πως] ου
v. 2 τηρωμεν] ποιωμεν
5 add δε post τις
6 add και πνευματος post αιματος corr (vid scriba) mg
    om ο 2°
    αιματι και τω υδατι add και πνευματι corr (vid scriba) mg
7 om εισιν 1°
7–8 om εν τω . . . . . . γη
9 ην] οτι
10 θεω] υιω

v. 11 οτι not visible, due probably to fold in MS. which obscures many words, in part or wholly in vss. 4–21
ο θεος ante ημιν
υιω cf. οτι
13 om τοις .... θεου 1°
πιστευητε] πιστευετε*
15 αν] εαν

οτι 2° cf οτι vs. 11
ητηκαμεν] ητησαμεν
16 τις cf. οτι vs. 11
προς cf. οτι vs. 11
17 και cf. οτι vs. 11
20 οιδαμεν δε] και οιδαμεν
add θεον post αληθινον
om η
21 om αμην

ιωαννου επιστολη $\bar{α}$ (semi-uncial) To this the abbreviation for τελος has been prefixed. In margin by a much later hand is η πρωτη επιστολη ιω̄ εγραφη απο εφεσου and στιχοι σ̄ο̄δ.

2 John

ιωαννου επιστολη $\bar{β}$ (uncial) and, by a later hand, in minuscule θειος ιωαννης ταδε δευτερα τοις προτεροισιν

2 om δια την αληθειαν
3 om κυριου
5 γραφω σοι post καινην
αλλα] αλλ
6 η εντολη ante εστιν
ινα 2° ante καθως
7 εισηλθον] εξηλθον
8 απολεσωμεν] απολεσητε
ειργασαμεθα] ειργασασθε

απολαβωμεν] απολαβητε
9 om του χριστου 2°
υιον και τον πατερα
11 ο γαρ λεγων] ο λεγων γαρ
12 αλλα ελπιζω] ελπιζω γαρ
ελθειν] γενεσθαι
ημων] υμων
om αμην

ιωαννου επιστολη β (semi-uncial) changed, by a later hand, to τελος της ιωαννου επιστολης $\bar{β}$: εν στιχοις $\bar{λ}$

3 John

ιωαννου επιστολη $\bar{γ}$ (uncial) and in later minuscule αλλα παλιν τριτα ταυτα περικλητος ιωαννης

1 om τω
4 μειζοτεραν] μειζοτερον
τουτων] ταυτης
χαραν ante ουκ εχω
5 εαν] αν

εις τους 2°] τουτο
6 ποιησεις] ποιεις
7 λαμβανοντες] λαβοντες
απο] παρα*
εθνων] εθνικων

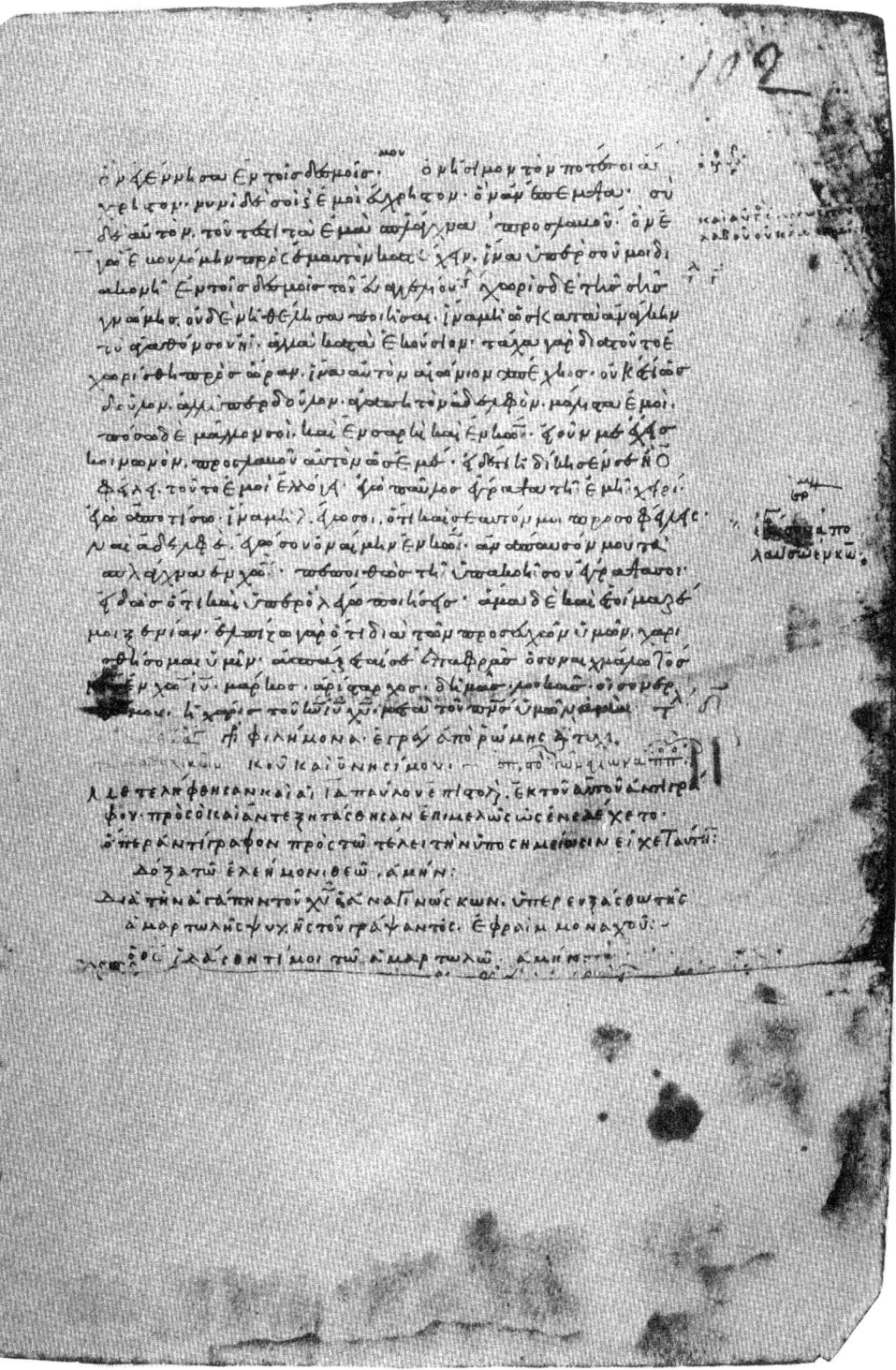

CODEX 1739 167

8 απολαμβανειν] υπολαμβανειν
9 add τι post εγραψα
10 βουλομενους] επιδεχομενους
    om εκ
11 om δε
12 οιδατε] οιδας

ιωαννου επιστολη γ (semi-uncial)

η μαρτυρια ημων αληθης εστι]
    αληθης ημων εστιν η μαρ-
    τυρια
13 γραφειν] γραψαι σοι
    σοι γραψαι] γραφειν σοι
14 σε ante ιδειν

JUDE

ιουδα επιστολη καθολικη (uncial) and in later minuscule αλλος αδελφοθεος ταδ ιουδας ευσεβεσιν. These words are written above the line of ornamentation dividing Jude from 3 John because of lack of space below.

1 add εθνεσιν post τοις
    ηγιασμενοις] ηγαπημενοις
3 σωτηριας] praem ημων
4 τουτο το κριμα] τουτο κρι το
    κριμα
    om θεον
5 δε] ουν
    om υμας 2°
    απαξ τουτο οτι ο κυριος] παν-
    τα οτι ιησους απαξ
6 απολιποντας] απολειποντας
7 τροπον ante τουτοις
9 σοι] praem εν
    κυριος] ο θεος
12 εν ταις] praem οι
    add υμιν post συνευωχου-
    μενοι
13 επαφριζοντα] απαφριζοντα
    πλανηται] πλανιται
    om των
14 om και
15 ποιησαι] praem του
    τους ασεβεις αυτων] ασεβεις
    om ασεβειας αυτων 2°
    add λογων post σκληρων
16 αυτων 1°] εαυτων

επιστολη ιουδα (semi-uncial)

17 μνησθητε] μνημονευετε
    των ρηματων των προειρημε-
    νων] των προειρημενων ρη-
    ματων
18 εν εσχατω χρονω] επ εσχα-
    του των χρονων
    εσονται] ελευσονται
20 εποικοδομουντες εαυτους post
    ηγαπητοι
    υμων] ημων
22 ελεειτε] ελεγχετε
    διακρινομενοι] διακρινομενους
23 om εν φοβω
    om του
    add ους δε ελεατε εν φοβω
    post αρπαζοντες
24 φυλαξαι αυτους] υμας φυλαξαι
    add και ασπιλους post απ-
    ταιστους
25 om σοφω
    add δια ιησου χριστου του
    κυριου ημων post σωτηρι
    ημων
    om και 1°
    add προ παντος αιωνος post
    εξουσια

ROMANS

παυλου αποστολου επιστολαι·
προς ρωμαιους (both uncial)

i. 8 υπερ] περι
13 τινα ante καρπον
15 ουτω] ουτως
16 om του χριστου
21 ευχαριστησαν] ηυχαριστησαν
24 om και
27 τε] δε
 αρσενες εν αρσεσι] αρρενες εν
 αρρεσι corr
29 om πορνεια
31 om ασπονδους
ii. 5 δικαιοκρισιας] praem και
8 om μεν
 θυμος και οργη] οργη και
 θυμος
13 om του 1° et 2°
14 ποιη] ποιωσιν
17 om τω
iii. 2 πρωτον μεν] πρωτοι
 οτι] om
3 του θεου ante πιστιν
5 κατα ανθρωπων] κατα των
 ανθρωπων corr (vid
 scriba)
8 ημας ante τινες
9 υφ αμαρτιαν ante παντας
12 om ουκ εστιν 2°
22 om και επι παντας
25 om της 1°
 αυτου 1°] εαυτου
26 add την post προς
28 ουν] γαρ
 δικαιουσθε ante πιστει
29 om δε
30 επειπερ] ειπερ
31 ιστωμεν] ισταμεν

iv. 1 om ευρηκεναι
2 om τον
4 om το
8 ω] ου
9 om οτι
11 περιτομης] περιτομην
 om και 2°
 om την
12 om τη
13 om του
19 om ου
 om ηδη
v. 1 εχομεν] εχωμεν*
7 μολις] μογις
 om γαρ 2°
11 om χριστου
15 ουτω] ουτως
 χριστου ante ιησου
17 τω του] εν
18 αρα] αρ
 ουτω] ουτως
19 ουτω] ουτως
21 ουτω] ουτως
 βασιλευση] βασιλευσει
vi. 1 επιμενουμεν] επιμεινομεν
4 ουτω] ουτως
11 ουτω] ουτως
 ειναι ante νεκρους μεν
 om τω κυριω ημων*
12 om αυτη εν
13 ως] ωσει
15 αμαρτησομεν] αμαρτησωμεν
16 ω 2°] ου
 om εις θανατον*
vii. 3 αρα] αρ
8 om δε*

9 ελθουσης δε] ελθουσης και
   (nunc ras) δε
13 γεγονε] εγενετο
   αλλα] αλλ
14 σαρκικος] σαρκινος
18 ουχ ευρισκω] ου
25 add μου post νοι
viii. 1 om τοις
   om μη .... πνευμα
2 με] σε*
6 γαρ] δε
11 ιησουν] praem τον
   om εκ νεκρων 1°
   τον χριστον εκ νεκρων] εκ
   νεκρων χριστον ιησουν
   om και
12 αρα] αρ
14 εισιν post υιοι θεου
17 συμπασχομεν] συμπασχωμεν
23 ημεις ante και
24 om τι
26 ταις ασθενειαις] τη ασθενεια
   om υπερ ημων
28 δε] γαρ
32 γε] δε
34 om os 1° .... θεου
36 ενεκα] ενεκεν
38 ουτε δυναμεις post μελλοντα
ix. 11 κακον] φαυλον
   προθεσις ante του θεου
15 γαρ ante λεγει
   μωση] μωσει
19 μοι ante ουν
20 ω ανθρωπε ante μενουνγε
25 λαον μου 2° in rasura
27 καταλειμμα] υπολειμμα corr
   (scriba?)
28 om εν .... συντετμημενον
29 εγκατελιπεν] εγκατελειπεν
31 om δικαιοσυνης 2°
32 om νομου

   om γαρ
x. 1 του ισραηλ] αυτων
   om εστιν
3 om δικαιοσυνην 2°
5 οτι post γραφει
   om αυτα
   αυτοις] αυτη
6 ουτω] ουτως
8 add σφοδρα post εστιν 1°
14 πιστευσουσιν] πιστευσωσιν
   ακουσουσι] ακουσονται
15 κηρυξουσιν] κηρυξωσιν
   om των 1° ..... ειρηνην
   om τα
17 θεου] χριστου
19 ισραηλ ante ουκ εγνω
xi. 2 om λεγων
3 om και 1°
6 om ει δε εξ εργων ... εστιν
   εργον
7 τουτου] τουτο
   om η δε εκλογη επετυχεν
   These words (δε no
   longer visible) are
   crowded into the text
   at the end of the line,
   probably by the scribe
   himself.
13 γαρ] δε
19 om οι
21 om μη πως
   φεισηται] φεισεται
22 αποτομιαν 2°] αποτομια
   χρηστοτητα 2°] χρηστοτης
   θεου
   επιμεινης] επιμενης corr
23 και εκεινοι] κακεινοι
   επιμεινωσι] επιμενωσι
25 om παρ
26 om και ante αποστρεψει
30 om και

xi. 31 ουτω] ουτως
xii. 2 om και 1°
  om υμων
  3 εμερισε] εμετρησεν corr (vid scriba)
  5 ο] το
  14 om υμας
  15 om και
  16 το αυτο] τα αυτα
  17 αποδιδοντες] ανταποδιδοντες
  20 εαν ουν] αλλ εαν
xiii. 1 απο] υπο
  om εξουσιαι
  om του
  3 των αγαθων εργων] τω αγαθω εργω
  των κακων] τω κακω
  7 om ουν
  8 αλληλους ante αγαπαν
  9 om ου φονευσεις
  om ου ψευδομαρτυρησεις
  εν τω λογω τουτω
  εαυτον] σεαυτον
  11 ηδη ante ημας
  12 και ενδυσωμεθα] ενδυσωμεθα δε
  13 εριδι] ερισι
  14 om χριστον
xiv. 4 om εστιν
  6 om και ο 1° .... ου φρονει
  ο εσθιων] praem και
  8 ζωμεν 2°] εσμεν
  9 om και 1°
  και ανεστη και ανεζησεν] και εζησεν
  νεκρων και ζωντων] ζωντων και νεκρων
  10 om γαρ
  χριστου] θεου
  12 om ουν
  om τω θεω

15 δε] γαρ
18 τουτοις] τουτω
21 κρεα] κρεας
  om η σκανδαλιζεται η ασθενει
22 σαυτον] σεαυτον
23 ο 2°] το
xv. 2 om γαρ
  3 om ο
  επεπεσον] επεπεσαν
  4 προεγραφη 2°] εγραφη
  add δια post και
  7 ημας] υμας
  add την post εις
  θεου] praem του
  8 δε] γαρ
  om ιησουν
  γεγενησθαι] γενεσθαι
  11 τον κυριον post εθνη
  επαινεσατε] επαινεστατωσαν
  14 om μου
  γνωσεως] praem της
  15 υμιν ante εγραψα
  om αδελφοι
  16 χριστου ante ιησου
  17 θεον] praem τον
  18 τι ante λαλειν
  19 θεου] αγιου
  24 εαν 1°] αν
  om ελευσομαι προς υμας
  διαπορευομενος] πορευομενος
  28 om την
  29 om του ευαγγελιου του
  31 om ινα 2°
  τοις αγιοις ante γενηται
  32 ελθω] ελθων
  33 om αμην
xvi. 1 κεγχρε⟨?⟩αις A letter has been erased, probably by scribe.
  3 πρισκιλλαν] πρισκαν
  5 επαίνετον] επαινετὸν

CODEX 1739   171

αχαιας] ασιας
6 μαριαμ] μαριαν
  ημας] υμας
7 γεγονασιν] γεγοναν
8 αμπλιαν] αμπλιατον*
11 om μου vid There is a
   letter crowded in at the
   end of the line, but it
   does not seem to be a
   contraction of μου. It is
   possibly a final ν, chang-
   ing συγγενη to συγγενην.
14 ερμην πατροβαν ερμαν
16 add πασαι post εκκλησιαι

17 om τα
   εκκλινατε] εκκλινετε
18 τω κυριω ημων ιησου χριστου]
   τω χριστω ημων
21 ασπαζονται] ασπαζεται
   συνεργος] συνεργων
   om μου 1°
23 ολης ante της εκκλησιας
24 om η χαρις . . . αμην
25 χριστου ante ιησου
26 υπακοην] υποταγην
27 αμην I am inclined to think
   that this is by the scribe.

προς ρωμαιους (semi-uncial) and in later minuscule τελος της προς ρωμαιους επιστολης ? ητις εγραφη απο κορινθου δια φοιβης διακονου and στιχοι π̄κ̄

1 Corinthians

παυλου επιστολη προς κορινθιους α (uncial) and in later minuscule ταυτα χαραττει παυλος ναιεταουσι (?) κορινθον

i. 14 om τω θεω
   15 εβαπτισα] εβαπτισθητε
   17 με Written in above but
      probably by the same
      hand.
   20 om τουτου 2°*
   22 σημειον] σημεια
   25 εστι 1°] εσται
      om εστι 2°
   27 καταισχυνη ante τους σοφους
   28 om και 3°
   29 αυτου] του θεου
   30 σοφια ante ημιν
      δικαιοσυνη τε] και δικαιοσυνη
ii. 2 του ειδεναι τι] τι ειδεναι
    3 και εγω] καγω
    4 om ανθρωπινης
    7 θεου ante σοφιαν

   10 δε] γαρ
      απεκαλυψε ante ο θεος
      om αυτου
   11 ουτω] ουτως
      οιδεν 2°] εγνωκεν
   13 om αγιου
   15 παντα] praem τα
iii. 1 και εγω] καγω
      υμιν ante λαλησαι
      σαρκικοις] σαρκινοις
    2 om και
      ουτε] ουδε The words αλλ
      . . . . σαρ 1° extend into
      margin but are written
      by the first hand.
    3 om διχοστασιαι
    4 ουχι σαρκικοι] ουκ ανθρωποι
    5 τις bis] τι bis

iii. 5 απολλως τις δε εστι παυλος
om αλλ η
10 τεθεικα] εθηκα
11 om ο
12 χρυσον] χρυσιον
αργυρον] αργυριον
13 add αυτο post πυρ
15 ουτω] ουτως
16 εν υμιν ante οικει
22 om εστιν
iv. 2 ζητειται] ζητειτε
6 ο] α
om φρονειν
9 om οτι 1°
14 νουθετω] νουθετων
17 μου ante τεκνον
add ιησου post χριστω
v. 1 om ονομαζεται
2 εξαρθη] αρθη
3 om ως 1°
ουτω] ουτως
4 om χριστου 1°
om ημων ιησου χριστου 2°
5 om ιησου
7 om υπερ ημων
8 μηδε] η
10 om και
η 2°] και
11 νυνι] νυν
12 om και
13 κρίνει] κρινεῖ
om και
εξαρειτε] εξαιρετε
vi. 2 ουκ] praem η
5 ουδε εις ante σοφος
διακρῖναι] διακρίναι
7 om ουν
εν υμιν] υμων
8 αλλα] αλλ
ταυτα] τουτο
9 ου ante βασιλειαν

10 ουτε ante μεθυσοι] ου
om ου ante κληρονομησουσι*
11 αλλα 2°] αλλ
add ημων post κυριου
add χριστου post ιησου
14 εξεγερει] εξηγειρεν
15 αρας] αρα corr
20 om και εν .... θεου* add
corr mg cum sig ⌥
vii. 1 om μοι
3 οφειλομενην ευνοιαν] οφειλην
5 σχολαζητε] σχολασητε
om τη νηστεια και
συνερχησθε] ητε
7 εχει ante χαρισμα
ος bis] ο bis
8 om αυτοις εστιν
9 κρεισσον] κρειττον
12 λεγω ante εγω
αὐτὴ] αὑτη
13 αυτος] ουτος
αυτον] τον ανδρα
14 ανδρι] αδελφω
15 η η] η και η
17 εμερισεν] μεμερικεν
θεος] κυριος
κυριος] θεος
ουτω] ουτως
18 τις εκληθη 2°] κεκληται τις
20 η εκληθη εν ταυτη] εν ω εκ-
ληθη ταυτη There seems
to have been an erasure
under the εν ω. The titu-
lus at the bottom of the
page, εκαστος εν ω εκληθη
ταυτη, repeats this other-
wise unattested reading.
22 om και
24 om τω
28 γημης] γαμησης
29 εστι· ante το λοιπον

CODEX 1739

31 τω κοσμω τουτω] τον κοσμον τουτον*
34 μεμερισται] praem και
    η γυνη] και η γυνη η αγαμος
    σωματι και πνευματι] praem τω bis
35 ευπροσεδρον] ευπαρεδρον
36 γινεσθαι] γενεσθαι
37 εδραιος post καρδια
    om του 2°
    ποιει] ποιησει
38 add γαμιζων την εαυτου παρθενον post εκγαμιζων 1°
    ποιει 1°] ποιησει
    om δε
    εκγαμιζων 2°] γαμιζων
    ποιει 2°] ποιησει
39 om νομω
40 ουτω] ουτως
    δε 2°] γαρ
viii. 2 om δε
    ειδεναι] εγνωκεναι
    ουδεπω ουδεν] ουπω
    εγνωκε] εγνω
4 om οτι 2°
    om ετερος
5 om της
7 συνειδησει] συνηθεια
    ειδωλου] ειδωλοθυτου
8 παριστησι] παραστησει
    μη φαγωμεν υστερουμεθα ουτε εαν μη φαγωμεν περισσ.
    περισσευομεν] περισσευομεθα
9 ασθενουσιν] ασθενεσιν
11 απολειται] απολλυται
    επι] εν
12 ουτω] ουτως
ix. 1 ελευθερος ουκ ειμι αποστολος
    ουχι] ουκ
    om χριστον

2 της εμης] μου της
3 εστι ante αυτη
6 om του
7 εκ του καρπου] τον καρπον
    om η
8 ουχι post η] ου ante λεγει
9 φιμωσεις] κημωσεις
10 οφειλει ante επ ελπιδι
    της ελπιδος αυτου μετεχειν
    επ' ελπιδι] επ' ελπιδι του μετεχειν
12 υμων ante εξουσιας
    τινα ante εγκοπην
13 εκ] praem τα
    προσεδρευοντες] παρεδρευοντες
14 ουτω] ουτως
15 ουδενι εχρησαμην] ου κεχρημαι ουδενι
    ουτω] ουτως
    ινα τις κενωση] ουδεις κενωσει
16 δε] γαρ
18 μοι] μου
    om του χριστου
20 om ως 1°
    add μη ων αυτος υπο νομον post νομον 2°
21 κερδησω] κερδανω
    ανομους] praem τους
22 om ως
    om τα
23 τουτο] παντα
24 ουτω] ουτως
26 ουτω bis] ουτως bis
x. 1 δε] γαρ
3 πνευματικον ante βρωμα
4 πομα post επιον
    πετρα ante δε
7 μηδε] μὴ δὲ sic passim saepe
    ως] ωσπερ

x. 8 επεσον] επεσαν
9 om και 1°
  επειρασαν] εξεπειρασαν
10 om και 1°
  απωλοντο] απωλλυντο
11 om παντα
  τυποι] τυπικως
  συνεβαινον] συνεβαινεν
  κατηντησεν] κατηντηκεν
13 om υμας 3°
14 ειδωλολατρειας] ειδωλολατριας
18 ουχι] ουχ
19 ειδωλοθυτον τι εστιν η οτι ειδωλον
20 θυει bis] θυουσι(ν) bis
  και ου θεω post δαιμονιοις
23 om μοι 1°*
  om μοι 2°
24 om εκαστος
27 om δε
28 ειπη ante υμιν
  om του . . . . αυτης
30 om δε
32 και ιουδαιοις ante γινεσθε
xi. 2 om αδελφοι
5 ακατακαλυπτω] ακατακαλυφος
  εαυτης] αυτης cum spiritu leni vid
9 αλλα] αλλ η
11 ουτε γυνη χωρις ανδρος ουτε ανηρ χωρις γυναικος
12 ουτω] ουτως
14 om ἡ
  η φυσις ante αυτη
15 αυτη ante δεδοται
17 παραγγελλων ουκ επαινω] παραγγελλω ουκ επαινων
  κρειττον] κρεισσον
  ηττον] ησσον

18 om τη
19 add και post ινα
22 ειπω ante υμιν
24 om λαβετε φαγετε
  om κλωμενον*
25 αν] εαν
26 αν 1°] εαν
  om τουτο*
  αχρις] αχρι*
  om αν 2°*
27 om τουτον*
  αιματος] praem του
29 om αναξιως
  om του κυριου
31 γαρ] δε
32 om του
33 om μου
xii. 1 αδελφοι post αγνοειν
2 add οτε post οτι
3 ιησουν . . . κυριον ιησουν] ιησους . . . κυριος ιησους
6 ο δε] και ο
  εστι post ενεργων
9 om δε 1°
  τω αυτω 2°] ενι
10 om δε 2°
  om δε 3°
  om δε 4°
12 πολλα ante εχει
  om του ενος
  ουτω] ουτως
13 om εις 2°
20 νυν] νυνι
21 οφθαλμος] praem ο
23 περισσοτεραν ante ευσχημοσυνην
24 υστερουντι] υστερουμενω
26 ειτε bis] ει τι bis
  om εν 2°
28 ειτα] επειτα
31 κρειττονα] μειζονα

xiii. 2 και εαν bis] καν bis
μεθιστανειν] μεθιστaναι
ουδεν] ουθεν
3 και εαν bis] καν bis
καυθησωμαι] καυχησωμαι*
8 εκπιπτει] πιπτει
10 οταν] οτ αν sic passim saepe
om τοτε
11 ελαλουν ante ως νηπιος
εφρονουν ante ως νηπιος
ελογιζομην ante ως νηπιος
om δε
12 δι εσοπτρου] praem ως
xiv. 2 om τω
5 γαρ] δε
διερμηνευη] praem τις
6 om η 1°
om εν 4°
7 αυλουμενον] λαλουμενον
8 σαλπιγξ ante φωνην
9 ουτω] ουτως
10 om αυτων
11 om εν
12 ουτω] ουτως
13 διοπερ] διο
14 om γαρ
15 προσευξομαι] προσευξωμαι
16 ευλογησης] ευλογης
επειδη] επει
18 om μου
λαλων] λαλω
19 δια του νοος] τω νοι
21 ετεροις] ετερων
ουδ] ουδε
23 om ουν
om η 1°
λαλωσιν ante γλωσσαις
25 om και ουτω 1°
ουτω 2°] ουτως
ο θεος οντως] οντως θεος

26 om υμων
αποκαλυψιν εχει ante γλωσσαν
31 add εκαστοι post ενα
34 om υμων
επιτετραπται] επιτρεπεται
35 γυναιξιν] γυναικι
λαλειν ante εν εκκλησια
37 επιγινωσκετω] γινωσκετω
του κυριου] om του*
εισιν εντολαι] εστιν εντολη
38 αγνοειτω] αγνοειται
39 om το 2°
μη κωλυετε ante γλωσσαις
40 add δε post παντα
xv. 1 add μου post ευαγγελιον
ευηγγελισαμην] ηυγελισαμην
4 τη τριτη ημερα] τη ημερα τη τριτη
6 εφαπαξ] εφ απαξ
πλειους] πλειονες
om και
7 ειτα] επειτα
8 καμοι] και εμοι
10 παντων ante αυτων
add μονος post δε 2°
om η 3°
11 ουτω] ουτως
12 εν υμιν ante τινες
14 om δε 2°
υμων] ημων
19 εν χριστω ante ηλπικοτες
20 om εγενετο
21 om ο
23 add του post οι
24 παραδω] παραδιδω
25 αχρις] αχρι
om αν
28 om και
om τα 3°
29 των νεκρων 2°] αυτων

xv. 31 ημετεραν] υμετεραν
   om ημων
32 εθηριομαχησα
33 χρησθ] χρηστα
34 τινες ante θεου
   υμιν] υμων
   λεγω] λαλω
38 om το
39 om σαρξ ante ανθρωπων
   ιχθυων αλλη δε πτηνων] σαρξ
   πτηνων αλλη δε ιχθυων
42 ουτω] ουτως
44 εστι 1°] praem ει
   εστι ante και
   om σωμα 4°
47 om ο κυριος*
49 φορεσομεν] φορεσωμεν
   om και 2°*
51 om μεν
   ου ante κοιμηθησομεθα] και
   ου post κοιμηθησομεθα
52 ριπη] ροπη
54 om το φθαρτον ... και*
55 νικος που σου αδη το κεντρον
   αδη] αδη το nunc. What
   originally stood here is
   hard to say, perhaps
   θανατε. This has been
   erased and αδη το has
   been inserted over the
   erasure in large coarse
   letters, regardless of the
   fact that at the beginning of the next line το
   stood already. This
   makes clear that the
   word erased was longer
   than αδη.
57 δια του κυριου ημων ιησου
   χριστου] δια ιησου χριστου του κυριου ημων
58 ἑδραιοι]. ἑδραιοι
xvi. 1 ουτω] ουτως
2 ευοδωται] ευοδωθη
4 αξιον ante η
6 παραμενω] καταμενω
   om και
7 δε] γαρ
   επιτρεπη] επιτρεψη
8 επιμενῶ] επιμένω
10 om και
11 δε] ουν
16 om και 1°
17 φουρτουνατου] φορτουνατου
   υμων] υμετερον
   ουτοι] αυτοι
19 πολλα ante εν κυριω
   πρισκιλλα] πρισκα
22 om ιησουν χριστον
   μαραν αθα] μαραναθα
24 om αμην*

προς κορινθιους $\overline{α}$ εγραφη απο φιλιππων δια στεφανα και φορτουνατου και αχαικου και τιμοθεου (semi-uncial)
στιχοι $\overline{ωο}$

2 Corinthians

προς κορινθιους β̄ (uncial) and in later minuscule ταυτα κορινθιοισι παλιν θειου αποστολου παυλου and mg προς κορινθιους επιστολη δευτερα

i. 1 χριστου ante ιησου
5 ουτω] ουτως
    add του post δια
6 της ενεργουμενης . . . . πασχομεν post παρακλησεως 2°
    om και σωτηριας 2°
7 ωσπερ] ως
    ουτω] ουτως
8 υπερ δυναμιν ante εβαρηθημεν
10 τηλικουτου θανατου] τηλικουτων θανατων corr (forsan scriba)
    om οτι
11 εκ πολλων προσωπων] εν πολλω προσωπω
12 απλοτητι] αγιοτητι
    θεου 1°] praem του
    ουκ] praem και
13 om α
14 add ημων post κυριου
    add χριστου post ιησου
15 προτερον post εβουλομην
    εχητε] σχητε
17 om alterum ναι et ου alterum
18 εγενετο] εστιν
19 του θεου ante γαρ
20 θεου] praem του
    και] praem διο
    εν αυτω 2°] δι αυτου
24 της πιστεως ante υμων

ii. 1 δε] γαρ
    εν λυπη ante ελθειν
3 om υμιν
    add επι λυπην post λυπην

    εχω] σχω
5 αλλ] αλλα
10 και εγω] καγω
    ω κεχαρισμαι ει τι κεχαρισμαι
    χριστου] praem του
13 αλλα] αλλ
16 θανατου] praem εκ
    ζωης] praem εκ
17 καπηλευοντες] δολουντες corr mg
    κατενωπιον] κατεναντι
    om του 2°

iii. 1 ει] η
    om συστατικων 2°
3 φανερουμενοι] φανερουμενη
    εγγεγραμμενη] και γεγραμμενη
    αλλα 2°] αλλ
    om καρδιας
5 αφ εαυτων ante ικανοι
    om του
6 αποκτεινει] αποκτεννει
7 om εν 1°
    ατενισαι post ισραηλ
9 η διακονια 1°] τη διακονια
    om εν
13 εαυτου] αυτου
14 add ημερας post σημερον
    επι] εν
17 om εκει

iv. 2 συνιστωντες] συνιστανοντες
4 om εις
    om αυτοις
5 ιησουν] ιησου
6 om οτι
    om ο 1°*

iv. 6 λαμψαι] λαμψει
7 του θεου ante η
10 om κυριου
τω σωματι 2°] τοις σωμασιν
14 om τον κυριον
δια] συν
16 add και post διο
εσωθεν] εσω ημων
v. 4 επειδη] εφ ω
5 om και
8 θαρρουμεν δε] θαρρουντες
9 om και
10 κακον] φαυλον
12 om γαρ
om υμιν
αλλα] αλλ
ημιν] υμιν
ου] μη
καρδια] praem εν
16 om δε
εγνωκαμεν] εγνωμεν
17 om τα παντα
18 om του θεου
om ιησου
και δοντος] του διδοντος
19 om ως
21 om γαρ
γινωμεθα] γενωμεθα
vi. 1 om δε και
4 συνιστωντες] συνιστantes
add εν διωγμοις post αναγκαις
14 τις δε] η τις
15 χριστω] χριστου
16 υμεις] ημεις
ναος] ναοι
εστε] εσμεν
μοι] μου
17 om λεγει κυριος
vii. 3 ου ante λεγω
5 om ημων 1°

ουδεμιαν] ουδε μιαν
11 om υμας
αλλα 4°] αλλ
om εν 2°
12 εινεκεν ter] ενεκεν ter
13 δε post επι
14 ουτω] ουτως
viii. 1 om υμιν
2 χαρας] χαριτος
τον πλουτον] το πλουτος
3 υπερ] παρα
4 om ημων
om δεξασθαι ημας
6 ουτω] ουτως
7 υμων . . . ημιν] ημων . . . υμιν
10 περυσι] περισυ
11 ουτω] ουτως
12 om τις
13 om δε
ισοτητος] ισωτητος*
14 om γενηται 1°
15 ηλαττονησε] ηλατονησεν
16 υμων] ημων
19 συν] εν
αυτου] αυτην
υμων] ημων
21 προνοουμενοι] προνοουμεν γαρ
ανθρωπων] praem των
23 συνεργος ante εις υμας
24 om και 2°
ix. 2 περυσι] περισυ
om εξ
3 μη ante κενωθη
παρεσκευασμενοι] παρασκευασαμενοι
4 om της καυχησεως
5 om ουν* add δε corr (vid scriba) mg cum διπλη
προκατηγγελμενην] προεπηγγελμενην

om ωσπερ
7 προαιρειται] προηρηται
add ως post η
9 add του αιωνος post αιωνα
10 γεννηματα] γενηματα
15 om δε
x. 7 ουτω] ουτως
om χριστου 3°
8 om τε
om ημιν
9 add δε post ινα
10 εξουθενημενος] εξουδενωμενος
12 συνιστανοντων] συνισταντων
αλλα] αλλ
συνιουσιν] συνιασιν
13 ουχι] ουκ
ου] οσου
εμερισεν] εμετρησεν
18 συνιστων] συνιστανων
xi. 1 τη αφροσυνη] τι αφροσυνης
2 om θεου
3 μη πως] μηποτε
εξηπατησεν ante ευαν
ουτω] ουτως
om τον
4 ηνειχεσθε] ανειχεσθε
6 φανερωθεντες] φανερωσαντες
εαυτους
8 ουδενος] ουθενος
9 εμαυτον ante υμιν
10 σφραγισεται] φραγησεται
12 add ελεγχος εκεινων post ημεις corr mg
14 θαυμαστον] θαυμα
16 καγω ante μικρον τι
17 κατα κυριον ante λαλω
18 om την*
20 εις προσωπον ante υμας
23 περισσοτερως 1°] περισσοτεροις*
εν πληγαις υπερβαλλοντως εν φυλακαις περισσοτερως] εν

φυλακαις περισσευοντως εν πληγαις υπερβαλλοντως
25 ερραβδισθην] εραβδισθην
27 διψει] διψη*
28 επισυστασις] επιστασις
31 om ημων
om χριστου
32 πολιν ante δαμασκηνων
θελων με ante πιασαι
xii. 1 δη] δει
συμφερει μοι] συμφερον μεν
γαρ] δε
2 om ο
3 om ο
5 om μου
6 om τι
7 ινα 1°] praem διο
σαταν] σατανα
9 om μου 3°
11 om καυχωμενος
υστερησα] υστερηκα
12 μεν] μεντοι
εν σημειοις] σημειοις τε
14 add τουτο post τριτον
om υμων 1°
αλλ 1°] αλλα
θησαυριζειν ante τοις γονευσι
16 αλλ] αλλα
19 παλιν] παλαι
κατενωπιον] κατεναντι
om του
20 ερεις] ερις
xiii. 1 τριτον] praem ιδου corr (vid scriba ipse)
και τριων ante μαρτυρων
2 om γραφω
4 om ει
ζησομεθα] ζησομεν
5 χριστος ante ιησους
9 om δε 2°
10–13 (missing, — torn photograph)

Galatians

(i. 1–9 missing, — torn photograph)

i. 10 om γαρ 2°
11 om αδελφοι
12 ουτε] ουδε
15 om και ... αυτου
(i. 16–ii. 6 missing, mutilation)
ii. 9 add μεν post ημεις
11 πετρος] κηφας
13 om και 2°
βαρναβας συναπηχθη] βαρναβαν συνυπαχθηναι
14 πετρω] κηφα
ζης post ιουδαικως
om και
τι] πως
16 ιησουν ante χριστον
διοτι] οτι
ου δικαιωθησεται post νομου
17 ἀρα] ἄρα
18 συνιστημι] συνιστανω
iii. 1 om τη ... πειθεσθαι
om εν υμιν
1–2 -ωμενος ..... ανοητοι Apparently the lower edge of the sheet containing these words has been torn off and then patched and written in a later hand
8 προευηγγελισατο] προευηγγελισται
ενευλογηθησονται] ευλογηθησονται
10 add οτι post γαρ 2°
12 om ανθρωπος
17 προκεκυρωμενην] κεκυρωμενην
om του

om εις χριστον
ετη post τριακοντα
18 κεχαρισται] εχαρισατο
19 επηγγελται] επηγγειλατο
21 αν post ην
23 συγκεκλεισμενοι] συγκλειομενοι
26 εν χριστω ιησου] ιησου χριστου
27 add ιησουν post χριστον 2°
29 om και
iv. 3 ουτω] ουτως
6 om ο θεος
υμων] ημων
7 αλλ] αλλα
θεου δια χριστου] δια θεου vid* δια ιησου χριστου corr
8 ειδοτες] ειδειτε corr
φυσει ante μη
11 κεκοπιακα] εκοπιασα
12 γινεσθε] γινεσθαι
14 μου 1°] υμων
15 τις] που
om ην
om αν
17 αλλα] αλλ
17–18 -κλεισαι ... προς ημας The sheet containing these words has been torn off and then patched and written in later hand
18 om το
υμας] ημας
19 τεκνια] τεκνα
αχρις] μεχρι

24 om αι
25 om αγαρ
om εστιν
ιερουσαλημ Before this is an erasure of four letters, probably the accidental repetition of ιλημ
δε 2°] γαρ
26 om παντων
28 ημεις et εσμεν] υμεις et εστε
add θεου post τεκνα corr
29 ουτω] ουτως
30 εκβαλε] εκβαλλε
31 αρα] διο
v. 1 om ουν η
add ουν post στηκετε
3 om παλιν
5 απεκδεχομεθα] εκδεχομεθα
7 ανεκοψε] ενεκοψε
10 αν] εαν
11 om δε
om ετι 1°
14 πληρουται] πεπληρωται
εαυτον] σεαυτον
17 αλληλοις ante αντικειται
om αν
19 om μοιχεια*

20 ειδωλολατρεια] ειδωλολατρια
ερεις] ερις
ζηλοι] ζηλος
εριθειαι] εριθιαι
21 om και 2°
προειπον] προειπομεν
θεου ante βασιλειαν
24 add ιησου post χριστου
25 στοιχωμεν] στοιχουμεν
vi. 1 πραοτητος] πραυτητος
3 φρεναπατα ante εαυτον
8–10 -ην αιωνιον . . . εχομεν The sheet containing these words has been torn off and then patched and written in later hand.
9 καλον ante δε
εκκακωμεν] εκκωμεν*
10 αρα] αρ*
12 μη ante διωκωνται
13 υμετερα] ημετερα
14 ημων] μου
15 εν γαρ χριστω ιησου ουτε] ουτε γαρ*
ισχυει] εστιν
16 στοιχησουσιν] στοιχουσιν
17 add μου post κυριου
18 om ημων

προς γαλατας εγραφη απο ρωμης (semi-uncial) To this is prefixed τελος and added στιχοι τςβ̄

Ephesians

προς εφεσιους (uncial). This is followed in later minuscule by επιστολη. Above the uncial inscription is, in a later hand, τοις εφεσιοις μυσταις ταυτα διδασκαλος εσθλος (with a mg gloss εσθλος: αγαθος).

i. 1 om εν εφεσω
2 om χαρις . . . . χριστου
3 χριστω] praem εν
6 εν η] ης

7 τον πλουτον] το πλουτος
10 om τε
12 om της
14 om της 3°

i. 15 om την αγαπην
16 om υμων 2°
17 δωη] δω
18 διανοιας] καρδιας
om υμων
om και
20 νεκρων] praem των
εκαθισεν] καθισας
23 του] τουτο* του τα corr
ii. 1 add υμων post αμαρτιαις
3 ημεν] ημεθα
4 αυτου ante αγαπην
7 τον υπερβαλλοντα πλουτον] το υπερβαλλον πλουτος
8 om της
11 ποτε ante υμεις
12 om εν 1°
13 εγενηθητε ante εγγυς
om εν 2°*
15 εαυτω] αυτω
17 τοις εγγυς] praem ειρηνην
19 om ουν
add και post αλλα
20 χριστου ante ιησου
21 om η*
iii. 1 om του
3 εγνωρισε] εγνωρισθη
5 om εν 1°
6 om αυτου
om τω
7 εγενομην] εγενηθην
8 om των
τον ανεξιχνιαστον πλουτον] το ανεξιχνιαστον πλουτος
9 om παντας
κοινωνια] οικονομια
om δια ιησου χριστου
12 om την 2°
14 om του ... χριστου
16 δωη] δω
τον πλουτον] το πλουτος

17 υμων] ημων*
20 ημιν] υμιν*
21 add και post εκκλησια
om αμην*
iv. 2 om μετα μακροθυμιας
6 om υμιν*
7 om η
9 om πρωτον
13 καταντησωμεν] καταντησομεν
14 om της 1°
15 ος] ο
om η
om ο
17 om λοιπα
19 πασης ante ακαθαρσιας
23 τω] praem εν
26 om τω*
27 μητε] μηδε
28 om ταις χερσιν
29 σαπρος] αισχρος corr mg
32 om δε*
υμιν] ημιν
v. 3 ακαθαρσια ante πασα
4 και 2°] η
τα ουκ ανηκοντα] α ουκ ανηκεν
5 εστε] ιστε
ος] ο
του χριστου και θεου] χριστου του θεου*
9 πνευματος] φωτος
13 παν γαρ] επει παν
14 εγειραι] εγειρε
15 ακριβως ante πως
17 συνιεντες] συνιετε
19 ψαλμοις] praem εν
om εν
21 θεου] χριστου
22 υποτασσεσθε] υποτασσεσθωσαν
23 om ο 1°
και αυτος εστι] αυτος

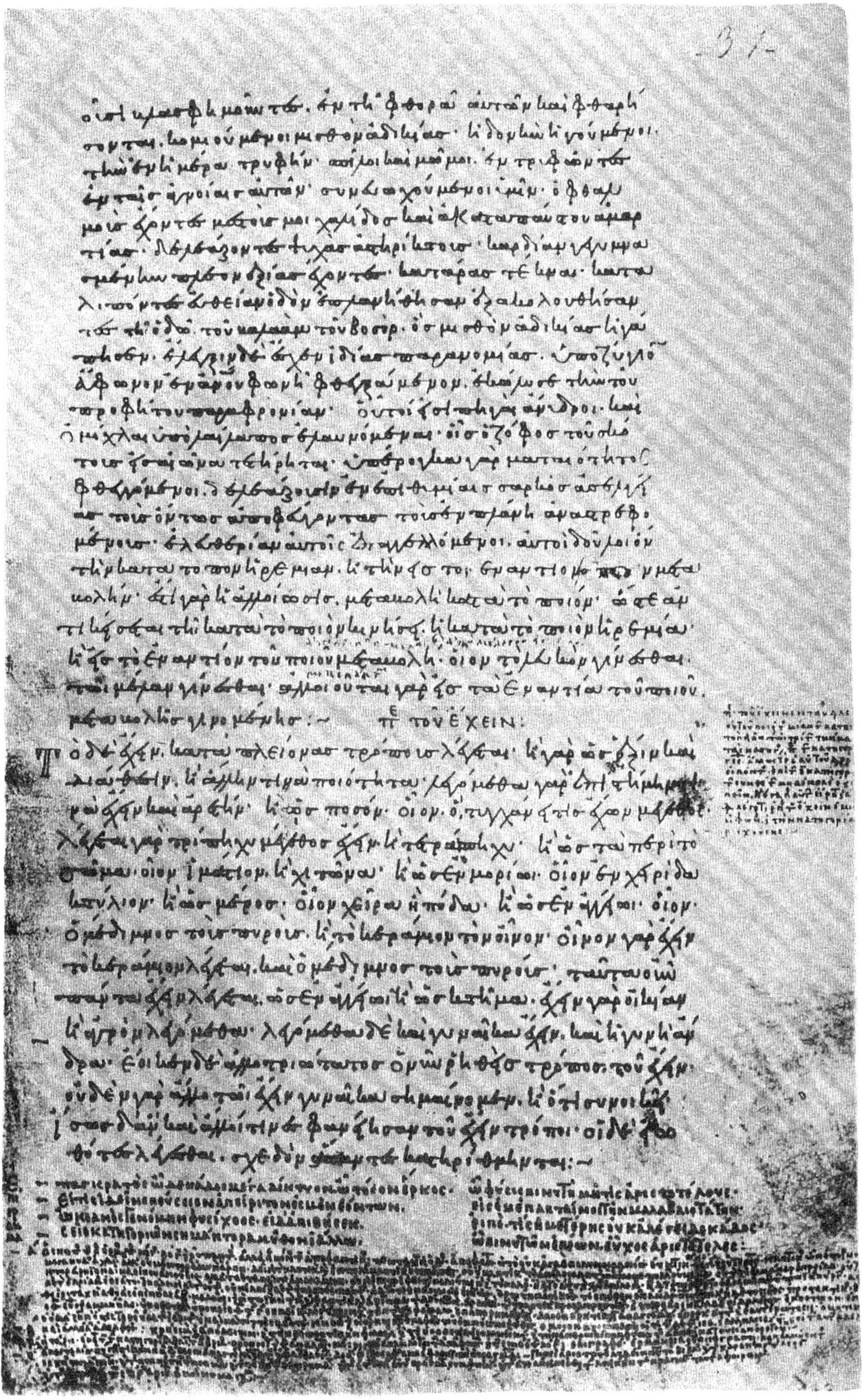

PLATE VI

Codex 1739 (Athos, Laura 184 [B'64]) and Venice Aristotle (Marcianus 201)

CODEX 1739

σωτηρ] praem ο
24 ωσπερ] ως
ουτω] ουτως
om και
om ιδιοις
25 εαυτων ante γυναικας
27 αυτην] αυτος
30 om εκ 1° . . . αυτου 2°*
31 om αυτου 1°*
om και 2° . . . αυτου 2°*
vi. 2 εντολη] εντολων corr mg
5 κατα σαρκα ante κυριοις
om της
6 om του 1°
7 τω κυριω] praem ως
8 om οτι
om ο

κομιειται] κομισεται
om του
9 αυτων] praem και
ουρανοις] ουρανω
10 το λοιπον] του λοιπου
om αδελφοι μου
12 om του αιωνος*
16 επι] εν
17 δεξασθε] δεξασθαι
18 om τουτο
19 δοθειη] δοθη
20 εν αυτω] αυτο
21 γνωρισει ante υμιν
23 κυριου] του κυριου ημων
24 om ημων
om αμην vid*

προς εφεσιους εγραφη απο ρωμης δια τυχικου
απο των εις την προς εφεσιους φερομενων εξηγητικων τομων αντανεγνωσθη η
επιστολη (both in semi-uncials)

Philippians

προς φιλιππησιους (uncial). In a later minuscule επιστολη and ταυτ
αγορευει παυλος φιλιππησιοις. In mg are three synonyms for αγορευει,
viz. λεγει δημηγορει συμβουλευει.

i. 1 χριστου ante ιησου
4 υπερ] περι
5 πρωτης] praem της corr
7 add εν post και 1°
8 om εστιν
χριστου ante ιησου
11 καρπων] καρπον*
13 add τω post εν 1°
16 εριθειας] εριθιας
om τον
επιφερειν] εγειρειν
17 οι μεν εξ αγαπης . . . . κειμαι
ante 16 οι δε εξ εριθιας
. . . . τοις δεσμοις μου

18 add οτι post πλην
19 γαρ] δε
χριστου ante ιησου
23 γαρ] δε
add γαρ post πολλω
24 om εν
25 μενω] μενω
συμπαραμενω] παραμενω
27 om τα*
om εν*
28 αυτοις μεν εστιν] εστιν αυτοις
υμιν] υμων
ii. 1 τινα] τι
3 κατα] κατ

ii. 3 η] μηδε κατα
4 σκοπειτε] σκοπουντες
   εκαστος 2°] εκαστοι
5 φρονεισθω] φρονειτε
   υμιν] ημιν corr
9 ονομα 1°] praem το
11 κυριος] praem εις
12 om εν 1°*
13 om ο 1°*
   υμιν] ημιν
   και το ενεργειν apparently accidentally omitted, but added as an extra line in same hand
15 εν μεσω] μεσον
19 κυριω] χριστω
21 του χριστου ιησου] ιησου χριστου
27 ηλεησεν ante αυτον
28 αλυποτερος] αλυπωτερος
29 προσδεχεσθε] προσδεξασθε
30 om του
iii. 5 βενιαμιν] βενιαμειν
8 om και 1°
   παντα 1°] praem τα
10 συμμορφουμενος] συμμορφιζομενος
11 των νεκρων] την εκ νεκρων corr
12 om του
14 om μεν
   επι] εις

16 om κανονι το αυτο φρονειν
19 om ο*
21 om εις . . . . αυτο
   εαυτω] αυτω
iv. 1 ουτω] ουτως
2 ευωδιαν] ευοδιαν
   συντύχην] συντυχὴν
3 και 1°] ναι
   γνησιε ante συζυγε
6 μεριμνατε The last three letters are written over an erasure and probably in a later hand, though no variant is discernible
9 ειδετε] ιδετε corr vid. No other reading is now discernible, but there is evidence of an erasure and the ι has too much space.
12 δε] και
   χορταζεσθαι Above this a few letters have been written and then erased
   περισσευειν και υστερεισθαι] υστερεισθαι και περισσευειν
13 om χριστω
19 πληρωσει] πληρωσαι
   τον πλουτον] το πλουτος
23 om ημων
   παντων] του πνευματος
   om αμην vid*

προς φιλιππησιους εγραφη απο ρωμης δια επαφροδιτου (semi-uncial) στιχοι σ̄η̄ is added by a later hand

Colossians

προς κολασσαεις (uncial) and in a later minuscule ταυτα κολασσαευσι διδασκαλια παρα παυλου

i. 1 χριστου ante ιησου
2 om και κυριου ιησου χριστου
3 om και
   om χριστου
6 om και 2°
   add και αυξανομενον post καρποφορουμενον
10 om υμας
   εις την επιγνωσιν] τη επιγνωσει
12 ημας] υμας
14 om δια . . . . αυτου
16 om τα 2°
   om τα 3°
   om τα 5°
18 αρχη] praem η
   add τα παντα post γενηται
20 om του αιματος
   om δι αυτου 2°
24 om μου 1°
26 νυνι] νυν
27 τις ο] τι το
28 om ιησου
ii. 1 περι] υπερ
   εωρακασι] εωρακαν
2 συμβιβασθεντων] συμβιβασθεντες
   παντα πλουτον] παν πλουτος
   om του θεου . . . . του (3°)
3 om της 2°
4 μη τις] μηδεις
7 om εν αυτη
11 om των αμαρτιων
12 βαπτισματι] βαπτισμω
   om των
13 add υμας post συνεζωοποιησε
14 om του
16 η 1°] και
17 μελλοντων This is followed by an erasure of about nine letters.
   om του
18 om μη
20 om ουν
   om τω
23 om και 2°
iii. 5 om υμων
   ειδωλολατρεια] ειδωλολατρια
12 om και
   οικτιρμων] οικτιρμου
13 ουτω] ουτως
14 ητις] ο
15 θεου] χριστου
   om ενι
16 om και 2°
   om και 3°
   χαριτι] praem τη
   τη καρδια] ταις καρδιαις
   κυριω] θεω
17 om και 2°
18 om ιδιοις
20 ευαρεστον ante εστιν
   τω] εν
23 και παν ο τι εαν] ο αν
   om και 2°
24 απoληψεσθε] ληψεσθε
   om γαρ
25 δε] γαρ
iv. 1 ουρανοις] ουρανω
3 δι ο] διο
10 δεξασθε] δεξασθαι
11 μοι] εμοι

iv. 12 στητε] σταθητε
πεπληρωμενοι] πεπληροφορη-
μενοι
om του
13 ζηλον πολυν] πολυν αγωνα

add αδελφων post λαοδικεια
15 αυτου] αυτης
17 βλεπε] βλεπεται vid forsan
βλεπετε*
18 om αμην vid*

προς κολασσαεις εγραφη απο ρωμης δια τυχικου και ονησιμου (semi-uncial), and in later minuscule τελος and στιχοι σ̄η̄

1 Thessalonians

προς θεσσαλονικεις ᾱ (uncial) and, in a later hand, θετταλικοις πολιταις ταδε κηρυξ ουρανοφοιτης (semi-uncial)

i. 1 om απο . . . . χριστου
2 om υμων 2°
4 θεου] praem του
5 om εν 5°
7 τυπους] τυπον
add εν post και
8 αλλα και] αλλ
εχειν ante ημας
9 εχομεν] εσχομεν
10 νεκρων] praem των
απο] εκ
ii. 2 om και 1°
3 ουτε] ουδε
4 om του
ουτω] ουτως
ημων ante τας καρδιας
6 απ] απο
7 αν] εαν
8 ιμειρομενοι] ομειρομενοι
γεγενησθε] εγενηθητε
9 om γαρ 2°
12 μαρτυρουμενοι] μαρτυρομενοι
περιπατησαι]· περιπ̇ατειν
υμας 2°] ημας
13 δια] praem και
αληθως ante εστιν
14 εγενηθητε This is followed by a space of about five letters. It is hard to say whether it is an erasure or was left to mark beginning of a section.
ταυτα] τα αυτα
15 om ιδιους
υμας] ημας
16 η οργη ante επ αυτους
18 διο] διοτι
iii. 2 om και συνεργον ημων
om υμας 2°
περι] υπερ
3 τω] το
4 om και 2°
5 εις το] του
6 ιδειν ante ημας
7 θλιψει και αναγκη] αναγκη και θλιψει
11 om χριστος
13 υμων τας καρδιας] τας καρδιας ημων
om χριστου
iv. 1 om το 1°
om ουν*
υμας 1°] ημας
om και αρεσκειν θεω
2 εδωκαμεν] δεδωκαμεν
4 add ενα post εκαστον

6 om ο corr
   om και 2°
8 om και*
   το αγιον ante αυτου
9 εχετε] εχομεν
11 om ιδιαις
13 ου] praem και vid
   θελω] θελομεν
   κεκοιμημενων] κοιμωμενων
   καθως] ως
14 ουτω] ουτως
   ο θεος ante και
17 ουτω] ουτως
18 add πνευματος post τουτοις
   corr vid

v. 3 γαρ] δε
4 υμας ante η ημερα
5 add γαρ post παντες
6 om και 1°
13 ηγεισθαι] ηγεισθε
15 αποδω] ανταποδω
   om και 1°
18 ευχαριστειτε] -τε is written over an erasure
21 add δε post παντα
24 υμας] ημας
25 add και post προσευχεσθε
27 ορκιζω] ενορκιζω
28 om αμην vid*

προς θεσσαλονικεις ᾱ εγραφη απο αθηνων (semi-uncial). To this is prefixed in later minuscule τελος της and added δια τιμοθεου and στιχοι ρ̅ϛ̅γ̅

2 Thessalonians

προς θεσσαλονικεις β̄ (uncial). In later minuscule is prefixed επιστολη and added παυλου and also added ανδρασι θεσσαλιης . . . ταδε ισοθεος φ . . . (the ends of the lines have been cut off).

i. 1 σιλουανος] σιλβανος
2 om ημων
3 om παντων
4 καυχασθαι] praem και
5 πασχετε] επασχετε
8 om χριστου
10 πιστευουσιν] πιστευσασιν
ii. 1 om χριστου
2 μητε 1°] μηδε
   χριστου] κυριου
3 αμαρτιας] ανομιας
4 om ως θεον
   αποδεικνυντα] αποδεικνυοντα
8 αναλωσει] ανελοι
   καταργησει] καταργηση
10 om της 1°
   om εν 2°
11 om και

   πεμψει] πεμπει
12 παντες] απαντες
   om εν
13 περι υμων ante παντοτε
   απ αρχης] απαρχην
16 χριστος ante ιησους
   ο θεος και πατηρ] και θεος ο πατηρ
17 om υμας
   λογω και εργω] εργω και λογω
iii. 1 αδελφοι ante προσευχεσθε
4 om υμιν
   om και 1°
5 υπομονην] praem την
6 παρελαβε] παρελαβον
9 om υμιν

iii. 10 παρηγγελλομεν] παρηγγει-
λαμεν
11 εν υμιν post γαρ
om ατακτως
12 δια . . . χριστου] εν κυριω
ιησου χριστω

14 om και
15 om και
16 δωη] δω
om την
17 ουτω] ουτως
18 om αμην

προς θεσσαλονικεις β̄ εγραφη απο αθηνων (semi-uncial) and in later minuscule is prefixed τελος της επιστολης and in margin εγραφη απο ρωμης στιχοι ρ̄ς

Hebrews

i. 1 εσχατων] εσχατου
3 om αυτου 2°
των αμαρτιων ante ποιησα-
μενος
om ημων
8 ραβδος 1°] praem και η
ευθυτητος] praem της
om η
12 add ως ιματιον post αυτους
ii. 1 om δια . . . . παραρρυωμεν a few dots ∴ may attest consciousness of omission
4 om τε
8 εν γαρ τω] εν τω γαρ
9 χαριτι] χωρις a mark over the ω and a small erasure in the margin with χ still visible makes it probable that the variant χαριτι was noticed.
11 αυτους ante αδελφους
14 σαρκος και αιματος] αιματος και σαρκος
iii. 1 om χριστον
4 om τα
6 ου] ος
εανπερ] εαν
9 εδοκιμασαν με] εν δοκιμασια

10 εκεινη] ταυτη
13 αχρις] αχρι
14 του χριστου ante γεγοναμεν
iv. 2 συγκεκραμενος] συγκεκερασ-
μενους
3 γαρ] ουν
4 ουτω] ουτως
5 om ει
7 ειρηται] προειρηκεν
8 μετα ταυτα post αν
11 om εις εκεινην
12 om τε 1°
15 πεπειραμενον] πεπειρασμενον
16 ελεον] ελεος
v. 3 δια ταυτην] δι αυτην
ουτω] ουτως
υπερ] περι
4 om ο bis
5 ουτω] ουτως
γενηθηναι] γεννηθηναι
8 υιος] praem ο
9 πασιν post εγενετο
12 om τινα
om και 3°
vi. 7 ερχομεν ante πολλακις
9 αγαπητοι ante περι υμων
κρειττονα] κρεισσονα
ουτω] ουτως
10 om του κοπου

ης] ην
15 ουτω] ουτως
16 om μεν
18 θεον] praem τον
vii. 2 εμερισεν ante απο παντων
4 om ουτος
om και
ακροθινιων] ακροθηνιων
6 ευλογηκε] ευλογησεν
9 λευι] λευις
10 om ο
11 αυτη] αυτης
νενομοθετητο] νενομοθετηται
13 προσεσχηκε] προσεσχεν
14 ιερωσυνης] ιερεων
15 om την
16 σαρκικης] σαρκινης
17 μαρτυρει] μαρτυρειται
19 επεισαγωγη] επεισαγωγης*
21 add ει post συ
23 ιερεις ante γεγονοτες
26 praem και ante επρεπεν
viii. 2 om και 2°
4 γαρ] ουν
om των ιερεων
6 τετευχε] τετυχηκε
9 om εν ημερα*
om εν 2°
11 πλησιον] πολιτην
om αυτων 1°
12 om και των ανομιων αυτων
ix. 1 om και
om σκηνη
3 αγιων] praem των
5 χερουβιμ] χεροβιμ
6 ουτω] ουτως
7 ο αρχιερευς ante μονος
9 add καθεστηκεν post ενεστηκοτα
ον] ην
10 και δικαιωμασι] δικαιωματα

11 μελλοντων] γενομενων
μειζονος] κρειττονος
12 εφαπαξ ante εισηλθεν
ευραμενος] ευρομενος corr
13 ταυρων και τραγων] τραγων και ταυρων
14 υμων] ημων*
19 μωυσεως] μωσεως
om και τραγων
om παντα
ερραντισε] εραντισε
21 ερραντισε] εραντισεν
24 om ο
26 νυν] νυνι
28 add και post ουτως
x. 2 om ουκ
8 om τον
10 om οι
om του 2°
12 αυτος] ουτος
14 om εις*
15 προειρηκεναι] ειρηκεναι
16 των διανοιων] την διανοιαν
add υστερον λεγει post αυτους 2°
17 om αυτων 1°
μνησθω] μνησθησομαι
25 εγκαταλειποντες] εγκαταλιποντες
27 εσθιειν This is followed by an erasure of about seven letters.
μελλοντος] μελλων
30 om λεγει κυριος
add οτι post παλιν
κρινει ante κυριος
34 om μου
εν εαυτοις] εαυτους
35 μεγαλην ante μισθαποδοσιαν
38 add μου post δικαιος
xi. 3 τα βλεπομενα] το βλεπομενον

xi. 4 om ειναι
   λαλειται] λαλει
  5 ευρισκετο] ηυρισκετο
   om αυτου
  8 καλουμενος] praem ο
  9 om την
  11 add η στειρα post σαρρα
   om ετεκεν
  12 om και 1°
   ωσει] ως η
  13 om και πεισθεντες
  15 εμνημονευον] μνημονευουσιν*
   εξηλθον] εξεβησαν
  16 νυνι] νυν
  19 om και 2°
  20 add και post πιστει
  26 εν αιγυπτω] αιγυπτου
  27 om μη
  29 add γης post ξηρας
  30 επεσε] επεσαν
  32 ο χρονος ante διηγουμενον
   om τε και 1°
   om και ante ιεφθαε
  35 αναστασεως 2°] επαγγελιας
  38 εν] επ
  39 om ουτοι
xii. 2 εκαθισεν] κεκαθικεν
  3 αυτον] αυτους*
   om υμων
   εκλυομενοι] εκλελυμενοι
  8 εστε post υιοι
  9 πολλω] πολυ δε
  10 μεταλαβειν] μεταλαμβανειν
  11 δε 1°] μεν
   γεγυμνασμενοις] γεγυμνασμε-
   νης

  15 δια ταυτης] δι αυτης
  16 πρωτοτοκια] πρωτοτοκεια
  18 ψηλαφωμενω] ψηλαφομενω
  19 παρητησαντο] praem μη
   vid*
  20 om η βολιδι κατατοξευθη-
   σεται
  21 ουτω] ουτως
   εκφοβος] εμφοβος
  23 απογεγραμμενων ante εν ου-
   ρανοις
  24 κρειττονα] κρειττον
  25 τον επι της] επι
   χρηματιζοντα] χρηματισαντα
   ουρανων] ουρανου
  26 om η
   add οτι post λεγων
   σειω] σεισω
  27 om την
  28 λατρευωμεν] λατρευομεν
   αιδους και ευλαβειας] ευλα-
   βειας και αιδους
xiii. 3 κακουχουμενων] κακοχουμενων
  4 δε] γαρ sed in rasura
  5 αρκουμενοι] αρκουμενος*
   εγκαταλιπω] εγκαταλειπω
  6 om ημας
   om και
  8 χθες] εχθες
  9 περιφερεσθε] παραφερεσθε
  18 πεποιθαμεν] πειθομεθα
  21 add αυτω post αυτου mg
   υμιν] ημιν
  23 add ημων post αδελφον

προς εβραιους εγραφη απο ιταλιας δια τιμοθεου (semi-uncial)
στιχοι $\overline{\psi\eta}$ is added by a later hand

1 Timothy

προς τιμοθεον α̅ (uncial) and in later minuscule τιμοθεω εταιρω παυλος διελεξατο ταυτα

i. 1 κυριου ιησου χριστου] χριστου ιησου
   2 om ημων 1°
   5 om αγαθης
   9 πατραλωαις] πατρολοαις
      μητρωλωαις] μητρολοαις
  10 om και
  13 τον] το
  16 om χριστος
  17 om σοφω
ii. 3 om γαρ
   4 θελει ante ανθρωπους
   7 om εν χριστω
   8 διαλογισμου] διαλογισμων
   9 ωσαυτως] ως αυτως (ω in αυτως in rasura)
     om τας 1°
     κοσμιω] κοσμιως
     η χρυσω] και χρυσιω
  12 γυναικι δε διδασκειν] διδασκειν δε γυναικι
  14 απατηθεισα] εξαπατηθεισα
iii. 2 νηφαλεον] νηφαλιον
   3 om μη αισχροκερδη
   6 add και παγιδα post εμπεση
   7 om αυτον*
  11 νηφαλεους] νηφαλιους
  14 om προς σε
iv. 7 βεβηλους και γραωδεις] γραωδεις και βεβηλους
  10 om και 1°
  12 om αλλα
     om εν πνευματι
  14 πρεσβυτεριου] πρεσβυτερειου
  15 om εν 2°

v. 2 πρεσβυτερας] πρεσβυτιδας
  4 om καλον και
  5 om και 3°
  8 om των 2°
  15 om ηδη .... σατανα
  16 om πιστος η
  17 διδασκαλια] διδαχη
  18 φιμωσεις] φημωσεις
  19 η] και
  21 om κυριου
      προσκλισιν] προσκλησιν
  23 om σου 1°
  25 om εστι
vi. 5 παραδιατριβαι] διαπαρατριβαι
     om αφιστασο .... τοιουτων
   7 om δηλον
   8 διατροφας] διατροφην
   9 add και post πολλας*
  11 om ω
     om του
     πραοτητα] πραυπαθειαν
  12 om και 1°
  13 om σοι
     ζωοποιουντος] ζωογονουντος
  17 παραγγελλε] παραγγελλω
     εν 2°] επι
     om τω ζωντι
     πλουσιως παντα] τα παντα πλουσιως
  18 καλοις] αγαθοις
  19 αιωνιου] οντως
  20 παρακαταθηκην] παραθηκην
  21 om αμην vid*

προς τιμοθεον α̅ (semi-uncial) and in later minuscule εγραφη απο λαοδικιας ητις εστι μετροπολις φρυγιας της πακατιανης
   στιχοι σ̅λ̅

2 Timothy

προς τιμοθεον $\overline{β}$ (uncial) and in later minuscule και ταυτα εφ τμ^{αι}
(?= εφ ητιμοθεω)

i. 2 ιησου ante χριστου
   5 λαμβανων] λαβων
      add εν post και 1°
      ευνεικη] ευνικη
   9 κατ] κατα
  14 παρακαταθηκην] παραθηκην
  15 φυγελλος] φυγελος
  16 επησχυνθη] επαισχυνθη
  17 σπουδαιοτερον] σπουδαιως
ii. 3 συ ουν κακοπαθησον] συγκακοπαθησον
   7 α] ο
      δωη] δωσει
  13 add γαρ post αρνησασθαι
  19 χριστου] κυριου
  20 om δε 1°
  25 πραοτητι] πραυτητι
iii. 6 αιχμαλωτευοντες] αιχμαλωτιζοντες
      om τα
   8 μωυσει] μωση
      ουτω] ουτως
  12 ζην ante ευσεβως
  13 το χειρον] πλειον*
  14 τινος] τινων
  16 ελεγχον] ελεγμον
iv. 1 om ουν εγω

om του 1°
κατα] και
2 παρακαλεσον ante επιτιμησον
3 τας επιθυμιας τας ιδιας] τας ιδιας επιθυμιας
6 εμης αναλυσεως] αναλυσεως μου
8 om πασι*
10 αιωνα] αιωναν vid corr
    γαλατιαν] γαλατειαν
    δαλματιαν] δελματιαν
13 φαιλονην] φαινολην corr (forsan scriba?)]
14 μοι] ι erased
    αποδωη] αποδωσει
16 μοι συμπαρεγενετο] παρεγενετο*
    om με
17 ακουση] ακουσωσι
    ερρυσθην] ερυσθην
18 om και 1°
20 εν 2°] ε omitted
21 λινος] λῖνος
    om παντες
22 om ιησους χριστος
    om αμην vid*

προς τιμοθεον $\overline{β}$ εγραφη απο ρωμης (semi-uncial) and in later minuscule στιχοι $\overline{ροβ}$ and in bottom margin τελος της προς τιμοθεον επιστολεις της εφεσιων εκκλησιας επισκοπον χειροτονηθεντα εγραφη απο ρωμης οτε εκ δευτερου παρεστη παυλος τω καισαρι ρωμης νερωνι.

Titus

προς τιτον (uncial) and in later minuscule παυλου επιστολη and also above ταυτα παραιφασις εστι φιλη τιτω παρα παυλου

i. 4 om ελεος
    om κυριου
5 κατελιπον] απελιπον
10 add της post εκ
12 om εξ
15 om μεν
    μεμιασμενοις] μεμιαμμενοις
ii. 3 μη 2°] μηδε
6 om τους
7 αδιαφθοριαν] αφθοριαν
    om αφθαρσιαν
8 λεγειν ante περι
    υμων] ημων
9 δεσποταις ante ιδιοις
10 πασαν ante πιστιν
    υμων] ημων

11 om η 2°
12 om τας
13 om χριστου
iii. 1 om και
2 πραοτητα] πραυτητα
3 απειθεις ante ανοητοι
5 ων] α
    τον ... ελεον] το ... ελεος
6 ου] ο
7 γενωμεθα] γενηθωμεν
8 om τω
    om τα
10 om και δευτεραν
12 προς σε ante αρτεμαν
15 om αμην

προς τιτον κρητων πρωτον επισκοπον εγραφη απο νικοπολεως της μακεδονιας (semi-uncial)
στιχοι ϛ̄ς

Philemon

προς φιλημονα (uncial) and in later minuscule παυλος επιστελλει ταδε βαια (i.e. ολιγα, so mg) φιλημονι πιστω

1 ιησου ante χριστου
2 αγαπητη] αδελφη
3 κυριου] praem απο
5 την αγαπην και την πιστιν]
    την πιστιν και την αγαπην
6 του] η
7 χαριν] χαραν
    εχομεν πολλην] πολλην εσχον
8 εχων ante παρρησιαν

10 om μου*
13 μοι ante διακονη
15 αυτον ante αιωνιον
17 εμε 1°] με
20 κυριω 2°] χριστω
23 ασπαζονται] ασπαζεται
25 om ημων
    om αμην vid*

προς φιλημονα εγραφη απο ρωμης δια τυχικου και ονησιμου (semi-uncial) and in later minuscule τελος συν θεω αγ (αγιον?) των καθολικων επιστολων των αγιων αποστολων

SIX COLLATIONS

MARGINAL NOTES BY THE FIRST SCRIBE

In the transcription of these notes round brackets () mean that letters enclosed in them are represented by an abbreviation; square brackets [] mean that the letters enclosed are conjectural. Accents and breathings have been omitted if they were not visible in the photographs or recorded in our notes.

Folio		v. d. G.	
4ʳ	Acts 4, 15	1	⌐ αὐτοὺς (minuscule)
6ᵛ	7, 4	2	σημ. ὅτι τὴν χαλδαίων γῆν. μεσοποταμίαν καλεῖ: (semi-uncial)
8ʳ	7, 51	3	νεῦρον σιδηροῦν ὁ τραχηλός σου· μὴ βουληθέντες τὸν ἐλαφρὸν ζυγὸν τοῦ σ(ωτῆ)ρ(ο)s ἀναδεξασθαι· ὑμεῖς οἱ κύνες οἱ ἐν νεοί· ὑμεῖς οἱ λύκοι τῆς ἀραβίας· ὑμεῖς οἱ χρειμετισταὶ ἱπ ποι· ὑμεῖς οἱ κερα τισταὶ ταῦροι· ὑμεῖς οἱ θωπάζοντες ἀλώ πεκες· ὑμεῖς τῶι πν(εύματ)ι τῶι ἁγιωι ἀντι πίπτετε· πῶς· ὅτι αὐτὸς ὁδηγεῖ. ὑμεῖς δὲ πλανᾶτε· αὐτὸς φωτίζει. ὑμεῖς δὲ σκο τίζετε· αὐτὸς σφρα γίζει. ὑμεῖς δε ἁ ποσυλᾶτε: (minuscule) ταυτ(α) ἐν τισιν ἀρχαίοις ἀντιγράφ(οις) εὕρομεν παρακείμενα [1] (semi-uncial)
9ᵛ	8, 37	4	σημ. πότε κ(αι) ἐπὶ ποία ὁ μολογία ἐπιτρέ πει τὸ βάπτισμα· (semi-uncial)

[1] The variation in script in this note proves that the same scribe wrote both minuscule and semi-uncial, and also evidently wrote the text of the manuscript.

Folio	v. d. G.		
12ʳ	10, 33	5	σχόλ(ιον)
ἐπειδ(ὴ) τούτ(ῳ) κέχρηντ(αι τι)
νὲς τ(ῶ) ῥητ(ῶ)· π(αρα)στῆσαι βου
λόμενοι. τ(ὸν) ἐν ἑκάστ(ῳ) ἔ
θνει φοβούμενον τ(ὸν) θ(εο)ν ἄ
νευ τῆς εἰς χ(ριστο)ν πίστεως σ(ώ)
ζεσθ(αι). π(αρα)θετέον τὸ·
ἐκ του αὐτ(οῦ) πέτρ(ου) ἀν(ω)τέρ(ω)
(κατὰ) τ(οὺς) ἀρχιερεῖς εἰρημ(ενον)
ἐν τούτοις· οὗτ(ος) (ἐστιν) ὁ λίθ(ος)
ὁ ἐξουθενηθεὶς ὑφ ὑμ(ων)
τ(ων) οἰκοδόμ(ων)· ὁ γενόμ(ενος) εἰς
κεφαλὴν γ(ω)νίας· (και) οὐ
κ (ἐστιν) ἐν ἄλλ(ῳ) οὐδενὶ ἡ σ(ωτη)ρία·
οὐ(δὲ) (γαρ) ὄνομα ἕτερ(ον) (ἐστιν) ὑ
πὸ τ(ὸν) οὐ(ρα)νὸν τὸ δεδομενον
ἐν ἀν(θρωπ)οις. ἐν ὧι δεῖ σω
θῆναι ἡμᾶς· ἐν παντὶ
δ(υν) ἔθνει τ(ῳ) φοβουμ(ενω) τον θ(εὸ)ν.
δ(ια) τιν(ος) πάντ(ως) οἰκονομί(ας)
(κατα)τίθετ(αι) ἡ εἰς χ(ριστο)ν πίστις·
(ὡς) τ(ῳ) κορνηλί(ῳ): (semi-uncial)
14ʳ	13, 8	7	ϛ μεθ' (minuscule)
17ʳ	15, 20	8	※ εἰρηναῖος ὁ πάνυ. ἐν τ(ῷ) (τρίτῳ) (κατὰ)
τὰς αἱ
ρέσεις λόγ(ῳ)· (και) ὧδε· (και) ἐν τοῖς
ἑξῆς ἐκ
προσώπου τ(ων) ἀποστόλ(ων). οὕτ(ως)
ἀναφέ
ρει τὴν χρῆσιν·(και) ὁ παμφίλου μέ
γας εὐσέβι(ος) ἐν τοῖς κα(τὰ) πορφυρί(ου)
ἕκτ(ῳ)
(και) ἑβδόμ(ῳ) λόγ(ῳ) ὁμοίως (και) τ(ον)
πορφύρι(ον) τί
θησιν. οὕτ(ως)· ἐπὶ διαβολῆι με
μνημένον τῆς χρήσεως. (semi-uncial)
17ʳ	15, 29	9	ἰστέον (και) τοῦτο. ὡς εἰρη
ναῖ(ος) εν τῶ αὐτ(ῶ) (κατὰ) τὰς αἱ

Folio	v. d. G.		
			ρέσεις τόπωι (και) λόγ(ῳ). οὕτως περαιοῖ τὴν τ(ων) ἀποστόλ(ων) ἐπιστολὴν· ἐξ ὧν δ(ια)τηροῦντες ἑαυτ(οὺς) εὖ πράξετε· φερόμενοι ἐν ἁγίωι πν(εύματ)ι· καὶ ὅ τι ἐν ἑκατέροις τοῖς τόποις τοῦ πνικτοῦ οὐ μεμνηται: –> –> – (semi-uncial)
17ᵛ	16, 3	10	ἀπὸ λύστρῆς¹ ὁ τιμόθε(ος) ἀκολουθεῖ τ(ῶ) παύλωι:
17ᵛ	16, 10	11	ἀπὸ τρωάδ(ος) ἀκολουθεῖ ὁ λουκᾶς τ(ω) παύλωι·
19ᵛ	17, 28		ἀράτ(ου) ἀστρονό(μου)· (και) ὀμ(η)ρ(ου) ποιητ(ου): In the margin are two ÷ but it seemed doubtful whether the dots are by the first hand.
20ʳ	18, 8	14	σημ. ὅτι δεῖ πίστιν προηγεῖσθ(αι) τ(ου) βαπτίσματ(ος)· ἀνάγνω(θι) ἄνω εἰς τ(ὸν) φίλιππ(ον) (και) τ(ὸν) εὐνοῦχο(ν)· (semi-uncial)
23ᵛ	21, 22	16	γρ. πάντως δεῖ συνελθεῖν πλῆθος. ἀκούσοντ(αι) γ(ἀρ). (minuscule)
24ᵛ	22, 20	17	πρωτο with a ' above it and a corresponding ' before μάρτυρος in the text. (minuscule)
32ᵛ Jas.	2, 5		ἐ[ν τῷ κόσμ]ῳ with sign above and a corresponding sign in the text above τῷ κόσμῳ. In the note the accent of κόσμω is visible though the letters have been wholly erased. (probably semi-uncial)

¹ On the double declension of Lystra see the note in Ramsay's *St. Paul the Traveller*, pp. 128 f.

Folio		v. d. G.	
33ʳ	Jas. 2, 13	21	ἐν τω πρωτω τῶν στρωματεων τόμωι. οὕτως ανα[φ]έ[ρεται] ἡ γὰρ κρίσις ἀνέλεος τῶι ποιήσαντι ἔλεος.

[............a]νελεον [...........
......ε...σαντ. οὐχὶ δηλω.....μὸν
κατὰ τοῦ
[......ε]λε[ο]ν....π...ασ. οτι οὐ-
δει[σ....] ωϛ (or γ?)ει· ὁ καλῶς βιώσας·
και χωρὶς γὰρ τοῦ ἐλεηθῆναι σωι
   ϛ[εται] ἀλλ' ουδὲ ου
   κ..μ..ου...ὡς τι
   να των [αντιγ]ραφ(ων)
   ετ[ε]ρ[α .] ε...ειω
   θε........φωνί
   αισ......δὲ τῶι
   ἀντιγράφωι χειρὶ
   τοῦ μακαρίου εὐσε
   β[ί ου γεγ]ραμένωι
   τὸ [μ]ὴ......ρα
   π..........

(semi-uncial in three long lines on the top margin and eleven short lines on the right-hand margin)

34ᵛ	Jas. 5, 11	23	τέλος (minuscule) There are marks of reference above it and above ἔλεος in the text.
36ʳ	1 Pet. 2, 20	24	There is a ligatured ωρ in the margin, but nothing further is legible, and since there is no trace of the Γ which is always present in the symbol for Origen, this ωρ probably represents ὡραῖον, which scribes often wrote in the margin to indicate their approbation of the text.
37ʳ	1 Pet. 4, 14	25	γρ. ἀναπαύετ(αι) partly erased; probably but not certainly by the first hand. (minuscule)
39ᵛ	2 Pet. 3, 10	26	γρ. κατακαήσεται, partly erased; probably first hand. (minuscule)

Folio		v. d. G.	
41ᵛ	1 Jo. 4, 3	28	ὃ λύει τὸν ἰ(ησοῦ)ν (minuscule)
οὕτως ὁ εἰρηναι(οσ) ἐν τ(ῷ)
τρίτ(ῳ) (κατὰ) τὰς αἱρέσεις λό
γ(ῳ)· (και) ωρ(ι)γ(ενης) σαφῶς ἐν τ(ω)η´
τόμ(ῳ) τῶν εἰς τ(ην) π(ρὸς) ῥω
μαί(ους) ἐξηγητικῶν· καὶ κλή
μης ὁ στρωματεὺς ἐν
τ(ῳ) π(ερὶ) τ(οῦ) πάσχα λόγῳ:
(first line minuscule, the rest semi-uncial)
42ᵛ	1 Jo. 5, 6	29	A few letters are visible but illegible, more probably second hand. At the beginning of the note is ·/· and the same sign is over ἀλήθεια in the text.
42ᵛ	1 Jo. 5. 16	30	καὶ [τὸ] ἀ[ν]τιγραφον
κατὰ .... ν
[ου]κ ἐν διαστολῆι: (semi-uncial)
This is what our notes record, but the photograph seems to show clearly διαστολήν, and the ἐν is not legible.
43ᵛ	Jude 5	32	ἐν τῆι ζ´ ὁμιλία τ(ῶν) εἰς τὸ
δευτερονόμιον. αὐταις
λέξεσιν. οὗτ(ως) ἀναφέρει
τὸ παρὸν ῥητόν· (καὶ) (ὅτι) οὗτ(ος)
(ἐστι) κ(υριο)s ὁ θ(εὸ)s ἡμ(ῶν). ὁ ἐξαγαγὼν
ἡμᾶς ἐκ γῆς αἰγύπτου.
κ(υριο)s ἰ(ησοῦ)s. δηλοῖ (και) ἰούδας ἐν
τῇ ἐπιστολῆι λέγ(ων)· ἄπαξ
γ(αρ) ἰ(ησοῦ)s λαὸν ἐκ γῆς αἰγύ
πτ(ου) σώσας. τὸ δεύτερο(ν)
τοὺς μὴ πιστεύσαντ(ας)
ἀπώλεσεν: (semi-uncial)
There is no reference mark in the text.
44ᵛ	Subscr. Cath. epp.		μετεγράφησαν καὶ αἱ καθολικαὶ ἑπτὰ ἐπι-
στολ(αὶ) ἀπὸ τοῦ
αὐτοῦ ἀντιγρ(άφου) πρὸς ὃ (καὶ) ἀντε-
ξηιτάσθησαν ἀκριβῶς
ὡς ἐνεδέχετο: —

Folio		v. d. G.	
44ᵛ	Superscr. Paul. epp.		ἰστέον τὰς ιδ̄ τοῦ ἀποστόλου ἐπιστολὰς. γεγράφθαι ἀ πὸ ἀντιγράφου παλαιοτάτου. οὐ πειραν ἐλάβομεν ὡς ἐπιτετευγμένου. ἐκ τῶν εἰς ἡμᾶς ἐλθόντων ὠριγέν(ους) τόμων ἢ ὁμιλιῶν εἰς τὸν ἀποστολον· εὑρηκότες αὐτὸ συμ φωνοῦν οἷς μνημονεύει ῥητοῖς. ἐν ταῖς εἴτε εἰς τὸν ἀ πόστολον εἴτε εἰς ἄλλην γραφὴν ἐξηγήσεσιν ὁ ἀνήρ· ἐν οἷς οὖν παραλλάττει ῥητοῖς· πρὸς τὰ νῦν ἀποστολικά. διπλῆν τὴν λεγομένην παρεθήκαμεν ἔξωθεν· ἵνα μὴ νομισθῆι κατὰ προσθήκην ἢ λεῖψιν ἡμαρτῆσθαι τουτὶ τὸ ἀποστολικόν· τὴν δὲ πρὸς ῥωμαίους ἐκ τῶν εἰς αὐτὴν φερομένην τόμων μεταγραψάμενοι. οὐκ ἐχρη σάμεθα τῆι διπλῆι· ἥτις ἐστιν αὕτη· > ·
44ᵛ	Rom. 1, 1	35	τόμ(ος) α΄
45ʳ	Rom. 1, 7	36	τοῦ ἐν. ῥώμηι οὔτε ἐν τῆι ἐξηγήσει. οὔτε ἐν τῶι ῥητ(ω) μνημονεύει (semi-uncial)
45ʳ	Rom. 1, 7	37	τόμ(ος) β΄
45ᵛ	Rom. 1, 24	38	τόμ(ος) γ΄
45ᵛ	Rom. 2, 12	40	τόμ(ος) δ΄
		41	
46ᵛ	Rom. 3, 5	42	∼ κατὰ τῶν ἀν(θρώπ)ων with ∼ over κατὰ ἀν(θρωπ)ον in the text. (minuscule)
46ᵛ	Rom. 3, 7	43	τόμ(ος) ε΄ This is not visible on the photograph, although both von der Goltz and we seem to have seen it in the codex.

Folio		v. d. G.	
46ᵛ	Rom. 3, 16	44	ωρ(ι)γ(ενης) τοῦτο οὐχ εὕρηται ποῦ κεῖται· (semi-uncial)
47ʳ	Rom. 3, 31	45	τόμ(os) s'
47ᵛ	Rom. 5, 8	46	τόμ(os) ζ'
47ᵛ	Rom. 5, 14	47	÷ γρ. (και) ἐπὶ τοὺς μὴ ἁμαρτήσαντας in a late hand.
48ʳ	Rom. 5, 17	48	τόμ(os) η'
48ʳ	Rom. 5, 17	49	τὸ ῥητὸν τοῦ ὑπομνή ματος. λαβόντες ἔχει· ὁμοίως (και) τὰ πολλὰ τῶ(ν) παλαιῶν ἀντιγράφω(ν)· αὐτ(ὸς) δὲ δι ὅλης σχεδὸν τῆς ἐξηγήσεως. λαμβά νοντες μέμνητ(αι): with a ∼ referring to λαμβάνοντες in the text. (semi-uncial)
48ʳ	Rom. 5, 20	50	σχο(λιον) οὐ μόνον ἐπερίσσευσ(εν) ἀλλὰ καὶ ὑπερεπερίσ σευσεν ἡ χάρις. ὅπου γε γονεν πλεονασμ(ὸς) ἁμαρ τίας· ὥσπερ (και) ἐπὶ τὴν τοῖς δάκρυσι νίψασα(ν) τ(οὺς) πόδ(ας) ἰ(ησο)ῦ· (καὶ) ζητητε(ον). εἰ ἐπὶ πάνθ' ὄντιν' ο(ὖν) ὅπου περισσεύει ἡ ἁμαρ[τια νικῶσα ἡ τοῦ θ(εο)ῦ χάρις. (semi-uncial) The τία of ἁμαρτία has been cut off when the margin was trimmed.
48ᵛ	Rom. 6, 16	51	τόμ(os) θ'
48ᵛ	Rom. 7, 4	52	τοῦ ἁγί(ου) βασιλ(είου) σχό(λιον) τ]οῦ νόμου ἐπεξιέναι τ]οῖς ἀδικοῦσιν ἢ πλητ τ]ουσιν ἐπιτρέποντ(ος). κ]α(τα) τὸ εὐαγγέλι(ον) ἐπὶ τῇ

CODEX 1739 201

Folio	v. d. G.		
			π]ρ(ω)τη πληγῆι. (καὶ) τῆι ἀφαι ρ]έσει τ(ου) χιτῶν(ος) μακρο θ]υμήσας. τέθνηκε τ(ω) ν]όμ(ω)· (καὶ) τέθνηκεν. ἤ τ]οι κατήργ(ηται) τούτω ὁ νό μ(ος)]· προσθεὶς (δὲ) (καὶ) τὸ ἱ μ]άτιον· (καὶ) τὴν ἄλλη(ν) στ]ρέψας σιαγόνα. εν κ]αινότητι ζωῆς πε ριπατεῖ· (semi-uncial)
49ʳ		53	τ
49ᵛ	Rom. 8, 9	54	τόμ(ος) ι'
49ᵛ	Rom. 8, 24	55	ὑπομένει· τὸ δὲ ἐμὸν τὸ παλαιὸν οὔτ(ως) ἔχει· ὁ γ(αρ) βλέπει. τίς ἐλπίζει· (semi-uncial)
50ʳ	Rom. 9, 1	56	τόμ(ος) ια' ὃς οὐ φέρε ται
50ᵛ	Rom. 9, 20	57	οὕτως (καὶ) ἐν τ(ῶ) τρίτ(ω) τ(ῶν) στρωματέων ἐμνήσθη τοῦ ῥητ(οῦ)· (καὶ) τὸ ἐμὸν τὸ παλαιὸν οὔτ(ως) εἶχεν· ἀλλὰ ξεσθέν. ἀμυδρὰ τινὰ ἴχνη τ(οῦ) ξεσθέν τ(ος) ῥητ(οῦ) ἔφερεν. οἷς ἐ πείσθημεν. ἀναγνόν τες τ(ους) στρωματεῖς: (semi-uncial) There is a sign above this note corre- sponding to a similar one in the margin at ὦ ἄνθρωπε in the text.
50ᵛ	Rom. 9, 20	58	ἐπειδ(ὴ) δοκεῖ ἠρτῆσθαι τὸ εἰ δε θέλων ὁ θ(εὸ)ς (καὶ) μὴ ἀποδεδόσθαι. ἐπίστη σον εἰ πρὸς τὸ σὺ τίς εἶ ὁ ἀνταποκρινόμ(ενος) τ(ῶ) θ(εῶι) ἀποδέδοται·

Folio		v. d. G.	
			ἵνα ἦι· εἰ δὲ θέλων ὁ θ(εὸ)s ἐνδείξασθ(αι) τ(ὴν) ὀργ(ὴν) σὺ τίς εἶ ὁ ἀνταποκρι νόμ(ενος) τῷ θ(ε)ῷι· (semi-uncial) A sign above this corresponds to the same sign at εἰ δὲ θέλων in the text.
50ᵛ	Rom. 9, 22	59	ἐν τ(ῷ) προειρημ(ένω) τρί τ(ω) στρ(ω)ματεῖ. διχα τοῦ και͞. παρέθετο τὸ ῥητόν: (semi-uncial) A sign by the side of this note corresponds to the same sign at καὶ ἵνα γνωρίσῃ in the text.
51ᵛ	Rom. 11, 8	60	ποῦ γέγραπτ(αι) τὸ ἐγ κείμενον ῥητ(ὸν). ἐγὼ μὲν αὐταῖς λέξεσιν οὐχ εὗρον· ὁ δὲ ἐμοῦ ἐ πιμελέστερον ἐντυγ χάνων. εἰ εὕροι δηλω σάτω· (semi-uncial) The composite quotation in verse 8 is intended.
51ᵛ		61	τόμ(ος) γι'
52ʳ		62	We could not find this. As a rule the scribe writes in the margin the name of the book quoted in the text.
52ᵛ		63	τόμ(ος) δι' ὃς οὐ φέρεται
53ʳ		64	τόμ(ος) ει'
53ᵛ	Rom. 15, 14	65	ωρ(ι)γ(ενης) ἐν τῇ ἐξηγησει No signs of reference are visible.
		67	We could not find this.
54ᵛ	Rom. 16, 25	68	We could not see the sign for Origen, and no part of the note is legible.

Folio		v. d. G.	
55ʳ	1 Cor. 1, 4	69	σχ(ολιον) τί δεῖ ἀνακίρνησι τὰς δωρεὰς τοῦ θ(εο)ῦ· οὔτε θ(εο)ῦ λέγει αὐτὰς χωρὶς χ(ριστο)ῦ· οὔτε χ(ριστο)ῦ χωρὶς θ(εο)ῦ· ἀλλὰ τῇ χάριτι τοῦ θ(εο)ῦ ἐν χ(ριστ)ῷ ἰ(ησο)ῦ: (semi-uncial)
		70	We could not find this.
55ᵛ	1 Cor. 2, 9	71	ἀποκρύφ(ου) ἡλιοῦ (semi-uncial)
56ʳ		72	Two erasures, but nothing legible.
56ᵛ		73	Nothing visible.
57ʳ		74	We could not find this.
57ᵛ	1 Cor. 6, 14	75	οὕτως (καὶ) ἐν τῷ α′ τ(ῶν) στρωματέ(ων)· προθεὶς γ(ὰρ) οὔτ(ως) τὸ ῥητ(ὸν). ἐπιφέρει αὐταῖς λέξεσιν· σημει ωτέον. (ὅτι) ἤδη ἡμᾶς ὁ κ(ύριος) ἐξηγερκέναι λέγε ται· (ὡς) κατὰ τοῦτο ἤδη τὴν ἀνάστασιν γεγο νέναι· τὴν ἀνάστασιν (δὲ) τάχα. την ἐκ μέρ(ους) (ὡς) γνῶσιν λαμβάνου σιν. οἱ τὴν ἐκ μέρ(ους): (semi-uncial) A sign above this note corresponds to one above ἐξήγειρεν in the text.
57ᵛ		76	We could not find this.
58ᵛ	1 Cor. 7, 31	77	ἐν τ(ῷ) δ′ τ(ῶν) στρωματέων. τὸ μὲν ῥητὸν προέκειτο. ὡς χρώμενοι τ(ὸν) κόσμ(ον) τοῦτον· ἡ (δὲ) ἐξήγησις εἶχεν. οὔτ(ος) χρώμενοσ τῶι κόσμ(ῳ) οὐ καταχρῆται· ἐὰν δὲ ᾖι παραχρώμενοι (καὶ) τὰ ἑξῆς ὡς δηλοῦται. τίς ἡ παράχρησις·

Folio	v. d. G.		
			ἐκ δὲ τοῦ ἐὰν δὲ ἦι παραχρώμενοι. δηλοῦται τινὰ τῶν ἀντιγράφων οὔ ἔχειν: (semi-uncial) A sign above this note corresponds to one above χρώμενοι in the text. The δ′ in this note is not quite certain. It might possibly be an α′.
58ᵛ	1 Cor. 7, 34	78	οὔτ(ως) ἐν τ(ῷ) δ′ τ(ῶν) στρω ματέ(ων) θεὶς τὸ ῥητὸν· αὐταῖς λέξεσιν ἑξῆ
			> γεῖται· δόξει δὲ πα
			> ρελκόντως προσκεῖ
			> σθ(αι). τῇ παρθένωι ἡ
			> ἄγαμ(ος)· ἐπεὶ ἐν τοῖς
			> ἀκριβεστέροις ἀν
			> τιγράφοις γέγραπτ(αι)·
			> καὶ ἡ γυνὴ ἡ ἄγαμ(ος)·
			> καὶ ἡ παρθέν(ος) ἡ ἀγα
			> μ(ος)· λεκτέον δὲ (κατὰ)
			> τοῦτο· οὔτε γυναῖ
			> κα ἄγαμον λεκτέ
			> ον τὴν γάμου φρον
			> τίζουσαν. κἂν ἐ
			> πὶ τοῦ παρόντος ἄ
			> γαμ(ος) (εἶναι) δοκῇι· οὔ
			> τε παρθένον ἄγα
			> μον τὴν ἐγκειμέ
			> νην ἐπὶ τὸ γαμεῖν· (καὶ)
			> μνηστείαις ὑπο
			> κειμένην· διόπερ
			> οὐ μάτην ἡ γυνὴ ἡ
			> ἄγαμ(ος)· (καὶ) ἡ παρθέν(ος)
			> ἡ ἄγαμ(ος) εἴρηται
			> μεριμνᾷ τὰ τοῦ κ(υρίο)υ
59ᵛ	1 Cor. 9, 20	79	ἐν τ(ῷ) δ′ τ(ῶν) στρωματέ(ων) πε(ρὶ) τ(οῦ) παρόντ(ος) χωρίου. τάδε ἐπὶ λέξεως φη(σίν)· (καὶ) παρατηρητέον γε ὅτι ιουδαίοις μ(εν)
			< καὶ ἀσθενέσιν. ιουδαῖο(ς) (καὶ) ἀσθενὴς

CODEX 1739   205

Folio   v. d. G.

γίνετ(αι)· τοῖς δὲ ὑπὸ νόμον· ὑπὸ νόμον
οὐ γίνεται. ἀλλ' (ὡς) ὑπὸ
< νόμον· (καὶ) τοῖς ἀνόμοις ἄνομος οὐ γίνε-
(ται). ἀλλ' (ὡς) ἄνομ(ος)· δια τοῦτο
(δὲ) ιουδαίοις ιουδαῖος γίνε(ται) (καὶ)
οὐχ ὡς ιουδαῖ(ος)
< ἐπει οὐ φη(σιν) ἐπὶ τοῦ καὶ ἐγενόμην τοῖς
ιουδαίοις ιουδαῖ(ος)· μὴ ὢν αὐτ(ὸς) ιου-
δαῖ(ος). ἀλλὰ καὶ ἐπὶ τῶν ἀσθενῶν.
οὐ λέ
< γει μὴ ὢν αὐτ(ὸς) ἀσθε
< νὴς. τὸ μὲν γαρ ἀρνου
< μένου ἦν. τὸν ἐν κρυ
< πτῷ ιουδαϊσμόν.
< τὸ δὲ ψευδομένου
< καὶ μὴ ἀντιλαμβα
< νομένου. παρούσης
< πᾶσι τῆς ἀν(θρωπί)νης
< ἀσθενείας: (semi-uncial)
A sign above this note corresponds to
one above ιουδαῖος in the text.

59ᵛ 1 Cor. 10, 1   80   Perhaps τόμ(ος) but no numeral is visible.

59ᵛ 1 Cor. 10, 9   81   καὶ οἱ καθελόντες τ(ὸν)
σαμοσατέα παῦλον
π(ατερε)s ἅγιοι. οὕτως ἀνή
νεγκαν τὴν χρῆσιν.
καὶ αὐτ(ὸς) δὲ ἐν τ(ῷ) δ'
τ(ων) στρωματέων οὕτ(ω)
προθεὶς τὴν χρῆσι(ν).
αὐταῖς λέξεσιν ἐπι
> φέρει· ἴσως μὲν ἐπὶ τῆς πέτρας ὡς ἀλληγο-
ρουμένης εἰς χ(ριστὸ)ν. εὑρησιλογήσου-
σιν οἱ μὴ θέλοντες χ(ριστὸ)ν· ἐκεί
> νας τὰς οἰκονομίας ᾠκονομηκέναι· τί δὲ
ἐροῦσι (καὶ) πρὸς ταῦτα τὰ ῥητά· τίνες
γὰρ αὐτ(ὸν) ἐξεπείρασαν·
> οὐκ ἄλλον τινὰ. ἢ τὸν χριστὸν· (καὶ) δ(ιὰ)
τοῦτο ὑπὸ τῶν ὄφεων ἀπώλλυντο·
                              (semi-uncial)

Folio	v. d. G.		
			A sign above this note corresponds to one above μηδὲ ἐκπειράζωμεν in the text. The marks of quotation at the beginning of the lines are continued for two more lines, but there is no sign of any erasure, and the note is apparently complete.
62ᵛ	1 Cor. 14, 37	88	τοῦ θ(εο)ῦ ἐστίν (minuscule) The ∼ above τοῦ refers to a corresponding mark in the text. This has now been erased, and the original reading, doubtless κ̄ῡ, changed to θ̄ῡ.
62ᵛ	1 Cor. 14, 38	89	οὕτως κ(αι) αὐτ(ος) παντα χοῦ ἀναφέρει τὴν χρῆσιν. The ∼ refers to a similar mark above ἀγνοεῖται in the text.
63ᵛ	1 Cor. 15, 32	92	. . . . ἠσαΐας μέ μνη N̄Γ̄ τ(αι) (semi-uncial) There is no reference in the text, but the passage is doubtless φάγωμεν καὶ πίωμεν κ. τ. λ. and the reference is to Is. 22, 13. Above this note are three erased and illegible lines, but it is doubtful whether they are part of this note or a separate one. From the space the latter is more probable. N̄Γ̄ doubtless marks a chapter division of some sort.
65ʳ	2 Cor. 1, 8	95	∼ ποίου ζῆν· οὐ τοῦ κοσμικοῦ· ἀλλὰ τοῦ ζῆν τοῦ ἀληθινοῦ: (semi-uncial) The ∼ refers to the same mark above ζῆν in the text.
65ʳ	2 Cor. 1, 9	96	⊰ ἀπόκριμα θανάτου (ἐστιν) ἡ φωνὴ τῆς ἀρνωσε(ως).

Folio		v. d. G.	

ἀποκρίνεται γάρ τις
θάνατον· ὥσπερ ἡ
φωνὴ τῆς μαρτυρί(ας)
κ(αὶ) ὁμολογίας· ἀπό
κριμα (ἐστι) ζωῆς.   (semi-uncial)
The ⊰ refers to ἀπόκριμα in the text.

65ʳ	2 Cor. 1, 10	97	Above τηλικούτου θανάτου are written the terminations -κούτων, -νατων, and in the margin is the usual sign to denote Origen.

| 65ʳ | 2 Cor. 1, 17 | 98 | |

οὗτ(ως) (καὶ) αὐτ(ὸς) ἐξηγεῖ
ται μὴ λεγων τινὰ
τῶν ἀντιγράφω(ν)
ἀλλ . . . . κ . ι
ἐν . . . . δὲ
των κει . . . τ(ης)
νεας δ . . . .
. . . . επ . . .
κ(αὶ) απο . α . . τό
τι . . . .
ι . . . . λει·
και εν τῶ ϛ̄ τ(ῶν) στρωμά
τεων εξηγουμενος τ(ην)
π[ρ]ωτην π(ρος) κορινθί(ους)
τὸ καθ' ημεραν ἀπο
θν[ησ]κ[ω νὴ] . . τὴν ημε
τέραν καυχησιν
οὕτως ἀναφέρει τ(ην)
χρῆσιν ἱνα η πα
ρεμοι· ναὶ κ(αὶ) τὸ οὔ (semi-uncial)
There is no reference mark in the text. We first read ἀπό (in the last line but five) as ὅτι, but the reference to 1 Cor. 15, 31 is clear — καθ' ἡμέραν ἀποθνήσκω, νὴ τὴν ὑμετέραν καύχησιν.

The meaning of the note is clear. The scholiast is commenting on the fact that Origen's text is τὸ ναί, καὶ τὸ οὔ, not τὸ ναὶ ναί, καὶ τὸ οὔ οὔ, and that

Folio	v. d. G.		
			Origen neither notes any variant (μὴ λέγων τινὰ τῶν ἀντιγράφων) nor quotes differently in referring to the same passage in the Commentary on Romans.
66ᵛ	2 Cor. 4, 13	102	.... εἰ τὴν τρι άδα ῥητῶς ἐκδηλοῖ· θεολογῶν τὸ π(νεῦμα)· τὸ διὰ τῶν προφητ(ῶν) λα λῆσαν
69ʳ	2 Cor. 9, 5	104	δέ is added in the margin after ἀναγκαῖον, but in ordinary script, not in semi-uncial, so that it is doubtful if this is one of the editor's notes.
70ʳ	2 Cor. 11, 23	105	Above περισσοτέροις is written ω, that is, περισσοτέρως for περισσοτέροις.
71ʳ	2 Cor. 12, 19	107	This is a long note extending down the outside margin and along the bottom. It refers to the word κατέναντι in the text. Most of it is illegible owing to complete erasure.

ἐν τ(ῷ) ζ̄ τόμ(ω) τ(ῶν) εἰs τ(ὴν)
πρὸς ῥωμαί(ους) ἐξηγη
τικῶν. οὕτω ἀνηνεγ
κε τὴν παροῦσαν χρῆ
σιν· ἐνώπιον τ(ου) θ(εοῦ).
κατεναντίον τ(ου) θ(εοῦ)
ἐν χ(ριστ)ῷι λαλοῦμεν·
> ἐν τούτοις ὀπηλίκο(ν)
> δε κ ἡμαρτησεν
> ἐν τῇ περι ἀρχῶν τ(ων)
> ἱερ(ων) γραμμάτ(ων) .. α
> προσ .... παρα
> δείγματ(ος)· ἑ ..... (as)
> παρ τ(ου) ......
> πιον τ(ου) θ(εου) ...

Of the next fourteen lines only fragments of letters remain, but the sign >

Folio	v. d. G.	
		is placed before the first nine and the last two; the note goes on with four long lines at the bottom of the page, the first two having the sign > at the beginning.
		> οὗ φησιν ἀγαθοῦ . . . . [space of 29 letters] . . τέρ . παρ' αυτ(ον) . . . [space of 11 letters] . χ(ριστοῦ) . . δεῖ λαλειν- τον
		> . . . [space of 36 letters] . . . ἀγαθοῦ . . . [space of 32 letters] δε ανωτέρ(ω) . . . [space of 47 letters] . . . . κατεναντι τοῦ θ(εοῦ) εν χ(ριστ)ῳ λαλουμεν . . . [space of 47 letters] . . . δε . . . . .
73ʳ	Gal. 3, 8	113	The text reads προευηγγέλισται with the sign for Origen in the margin.
73ʳ	Gal. 3, 17	114	ἀβραὰμ ἀπὸ δε ἕως ρ̄ κ̄ε· ἰσαὰκ ἔτη ξ̄· ἰακὼβ ἔτη ς̄α ἰω σὴφ ἔτη ρ̄ι ἐν αἰγύ πτῳ ἔτη ρ̄μ̄α ἔτη ῡλ There is no mark of reference in the text, but the note is obviously on the chronology of 3, 17.
73ᵛ	Gal. 4, 8 f.	116	οὕτω κ(αί) αὐτ(ος) There is no reference mark.
74ʳ	Gal. 4, 19		καὶ αὐτ(ὸς) ὁμοίως·
74ʳ	Gal. 4, 25	117	A sign of quotation followed by the symbol for Origen perhaps means that Origen regarded this as a quotation.
74ʳ	Gal. 5, 5	118	A sign in the margin probably means ὡραῖον not ὡριγένης.
74ᵛ	Gal. 5, 15	120	A long note at the top and left hand margin, almost all erased.

Folio		v. d. G.	
			> τ... [space of 13 letters].. αποστολ ... [space of 28 letters]... ἀλλ ἐν τισιν.. [space of 27 letters]
			> .... εν τισιν ἀντιγράφοις εχει · ει δὲ ἀλλη[λους δακ]ν̣ε̣τε και κατεσθίε̣τε̣ ...ὁ θειος............οτι̣
			> .... π(αρα)πε̣ς̣ο̣νται [space of 26 letters]... τ(ὸν) ἐν τ(ῷ) δεσμ(ω)- τηριω... [space of 24 letters].. ἀ
			> ναφερει τ̣ην χρῆσιν̣... [space of 27 letters]... κολασο.. ι· κατα̣... [space of 31 letters]. ε̣κ̣κλησι(ας)
			> [space of 7 letters].. κ̣α̣τα..... There are 15 more lines but only an occasional letter can be conjectured. This is one of the notes which might perhaps be recovered by chemicals.
75ʳ	Gal. 6, 12	123	The sign in the margin is probably ὡραῖον.
75ʳ	Gal. 6, 16	124	·/. σημ. οτι̣ ἐν τ(ω) τ(ου) ὑπ(ο)μνή μα̣(τος̣)................α̣ναφ ....νχ(ρησιν) ....ὀ̣(ια̣)τ !.. τ̣ο..........................ον τ....................ἐκτός. ....τ̣η̣ι ἀποκ λυψει........................
76ʳ	Ephes. 2. 13	128	There is the sign for Origen in the margin, but no mark at ἐγγύς. Possibly the reference is to ἐν τῷ αἵματι, where the ἐν is added above the line by the original scribe.
76ʳ	Ephes. 2, 19	129	The text omits οὖν after ἄρα and the sign for Origen stands in the margin.
76ʳ	Ephes. 2, 21	130	τὸ μὲν ῥητ(ὸν) τ(οῦ) ὑπομνή ματ(ος) ἐν ᾧ πᾶσα οἰκοδο

CODEX 1739　　　　　　　　　　211

Folio		v. d. G.	

μὴ· ἄνευ τοῦ ἄρθρου·
ἡ (δὲ) ἐξήγησις. μίαν λε
γουσα τὴν οἰκοδομὴν.
τίθησι (καὶ) τὸ ἄρθρον:　　(semi-uncial)

76ᵛ　Ephes. 3, 10　131　σημειωτ(εον) ὅτι δ(ια) χ(ριστο)ῦ
ἰ(ησο)υ λέγει τὸ . .
τὴν πολυποίκιλο(ν)
σοφίαν τοῦ
θεοῦ·　　(semi-uncial)

76ᵛ　Ephes. 3, 11　132　ἐν τῃ πρ(ος) εβραιους
τ(ω) εσχατω(ι) τ(ων) ημερ(ων)
ἐλαλησε(ν) ἡμῖν ἐν
υἱῶι δι ου και ε
ποιησ(εν) τ(ους) ἀιῶ
νας　　(semi-uncial)

76ᵛ　Ephes. 3, 18　133　1　τὸ μὲν ρητ(ον) τ(ου) υπο (∼ reference
　　　　　　　　　　　in text above πλατος)
　　　　　　　　　2　μνήματο(ς) υψος και
　　　　　　　　　3　βάθος εσχεν. αυτο(ς) (δὲ)
　　　　　　　　　4　. . . . τῆ π(ρος) εφεσι(ους)
　　　　　　　　　5　το βάθος τοῦ υψους
　　　　　　　　　6　. . . . ἀρα του . . . . .
　　　　　　　　　7
　　　　　　　　　8 >
　　　　　　　　　9 >
　　　　　　　　　10 > τα των ἀν . . . . .
　　　　　　　　　11 > εν . . . .
　　　　　　　　　12 > τ . . . .
　　　　　　　　　13 > . . . . π . . . .
　　　　　　　　　14 > τούτοις εποι . . . .
　　　　　　　　　15 > μένοις. απο παλ . . .
　　　　　　　　　16 > τι . . . . (και) φανερὸν
　　　　　　　　　17 > τὸ υψος (εστι) τὸ παλαιὸν
　　　　　　　　　18　(δε) αποστολικὸν τὸ αν
　　　　　　　　　19　τίγραφον· ξυσθέν
　　　　　　　　　20　τι . . . . . δε δι
　　　　　　　　　21　ὠρθωτο κα . . . .
　　　　　　　　　22　. . . . τοπον . . .　　(semi-uncial)

Folio		v. d. G.	
77ʳ	Ephes. 4, 10	134	οὕτως οὖν ἀνέ... τειλεν (semi-uncial) (perhaps οὕτως οὖν ἀνέστειλεν)
77ʳ	Ephes. 4, 13	135	σημειωτ(εον) τὸ ἐπιγνώ σεως (καὶ) οὐ γνώ σεως: (semi-uncial)
77ᵛ	Ephes. 4, 26	136	The sign for Origen stands in the margin.
77ᵛ	Ephes. 4, 28	137	Only ∼ is left in the margin above rasura. The same mark stands above ἐργαζόμενος.
77ᵛ	Ephes. 5, 4	139	Sign above μωρολογία in the text, and in the margin four and one-half erased lines, with only the sign for Origen remaining legible.
77ᵛ	Ephes. 5, 14		∻ και τὸ ῥητὸν .... (semi-uncial) There is a reference mark in the text over ἔγειρε. A later hand has written in the margin, ἱερεμίου ἀπόκρυφον.
78ʳ	Ephes. 6, 2	143	ἐν το λῶ(ν) (semi-uncial) There is no reference in the text but this is probably a variant reading for ἐντολή.
78ᵛ	Ephes. subscr.	144	ἀπὸ τῶν εἰς τὴν πρ(ος) ἐφεσίους φερο- μένων ἐξηγητικῶν τόμων ἀντανεγνώσθη ἡ ἐπιστολη: ∼ ※ (semi-uncial) and the sign for Origen is inserted in the right-hand margin.
79ʳ	Phil. 1, 5	145	ἐντεῦθεν δοκεῖ ἦρ χθαι ... τ του ... ντ .... οῦ

CODEX 1739   213

Folio		v. d. G.	
			ν . . . . . μ . ανομ . . ης
			. σμ . . . . τησ
			. ν . . . ως . . . . ουσης
			(semi-uncial)
79ʳ	Phil. 1, 11	146	τὸ μ(εν) ῥητὸν τοῦ ὑπομνή ματ(ος)· πληθυντικῶς καρπῶν λέγει η(δε) ἐ ξηγησις τα αμφότερα (κατα) . . . . . . ν . . . . . . ρ ε. . . . ενκ . . . . ουκ αλλ(ως) δ . κ . . . . τινές· . . κειν̣η . . . . α . ρ . κό . . . . . . ντὸν χ(ριστο)υ ἠχον· . . πληρωμέν· . . καρ που δικαιοσυνης τ(ον) (δια) ἰ(ησο)υ χ(ριστο)υ. εν δε ταις ἐξηγησεσιν πληθυντικῶς: (semi-uncial)
79ᵛ	Phil. 1, 27	147	The sign for Origen stands in the margin but there is no mark of reference in the text.
79ᵛ	Phil. 2, 6	150	The sign for Origen is visible, but no reference mark in the text.
80ʳ	Phil. 2, 30	154	The sign for Origen stands in the margin and there is a mark of reference above ἔργον in the text.
80ʳ	Phil. 3, 3	156	ωρ(ι)γε(νης) οἱ ἐν πν(ευματ)ι (minuscule)
80ᵛ	Phil. 3, 8	157	ὁμοίως τὸ ῥητὸν ἔχει τ(ο)ῦ ὑπομνήματ(ος) (semi-uncial)
80ᵛ	Phil. 3, 13	159	∼ καὶ αὐτὸ(ς) ὁμοί(ως) (semi-uncial) There is a reference mark in the text against οὗ λογίζομαι.
80ᵛ	Phil. 3, 14	160	Δ Γρ(απτεον) ἀνεγκλησίας τοῦ θ(εο)ῦ ἐξηγησαμενο(ς) τὸ εἰς τὸ βραβεῖον τῆς ἄνω κλή σε(ως) του . . θ(εο)υ . ἐπιφ(ερ)ει ἀνέ

Folio v. d. G.

γνωμεν δὲ ἕν τισιν ἀν
τιγράφοις· εις το βρα
βεῖον τῆς ἀνεγκλησίας
τοῦ θ(εο)υ ἐν χ(ριστ)ω ι(ησο)υ. εἴη
ἂν ἐκείνης τῆς λεξε(ως)
ὁ ν(οῦς) τοιοῦτο(ς)· τὸ βραβεῖ(ον)
(εστιν) βραβεῖον ἀνεγκλη
σίας· (ὥσ)τε μηδαμῶς . .
ἐγκλήματι τ(ῷ) ἀπὸ θ(εο)υ
ἐμπίπτοντι
two more lines illegible
(semi-uncial, except for the first line, which is minuscule)

80ᵛ	Phil. 3, 19	161	The sign for Origen stands in the margin but there is no mark of reference in the text.
80ᵛ	Phil. 4, 1	162	ἕως ὧδε ἐξηγή σατο· (semi-uncial) There is a mark ∼ after ἀγαπητοί in the text.
82ʳ	Col. 1, 23	164	α . . . ι τ . . . . αφορμ (semi-uncial) There are a few illegible remnants of other letters.
82ʳ	Col. 2, 2	165	∼ . . . . αντι του χ(ριστο)υ There are a few illegible marks, and a reference in the text above τῆι. (semi-uncial)
82ᵛ	Col. 2, 13		ωρ(ι)γ(ενης) ∼ ἐν τ(ω) παλ(αιω) ἀντιγραφ(ω) εἶχ(εν)· νεκρ(οὺς) ὀντας τοῖς πα ραπτώμασι κ(αι) τῇ ἀκρο βυστια τῆς σαρκ(ος) υμων

Folio	v. d. G.		
		συνεζωοποίησεν ἡμᾶς	
		σὺν αὐτῶι:	(semi-uncial)
		In the penultimate line ἡμᾶς is probable but the ἡ is not clear. Reference in the text at ὑμᾶς.	
82ᵛ Col. 2, 16		τόμ(ος) γ followed by the sign for Origen.	
83ʳ Col. 3, 16		μ ... π(ος) τ(ου) .... τη	
		παρ .... πα	
		λαια .... δια	
		ουτ .... ρ	(semi-uncial)
83ᵛ Col. 4, 7	171	The sign for Origen stands in the margin but there is no mark of reference in the text.	
83ᵛ Col. 4, 11	172	αὐτο(ς) οὗ δ(ια)στείλας. ἀπὸ ἰδί	
		ας περικοπῆς· μετὰ τὰ	
		προειρημένα τρία ὀνό	
		ματα. δεῖ ἀναγινώσκε	
		σθαι παρέστησεν· τὸ οἱ	
		ὄντες εκ περιτομ(η)s· θαυ	
		μασίως τὰ πε(ρι) τ(ῶν) δ(ια)φόρ(ων) ἐν	
		τῇ γραφῇ περιτομῶν ἀνα	
		πτύσσων:	(semi-uncial)
83ᵛ Col. 4. 13	173	ἕως ὧδε ὁ τρίτο(ς) τόμο(ς)	
		περιεῖχεν· ἡ δὲ ἐξήγησις.	
		ἕως τοῦ ἵνα σταθῆτε	
		τέλειοι:	(semi-uncial)
84ᵛ 1 Thess. 1, 1	174	There is a long rasura at the top of the page but no trace of letters can be seen.	
84ᵛ 1 Thess. 2, 19		σημ(ειωτέον) πάλιν τὸ ἢ μ(εν) ειναι	
		. ο . ια . τ(ο)υ κ . ιμ	
		ὡς ἀλλαχοῦ επι του αυτ(ου)	
		τω και εν κη .... ν	
		τ(ω) δεμ ...... ντου θ(εο)υ	
		χαρα .... ν	
		τορητον .... ρω ἐγνω	
		σθ(αι) . ριγε .. φη(σι)	(semi-uncial)

Folio		v. d. G.	
85ʳ	1 Thess. 3, 12	175	(ὅτι) κ(υριο)ς τὸ πν(εῦμ)α· (semi-uncial)
86ʳ	1 Thess. 5, 13	176	The sign for Origen stands in the margin and a mark of reference above ὑπέρ in the text.
87ʳ	2 Thess. 2, 14	179	ἐν τῇ ἐξηγήσει μέμνητ(αι) τοῦ ι(ησο)υ ι(ησο)υ (semi-uncial)
87ʳ	2 Thess. 2, 16	180	ἐξηγ(ού)μ(εν)ο(ς) τοῦτο τὸ ῥητ(ὸν)· σαφ(ῶς) μίαν τ(ης) τριαδο(ς) λε(γει) ἐνέργειαν: (semi-uncial)
87ʳ	2 Thess. 2, 17	181	οὗτ(ως) δι̃ ὅλης τ(ης) ἐξη γήσε(ως). ἔργ(ω) (καὶ) λόγ(ω) ἀ γαθῶι (semi-uncial) There is a reference in the text above ἔργω.
87ʳ	2 Thess. 3, 5	182	ὅτι κ(ύριο)ς τὸ πν(εῦμ)α (semi-uncial) Reference in the text above κύριος.
87ʳ	2 Thess. 3, 9	183	˜τὸ ῥητὸν εἶχεν τὸ ὑμῖν· ἡ (δὲ) ἐξήγη σις οὔ: Reference in the text above ἡμᾶς. (semi-uncial)
87ᵛ	Introd. to Hebrews	184	ωρ(ι)γ(ενης) ὅτι ὁ χαρακτὴρ τῆς λέξεως τ(ῆς) πρ(ος) ἑ βραίους ἐπιγεγραμμένης ἐπιστολ(ῆς) οὐκ ἔχει τὸ ἐν λόγ(ω). ἰδιωτικόν· τοῦ ἀποστόλ(ου) ὁμολογήσαντο(ς) ἑαυτ(ον) ἰδιώτη(ν)

There is an apparent prolongation of this last line on the top margin, perhaps beginning τουτέστι λόγῳ, but it has been erased, and whether it belongs to the original note is not certain. Probably it does, for this whole note is obviously taken from Eusebius, not directly from Origen (cf. line 19 ἐπιφέρει κ.τ.λ.).

Folio v. d. G.

πᾶς ὁ ἐπιστάμενο(ς) κρί
νειν. φράσεων δια
φοράς. ὁμολογήσει
εν ἄν· πάλιν δὲ αὖ
(ὅτι) τὰ νοήματα τῆς ἐ
πιστολ(ῆς)· θαυμάσιά (εστι) (καὶ)
οὐ δεύτερα τῶν ἀπο
στολικῶν ὁμολογου
μένως γραμμάτω(ν).
καὶ τοῦτο ἂν συμφω
νήσαιεν. εἶναι ἀλη
θὲς πᾶς ὁ προσέχω(ν)
τῆι ἀποστολικῆι ἀνα
γνώσει· τούτοις με
θ ἕτερα ἐπιφέρει λε(γων)
ἐγὼ δὲ ἀποφαινόμε
νος εἴποιμι ἄν· (ὅτι) τὰ
μὲν νοήματα τοῦ απο
στόλου (εστιν)· ἡ (δὲ) φράσις (καὶ) ἡ
σύνθεσις. ἀπομνη
μονεύοντο(ς) τινὸ(ς) τὰ
ἀποστολικά· καὶ ὡς
περεὶ σχολιογραφή
σαντο(ς) τὰ εἰρημένα
ὑπὸ τ(ο)ῦ διδασκάλ(ο)υ:
ἥτις ο(ὖν) ἐκκλησία ἔχει
ταύτην τὴν ἐπιστολ(ὴν)
ὡς παύλου εὐδοκιμεί
τ(ω) καὶ ἐπὶ τουτ(ω)· οὐ γ(αρ)
εἰκῆ οἱ ἀρχαῖοι ἄν
δρες. ὡς παύλ(ο)υ αὐτ(ὴν)
παραδεδώκασιν·
τίς δὲ ὁ γράψας τὴν ἐ
πιστολήν· τὸ μὲν
ἀληθὲς· ὁ θ(εο)ς οἶδεν·
ἡ δὲ εἰς ἡμᾶς φθασα
σα ἱστορία· ὑπό τινω(ν)
μ(εν) λεγόντ(ων). (οτι) κλήμης
ὁ γενόμενο(ς) ἐπίσκο(πος) ῥώ
μης. ἔγραψε τὴν επι

Folio		v. d. G.	
			στολ(ην)· ὑπο τινων (δὲ) (ὅτι) λουκας· ὁ γράψας τὸ εὐαγγέλι(ον) καὶ τὰς πράξεις: (semi-uncial)
87ᵛ	Heb. 1, 14	186	Rasura of two lines in which nothing can be read.
88ᵛ	Heb. 4, 2	188	λόγος . ἀκοῆς^{σχ} (semi-uncial) A few other letters are legible for several lines but nothing can be read.
91ʳ	Heb. 8, 9	194	ἐν ἡμέρα Reference mark at αὐτῶν in text.
92ᵛ	Heb. 10, 16	196	σημ(ειωτεον) ὅτι τ(ῷ) ἁγίωι πν(εύματ)ι τὸ λέγει κ(υριο)ς προσῆψε(ν)· (semi-uncial) The sign meaning Origen which v. d. Goltz quotes is of about the 15th century, is written on the other margin, and probably means ὡραῖον γράφει.
93ʳ	Heb. 11, 5	197	ἐν τοῖς εἰς τ(ὴν) γένεσ(ιν) σχολίοις οὔτ(ως) αὐτολεξεὶ φη(σιν)· ὁ μὲν ἀπόστολο(s) λε(γει) τὸ οὐχ ηὑρίσκετο αὐτοῦ θάνατο(s). ἐνθάδε (δε) οὐ κεῖτ(αι). οὐχ εὐρίσκετο αὐτ(ο)ν θανατο(s)· ἀλλὰ τάχα τὸ βάθο(s) τῆς συνέσε(ως) αὐτ(ο)υ μὴ καταλαμβανόμενον ὑπό τινο(s). οὐχ ηὑρίσκετο· ὁ γ(αρ) πν(ευματ)ικο(s) ὑπ ουδενο(s) ἀνακρίνετ(αι)· μεταθέντος αὐτ(ο)ῦ τὸ ἡγεμονικ(ον) ἐπι τελειότητα. τοῦ θεοῦ: (semi-uncial)
		198 201	
96ʳ	1 Tim. 5, 10	205	οὐ λέγει εἰ ἔσχεν τέκν[α (a cut off) ἀλλ εἰ ἔθρεψεν αὐτα

CODEX 1739 219

Folio		v. d. G.	
			κατὰ λόγον θ(εο)ῦ. εἰ ἦγα
			γεν αὐτὰ δεόντως. ἐ
			ξαίρετον γὰρ δεῖ νο
			εῖν τοῦτο εἰρῆσθ(αι) πε(ρὶ)
			τῆς χήρας:
99ᵛ	2 Tim. 3, 13	211	./. καὶ αὐτὸς ἐν ἐπιστολῆι
			τῆι πρ(ος) ἀτράνην οὕτως
			μέμνηται τοῦ ῥητοῦ· (semi-uncial)
			Mark of reference at ἐπὶ πλεῖον.
		214	
100ᵛ	Tit. 1, 12	215	ἐπιμενίδου κρητὸς μάν
			τεως χρησμὸς. κέχρητ(αι)
			δὲ (καὶ) καλλίμαχο(ς) τῆ χρήσει·
			ἐν τ(ω) ὑπ αὐτοῦ ῥηθεντι
			εἰς τὸν δία ὕμνωι: (semi-uncial)
			Marks of reference (÷) opposite the
			quotation in the text.
102ʳ	Philem. 10	218	ὁμ(οιως) ωρ(ι)γ(ενης)
102ʳ	Philem. 12	219	καὶ αὐτὸ(ς) ὁμοίως τοῦ προς
			λαβοῦ οὐκ ἐμνημονευσε
			Mark of reference in the text at προσ-
			λαβου
102ʳ	Subscr. Paul. epp.	220	μετελήφθησαν καὶ αἱ ῑδ̄ παύλου ἐπιστολ-
			(αὶ). ἐκ τοῦ αὐτοῦ ἀντιγρά
			φου· πρὸς ὁ καὶ ἀντεξητάσθησαν ἐπιμελῶς
			ὡς ἐνεδέχετο·
			ὅπερ ἀντίγραφον πρὸς τῶι τέλει τὴν ὑπο-
			σημείωσιν εἶχε ταύτη(ν):
			δόξα τῶι ἐλεήμονι θεῶι. ἀμην:
			διὰ τὴν ἀγάπην τοῦ χ(ριστο)ῦ ὁ ἀναγινώ-
			σκων. ὑπερευξάσθω τῆς
			ἁμαρτωλῆς ψυχῆς τοῦ γράψαντος. ἐφραὶμ
			μοναχοῦ: —
			ὁ θ(εὸ)ς ἱλάσθητί μοι τῶι ἁμαρτωλῶι.
			ἀμήν (semi-uncial)
			(see photograph for the exact arrange-
			ment of these lines)

VI

CODEX 1175

PATMOS, MONASTERY OF ST. JOHN 16
(GREG. 1175, FORMERLY 389^{act}; VON SODEN *a*74)

Silva New

THIS manuscript of Acts and the Catholic and Pauline epistles is a beautiful specimen of tenth-century Greek writing, as the photograph sufficiently indicates. A full description is given in Sakkelion's catalogue of the manuscripts in the library of the monastery of St. John the Divine on Patmos.

The codex is almost certainly older than the foundation of the monastery in which it is now found, but there is no evidence to show whence it came.

1175 was first collated for the present volume with the text of the Codex Vaticanus, and the variants in this list give excellent material for the study of its characteristics, with the single but serious exception that they give no evidence of its relationships where B differs from other members of the Neutral group. Consequently it seemed advisable to collate a portion of the manuscript with the Textus Receptus in Lloyd's Oxford edition, and this was done for chapters i–x. 16.

Von Soden classifies 1175 as representing the H-text, and describes it as follows:

Der Codex gehört zu den besten Schreiberleistungen. Auch der *H*-Text ist in ihm weniger von *I*- und *K*-Lesarten durchsetzt als in δ6 [Ψ] und δ48 [Greg. 33].

Nachdem die bisherigen Listen gezeigt haben, dass, und zwar, je später der Codex entstanden ist, um so häufiger, ganz analog wie *K*, der hypothesierte *I*-Text, dessen Existenz schon durch diese Beobachtung gesichert erscheint, auf die *H*-Zeugen eingewirkt hat, kann, wie schon bisher auf den Einzelnachweis der *K*-, nunmehr auch auf den der *I*-Einwirkungen verzichtet werden. Der Apparat wird sie ja buchen. Ebenso sollen diejenigen von *H* abweichenden Lesarten, die er, wie in den bisherigen Listen jedesmal angegeben worden ist, mit einem der bisher besprochenen *H*-Codd teilt, nicht noch einmal aufgezählt werden. Auf irgend eine nähere Verwandtschaft mit einem derselben lassen sie keinen Schluss zu. Das Rätsel, dass sie immerhin namentlich bei δ3 [C] ziemlich zahlreich sind, muss späterer Erklärung vorbehalten bleiben. Da der Codex den *H*-Text so treu bewahrt hat, ist es besonders unwahrscheinlich, dass die ihm mit anderen *H*-Zeugen gemeinsamen Lesarten zufällige Begegnungen sind (Die Schriften des Neuen Testaments, I, p. 1669).

Der *H*-Zeuge δ162 [Greg. 81] . . . konkurriert mit 74 [Greg. 1175] an Güte der Schreiberarbeit und Treue des *H*-Textes. Die *I*-Lesarten sind noch seltener als bei 74 (I, p. 1671).

These statements are partly correct, and von Soden gives the readings of this manuscript with great accuracy. But he failed to notice that the text has an almost wholly different character before and after chapter vi. In the earlier section it is an extremely good witness to the Neutral text, with a marked tendency to agree with A (that is, with the majority of the Old Uncial group) when the evidence of the group ℵABC 81 is divided. 'Ecclesiastical' readings are few, the influence of Western texts slight, and scribal errors are not often found.

With chapter vi, or vii, all this changes. The text is still basically Neutral, but with far more correction to an Ecclesiastical standard and many 'Western' readings. In so far as there is agreement with one rather than with another of the members of the Neutral group it is with C, which, it will be remembered, is more influenced both by the Western and the Ecclesiastical texts than are ℵAB81. There is also a connection between the text of this later part of 1175 and a group of manuscripts, most of them late minuscules, some of which have already been noted for their interesting aberrant readings. A part of these manuscripts are included by von Soden in his I-group, but they have not been thoroughly studied, and the following list is given as suggesting a line of investigation which might prove profitable:

Gregory	von Soden	Gregory	von Soden
323	α157	1891	α62
69	δ505	242	δ206
1885	α268	181	α101
Ψ	δ6	664	δ502
1838	α175		

From what source did the Western readings come which are found in the manuscripts of this group?

Further, the text of this later section of 1175 contains a disproportionate number of entirely unsupported or mistaken readings.

The point of division between the two sections is not easy to determine. The frequency of unsupported and mistaken readings begins with chapter vi, which, short as it is, contains four such, against only four in chapters i–v inclusive. But chapter vi contains none of the distinctively Western or Ecclesiastical readings which begin to be abundant in chapter vii. On the whole it seems best to include chapter vi with the later section, and it is so treated in the statistics which follow.

The statistics are not complete, but serve to illustrate the difference of text in the two sections. Divisions II and III designate those parts of Acts where Codex 81 or Codex C respectively is defective. Statistics for i–v and for vi–xxviii are given separately.

Acts i–v

In cases where Codex 1175 agrees with two or more of the Neutral group against B, the following agreements appear:

Agrees with	ℵ	A	C	81
	27	42	37	24

In cases where one of the Neutral group departs from all the rest of the group, the agreements of Codex 1175 with the divergent manuscript are in number as follows:

	ℵ	A	B	C	81
Division I............	1	7	0	2	1
Divisions II and III ...	2	7	1	0	1

Variants unsupported by any other Neutral manuscript:

Ecclesiastical	4
Ecclesiastical and Western	6
Western	0
With other support	4
Unsupported...........................	4

These figures indicate that even in these first chapters there has been some correction to an Ecclesiastical standard, particularly when it is noticed that some of the agreements with one Neutral manuscript against all the rest are also supported by the Ecclesiastical text. But this element is comparatively unimportant.

Acts VI–XXVIII

In cases where Codex 1175 agrees with two or more of the Neutral group against B, the following agreements appear:

	ℵ	A	C	81
Division I	95	104	112	109
Division II	30	33	30	..
Division III	41	44	..	37

In cases where one of the Neutral group departs from all the rest of the group, the agreements of Codex 1175 with the divergent manuscript are in number as follows:

	ℵ	A	C	81
Division I	20	17	38	21
Division II	4	5	13	..
Division III	5	5	..	7

(In chapters vi–x. 16 there are two such agreements with B.)

Variants unsupported by any other Neutral manuscript:

Ecclesiastical	67
Ecclesiastical and Western	41
Western	27
With other support	81
Unsupported by any other witness	209

Here the Ecclesiastical and Western elements are clear, as is the fact that Codex 1175 shows a closer relationship with C than with any other manuscript of the Neutral group. But particularly striking are the last two items in the final table. First, the number of 'unsupported' readings is entirely out of proportion, and when their character is further investigated it is seen that they are by no means always scribal errors. We find lengthy inversions of order, changes of phraseology, and even changes of sense. There are also phrases which make no sense and for which no known variant will account. The problem invites further study.

A second point is the large number of readings which have some support, but not that of any of the accepted witnesses to the great and well-defined texts. The support in question comes from the mixed texts of the group listed above, which are closely related to one another. In the parallel problem in the gospel text some results have already been reached, but for Acts no exhaustive examination has ever been made of the question whether any of these mixed texts can be assigned to a definite period or locality, or associated with a particular person. For example, we know that in the gospels Origen and Eusebius used the text which is now found in Codex Θ and the group of manuscripts allied with it. Was there also a Caesarean text of Acts? Almost certainly there must have been, but it has not yet been identified. Clement of Alexandria is said to have used a text of Acts similar to, but not identical with, the Neutral, while his text of the gospels was an aberrant Western form, but his quotations from Acts are very few, and in Acts xvii he has some apparently Western readings. Once more, it is said that Origen's text of Acts is substantially that of ℵABC 81 and that Eusebius' seems to have had a similar relation to this group, but the material which could be investigated is comparatively small in amount, and will require more subtle methods of study if results such as have been obtained in the gospels are to be gained.

The close relation of Codex 1739, discovered by von der Goltz (see pp. 141 ff.), to the tradition of Origen and Pamphilus, and therefore to Caesarea, may be a possible starting-point in a problem where the data are not so much obscure as scanty.

In the case of 1175, the text of Acts shows a mixture similar to that of the Θ-group in the gospels. It has Western variants and Neutral variants, and has been partially corrected to the Ecclesiastical standard. As the tables show, it bears a close relationship to C, and to a definite group of mixed but predominantly Neutral minuscule manuscripts.

Among these is 69, the Leicester codex written in the 15th century by Emanuel of Constantinople. It is the latest manuscript of the Ferrar group, and so a witness to the Caesarean text of the gospels. Emanuel of Constantinople wandered to many places, but it is not known where he wrote 69. No other Ferrar manuscript contains more than the gospels, and if it be assumed that the connection between the text of the gospels and the text of Acts found in 69 was due to Emanuel himself, it becomes an interesting question, where at that date he had access to a library containing two manuscripts of such great textual interest. How was it that his texts both of the gospels and of Acts were so far removed from the standard of the time? Were they revered because of their antiquity, or is it possible that he was allowed to use the examplars of 69 because they were regarded as inferior? Did he perhaps buy them cheap, as a bargain lot?

A final suggestion is that these manuscripts with mixed texts frequently show agreement with the text quoted in the commentaries of Theophylact.

COLLATION WITH CODEX VATICANUS (B)

ΠΡΑΞΕΙΣ [1]

i. 1 ο ιησους
2 ανεληφθη
4 παρηγελλεν
   om αυτοις
5 βαπτισθησεσθαι εν πνευματι
   αγιω
6 τουτω] τουτο

7 ειπεν + δε
8 ληψεσθαι
   σαμαρια
9 βλεποντων αυτων
11 ειπαν] ειπον
   εμβλεποντες
13 ο ιωαννης

[1] This, not the usual Πραξεις των Αποστολων, is the full heading in the MS. To judge from Tischendorf this is rare, but it is probable that the title has not always been collated. It is to be noted that πραξεις without qualification cannot have been the original title of the book. It must have been πραξεις των αποστωλων (אBD) or something similar, but א and B use πραξεις by itself as a running headline and this may not unnaturally have come to be the title. The same tendency is found in the common English use of the name 'Acts'.

i. 13 ματθαιος
14 μαρια
του ιησου
om συν 2°
15 ωσει
16 τον ιησουν
19 τη + ιδια
22 εως] αχρι
23 ματθιαν
25 τοπον] κληρον
26 ματθιαν
ii. 1 ησαν] ησαι
ομοθυμαδον ομου
4 απαντες
5 εν] εις
6 ηκουον
7 δε + παντες
8 εγενηθημεν
11 αρραβες
12 διηπορουν
τουτο θελει
14 απαντες
17 μετα ταυτα] εν ταις ημεραις εκειναις
20 om ἤ
την ημεραν
21 αν
23 εκδοτον + λαβοντες
ανειλεται
26 η καρδια μου
28 ευφροσυνην
31 ουτε
33 om και ante βλεπετε
34 ο κυριος
36 ο θεος εποιησεν
38 μετανοησατε + φησιν
εν] επι
om υμων post αμαρτιων
ληψεσθαι
39 επικαλεσηται
42 και τη κλασει

43 πολλα τε
εγινετο δια των αποστολων et add ad fin. εν ιερουσαλημ φοβος τε ην μεγας επι παντας
44 και παντες δε
πιστευοντες
ησαν επι το αυτο και
iii. 6 πετρος δε ειπεν
διδομι
εγειρε και ante περιπατει
7 σφυρα
10 δε] τε
11 σαλομωντος
12 ισραηλιται
13 ο θεος ante ισαακ et ante ιακωβ
19 προς] εις
20 ιησουν χριστον
22 θεος + υμων
λαλησει
23 εαν
εξολοθρευθησεται
25 διεθετο ο θεος
ενευλογηθησονται
26 πονηριων + υμων
iv. 1 ιερεις
3 εθεντο + αυτους
4 ο αριθμος
om ως
7 γενου
12 ετερον εστιν
υμας] ημας
16 διανεμεθη
18 το καθολου
του ιησου
20 ειδομεν
21 κολασωνται
22 εγεγονει
24 συ + ο θεος
29 εφιδε

CODEX 1175   227

30 σε εκτινειν
32 ελεγεν
   απαντα
33 οι αποστολοι το μαρτυριον
   της αναστασεως ιησου χριστου
      του κυριου
34 τις ην
36 μεθερμηνευομενος
v. 5 ακουον
9 ταις θυραις
12 τε] δε
   απαντες
   σολομωντος
13 ουδεις
15 επισκιαση
16 εις ιερουσαλημ
17 ζηλου
19 ανοιξας
   δε 2°] τε
21 παραγενομενος
   om των ante υιων
23 το + μεν
26 ηγαγεν
28 επληρωσατε
31 om του ante δουναι
32 εν αυτω] εσμεν
   ο εδωκεν
33 εβουλευσαντο
34 ανθρωπους] αποστολους
36 θαυδας
38 τα νυν
41 ονοματος + αυτου
vi. 3 επισκεψασθαι
   δε + ουν
5 πληρης
7 υποκουεν
11 υπεβαλλον
   om ακηκοαμεν αυτου
13 om του ante τοπου
   om τουτου
15 ειδον] ιδων

vii. 1 οντι] οτι
3 εκ τησ συγγενειας
4 και τοτε
   εις ην] εισιν
5 αυτην εις κατασχεσιν αυτω
7 εαν
   εξελευσεται
   λατρευσωσιν
8 ισαακ
10 εναντι
    εφ' ολον
    τουτου] αυτου
11 ευρισκον
13 ανεγνωρισθη
    om τω ante φαραω
    του ιωσηφ
15 και κατεβη
    ιακωβ + εις αιγυπτον
    ετελευτησεν αυτος
17 ομολογησεν
18 αχρις
    om ετερος
19 αυτων εκθετα
20 εγενηθη
    πατρος + αυτου
21 εις υιον
23 επληρωθη
    τους υιους
24 καταπονωμενω
25 αδελφους + αυτου
26 συνηλασεν
    εστε + υμεις
31 om ιδων
33 των ποδων σου
    εφ] εν
    συ εστηκας
34 αυτου] αυτων
    ηκουσα] ακηκοα
35 δικαστην + εφ' ημων
    εν χειρι
36 γη αιγυπτω

vii. 37 om ο ante μωυσης
ειπας] ειπων
κυριος ο θεος ημων
ως εμε + αυτου ακουετε
38 εδεξατο
υμιν] ημιν
42 εν τη ερημω ante οικος
43 θεου + υμων
ραιφαν
44 ο λαλων τω μωυση] τω μωυση
ο λαλων
εωρακεν
46 οικω] θεω
47 ωκοδομησεν
48 ουχ] ουκ
κατοικει + ναοις
49 η δε γη
οικοδομησεται
51 ταις καρδιαις υμων
55 πιστεως και πνευματος αγιου
56 εστωτα εκ δεξιων
58 αυτων
60 την αμαρτιαν ταυτην
viii. 1 αποστολων + μονοι οι εμειναν
εν ιερουσαλημ
3 τους ανδρας
τας γυναικας
6 βλεπειν αυτους και ακουειν
12 τα περι
13 τε σημεια
17 επ' αυτους] αυτοις
18 το πνευμα το αγιον
21 εναντιον
24 υπερ] περι
25 ευαγγελιζοντο
27 εν ιερουσαλημ
28 τε] δε
om και 2°
ησαιαν τον προφητην
31 δυναμιν] δυναμαι
οδηγησει

33 ταπεινωσει + αυτου
την + δε
34 λεγει + τουτο
35 om ο ante φιλιππος
ευηγγελιζετο
39 την οδον αυτου
40 εως του] εωσ ου
ix. 2 αν
ευροι
om οντας
3 αυτον εγενετο αυτον
περιεστρεψεν
φως + μεγα
5 συ] σοι
6 εισελθε
8 ηγερθη] ανεστη
ουδενα
11 αναστας
12 om τας ante χειρας
13 δε + αυτω
15 om των ante εθνων
om τε post υιων
17 τας χειρας επ' αυτον
18 τε + παραχρημα
19 τροφης
om μετα των
21 τουτου] του κυριου ιησου
22 συνεχεεν
24 παρετηρουν
25 δε + αυτον
26 ιεροσολυμα
επειρατο
27 του ιησου
29 τε] δε
30 γνωντες
32 λυδδαν
33 ευρον
κραβατου
34 σε + ο κυριος
35 ιδον
λυδδαν

CODEX 1175

σαρωναν
36 πληρης ην
37 εθηκαν + αυτην
    εν τω
38 οππη
    οκνησαι
39 ο πετρος
42 της ιοπτης
43 δε + αυτον
x. 1 εκ σπειρης
3 εννατην
4 om αι 2°
    ενφοβος
6 η οικεια
9 εκεινων] αυτων
15 εκαθερισεν
16 om ευθυς
17 εαυτω
18 επυνθανοντο
19 ενθυμουμενου
    πνευμα + αυτω
    δυο] τρεις
    ζητουσιν
21 η αιτια
22 ειπον
    εαυτου
23 συνηλθον
24 εισηλθεν] συνηλθον
    om την
29 αναντιρρητως
    μεταπεμψασθαι
30 ημην + νηστευων και
    ενατην + ωραν
32 θαλασσαν + os παραγενομε-
    νος λαλησει σοι
33 υπο] υπερ
34 στομα + αυτου
35 εστιν αυτω
36 λογον + ον
37 υμεις ante οιδατε
    αρξαμενον

κηρυγμα] βαπτισμα
39 ιερουσαλημ] εν ιεροσολυμοις
    ανηλον
41 μετα + δε
42 om και ante παρηγγειλεν
    ουτος] αυτος
44 ετι + δε
45 πιστοι οσοι
    συνηλθον
47 κωλυσαι τις] τι κωλυσαι
    τουτους] αυτους
48 om χριστου
    επιμειναι] προσμειναι
xi. 2 ιεροσολυμα
5 τι σκευος hoc ord
    αχρις
7 ηκουσα δε και] και ηκουσα
9 δε + μοι
    φωνη εκ δευτερου
    εκαθερισεν
    συ] σοι
11 ημεν] ημην
12 διακρινοντα
13 ειποντα + αυτω
    πεμψον] αποστειλον
17 ως] ωσπερ
18 ζωην] σωτηριαν
20 εισελθοντες
21 πολυς] πολλοις
    επεστρεψεν] και επιστρεψας
    επι] προς
22 αντιοχειας + διελθειν
23 om την ante του
    τη + τε
    om εν
24 ανηρ ην
    ικανος + τω κυριω
25 δε + και
    αναζητησαι
26 om και ante ενιαυτον
    εις την εκκλησιαν

xi. 26 πρωτον
27 αυταις] ταυταις
ιερουσαλημ
28 κλαυδιου + καισαρος
xii. 5 εκτενης
εκκλησιας + προς τον θεον
περι] υπερ
6 προαγειν
8 υποδησαι
9 ηκολουθι + αυτω
10 ηλθον
11 εαυτω
om ο ante κυριος
12 om της ante μαριας
13 υπακουσαι παιδισκη hoc ord
15 ειπαν] ελεγον
αυτου εστιν
16 ιδον
17 αυτον ο κυριος
απαγγειλαι
τω ιακωβω
ταυτα] παντα
ετερον] ερημον
18 ουκ ολιγος] μεγας
20 δε + ο ηρωδης
ητουν
24 κυριου] θεου
ηυξαινε
25 εις ιερουσαλημ] απο ιερουσα-
λημ εις αντιοχειαν
και ante ιωαννην
επικληθεντα] εκικαλουμενον
xiii. 4 εις ελευκιαν
6 ευρον + δε εκει
10 παυση] παυει
om του ante κυριου
11 δε] τε
επεσεν] επεπεσεν επ' αυτον
18 ως] εως
ετρυφοφορησεν
19 add και ante καθελων

20 add του ante προφητου
21 σαουηλ
κις
22 add ανδρα ante κατα
23 τον ισραηλ
25 ο ante ιωαννης
26 και ante οι εν
ημιν] υμιν
λογος + ουτος
απεσταλη
29 περι αυτου γεγραμμενα
31 οιτινες + νυν
33 ημων] αυτων
om τω δευτερω
34 οτι] οτε
36 ετεθη
38 om υμιν post τουτο
40 επελθη + εφ' υμας
41 εγω εργαζομαι
42 αυτων + παρεκαλουν
om ηξιουν
43 om των ante σεβομενων
om τω ante βαρναβα
44 τω τε] τω δε
θεου] κυριου
45 του ante παυλου
λεγομενοις
46 παρρησιασαμενοσ ... ειπεν*
αναγκαιον ην hoc ord
επειδη + δε
47 ουτω] ουτως
εντεταλται] εντελλεται
ιδου ante τεθηκα
48 εθνη + ταυτα
θεου] κυριου
αιωνιον
50 οριων + αυτων
52 οι τε] οι δε
xiv. 1 πολλυ
3 και ante διδοντι
αυτων] των αποστολων

ΝΑυλΓΙΟΝ ΤΩΝ λΟΓΙCΜΟΝ ΕΠΕΧΕΙΡΟΥ
ΦΗ Γ ΑΝ ΕΙCωΛΕΛΙ HTHN ΤΗΝ ΝΗΕΩΝ
ΚΑΙ Ο ΕλΛΤΕΕΝ ΑΥΤΗ Ο ΠΑΥ ΛΟΕ ΕΛΘΩΝ
ΤΟΥ ΓΗ ΕΕΝ : ‑

CODEX 1175

6 συνιδοτες
7 κακει] κακεισαι
9 ηκουσεν
10 φωνη + σοι λεγω εν τω ονο-
   ματι του κυριου ιησου
   ηλατο + και
11 οι δε
12 βαρναβα
   διαν
14 αυτων
15 omit και ante ημεις
   υμιν εσμεν
17 εαυτον
   επιπλων
18 μολις] μογις
   αυτοις + αλλα πορευεσθαι εκα-
   στον εις τα ιδια
19 διατριβοντων δε αυτων και
   διδασκοντων επηλθον pro
   επηλθαν δε
   πεισαντες τους οχλους] και
   διαλεγομενων αυτων παρ-
   ρησια ανεπεισαν τους οχ-
   λους αποστηναι απ' αυτων
   λεγοντες οτι ουδεν αληθες
   λεγουσιν αλλα παντα ψευ-
   δονται
   τεθνηκεναι] εθνηκεναι
20 αυτον] αυτων
21 om την ante λυστραν
   εις ante αντιοχειαν
22 και παρακαλουντες
24 ηλθον
   εις] επι
26 κακειθεν + απεπλευσαν
27 παραγεναμενοι
xv. 1 om τω ante μωυσεως
3 διηρχοντε
5 και λεγοντες
7 αναστας + δε
9 ουδεν

10 om τι
   ουθ' ημεις
11 ιησου + χριστου
14 λαμβανειν
15 τουτο
16 κατεστρεμμενα] κατεσκαμμενα
17 εκζητησουσιν
   ο ποιων
20 του ante πνικτου
21 τους κηρυσσοντας αυτον κατα
   πολιν
22 επικαλουμενον βαρσαβααν
   om εν ante τοις
23 αυτων + ταδε
   και οι ante αδελφοι
24 διεστειλαμεθα + τηρειν τον
   νομον
27 τα αυτα] ταυτα
28 τω πνευματι τω αγιω] τω
   αγιω πνευματι
   τουτων ων
31 αναγνωντες
33 add ad fin εδοξεν δε τω σιλα
   επιμειναι αυτου (sic)
36 ο παυλος
   κατηγγειλαμεν] εκηρυξαμεν
37 συμπαραλαμβανειν
   om τον ante ιωαννην
   επικαλουμενον
38 συμπαραλαμβανειν
40 κυριου] θεου
41 om την ante κιλικιαν
xvi. 3 τω τοπω εκεινω
   παντες
9 om και ante λεγων
10 εζητησαμεν] ηθελησαμεν
   add αν ante συνβιβαζοντες
11 ουν] δε
12 μεριδος της] της μεριδος
13 ενομιζομεν] ενομιζετο
14 θυγατειρων*

xvi. 14 add του ante παυλου
15 παρεκαλει
16 πυθωνος
17 κατακολουθησασα
   add τω ante παυλω
   εκραξεν
18 add ο ante παυλος
   add τω ante ονοματι
19 ιδοντες δε (om και)
20 ειπον
21 καταγγελλοντες
24 αυτων ησφαλισατο
25 επικροωντο
26 παραχρημα ante αι θυραι
   ανειθη
28 φωνη μεγαλη ο παυλος
29 add τω ante σιλα
30 δει με
31 ειπον
   ιησουν + χριστον
   σου + ολως
32 θεου] κυριου
   συν πασιν] συμ παση
33 παντες
34 οικον + αυτου
36 λογους + τουτους
   απεσταλκασιν
37 εβαλον
   εκβαλουσιν
39 ηρωτων] πρωτον
40 απο] εκ
   εισηλθον] ηλθον
   εξηλθον
xvii. 1 om την ante θεσσαλονικην
3 εδει τον χριστον
   om ο ante ιησους
4 τω σιλα
6 om βοωντες
10 της ante νυκτος
11 οι ante ευγενεστεροι
   ανακριναντες

ταυθ' ουτως εχοι
12 ανδρων + πληθος
13 κατηγγελθη
   κακει + σε
14 επεμειναν
   τε ο τε] δε ο τε
15 καθιστανοντες] αποκαθιστων-
   τες
   om τον ante τιμοθεον
17 και εν] εν δε
19 επιλαβομενου
   δε] τε
   αυτη + η
21 ευκαιρουν
   τι η] τι και
   om τι post ακουειν
22 στας
   ο παυλος
25 απασι
   om τα ante παντα
26 τε] δε
27 ψηλαφησαι εν (sic)
   και ευροιεν] η ευροιεν
28 καθ' ημας] καθ' υμας
30 παραγγελλει
32 ειπον
34 διονυσιος + ην
   ο αραιοπαγιτης
xviii. 1 ταυτα + δε
   χωρισθεις + ο παυλος
2 ποντιον
   δια + τε
   τεταχθηναι
3 ηργαζετο
   τη τεχνη] την τεχνην
5 λογω] πνευματι
6 εκτειναξαμενος + αυτου
7 ηλθεν] εισηλθεν
   τιτιου] τιτου
   συνομορρουσα
8 συν ολω] συμ' παντι

CODEX 1175   233

10 μοι πολλυς εστιν
12 ομοθυμαδον οι ιουδαιοι
13 ουτος αναπειθει
14 ηνεσχομην
15 κριτης + γαρ
17 δε] τε
παντες + οι ελληνες
19 κατηντησεν
20 αυτων] αυτον
21 αποταξαμενος + αυτοις
ειπων + δει με παντως την
εορτην την ερχομενην ποιη-
σαι εις ιεροσολυμα
23 επιστηριζων
απαντας
24 απελλης
25 του ante κυριου
δε και] και
26 ακυλας και πρισκιλλα
εξεθετο
27 δε] τε
συνεβαλλετο
πολλυ
xix. 1 απελλην
2 δε + ειπον
3 ειπον
4 εβαπτισεν + εν
ιησουν + χριστον
6 επιθεντες
τας χειρας
9 τυραννου + τινος
13 ιησου + χριστου
15 om μεν
16 εφαλαμενος
17 γνωστον εγενετο
19 αργυριου μυριου
20 ουτως] ουτο
ο λογος του κυριου
21 om εν
ιερουσαλημ
22 om την ante μακεδονιαν

24 ναους + αργυρους
26 της ante εφεσου
απασης
om οι post θεοι
27 ημιν κινδυνευει
ουδεν
om τε
η ασια ολη
η ante οικουμενη
30 του ante παυλου
32 πλειους] πλειονες
ενεκεν
33 προεβιβασαν
προβαλλοντων
τη χειρι
34 ωσει] ως
δυο ωρας
om μεγαλη η αρτεμις εφε-
σιων 1°
39 περαιτερω] περι ετερων
40 ου ου] ου
xx. 1 ασπασαμενοσ + τε
3 αυτω επιβουλης
μελλοντα
4 αυτω] αυτος αρχη της ασιας
σωπατρος] ωσει πατρος
5 om δε
11 δε] τε και
αχρις
13 το πλοιον] πλειον
14 εις] επι
15 εχομενη] ερχομενη
19 δακρυων + πολλων
συμβαντων] συμβεβηκοτων
20 om υμιν
21 πιστιν + την
ιησουν + χριστον
22 συναντησοντα] συμβησομενα
εμοι] μοι
23 λεγον] λεγων
24 τελειωσαι

xx. 24 μου + μετα χαρας
25 οιδα εγω
   βασιλειαν + του θεου
26 διοτι] διοδη
   μαρτυρουμαι
   υμιν] υμας
29 om οτι 1°
30 υμων + αυτων
   εαυτων] αυτων
32 κυριω] θεω
35 ιησου + χριστου
36 προσηυξατο
37 του παυλου] αυτου
38 των λογων ων
xxi. 1 αποσπασθεντας
   om την ante ροδον
2 διαπερουν
3 αναφανεντες
   δε + εις
   ην το πλοιον
4 αυτου] αυτους
   ελεγον
5 ημας εξαρτισαι
6 ενεβημεν] ανεβημεν
8 ηλθομεν
10 δε + αυτων
11 τας χειρας και τας χειρας*
12–13 ιερουσαλημ τοτε· απεκριθη δε
13 ο ante παυλος
   εις] εν
15 παρασκευασαμενοι
   ιερουσαλημ
16 των απο καισαρειας και των
   μαθητων
18 τε] δε
20 ειπον τε] ειποντες
22 εληλυθεις
23 εισιν + συν
   αφ] εφ
25 επεστειλαμεν
   om και πορνειαν

27 ημελλον
   αυτον 1°] αυτων
   συνεχεαν
   επεβαλον
28 τε και] δε και
   κεκοινωνικεν
30 εκεινηθει
31 τε] δε
   σπειρας
   συνκεχηται
32 παραλαβων
   εκατονταρχους
37 λεγει] ειπεν
39 μεν ανθρωπος
40 σιγης γενομενης
xxii. 3 εγω + μεν
   τω πατρωω νομω
   ζηλωτησ + τε
4 εδιωξα αχρι] εδιωξαμεν μεχρι
5 μαρτυρει
   om μοι
   απαν
   ων] ω
6 περιεστραψαι
8 εμε] με
10 τετακται
   σοι] σε
11 ουκ ενεβλεπον
12 μαρτυρουμενος + τε
   κατοικουντων + εν δαμασκω
13 εμε] με
15 εση ante μαρτυς et om post
   ανθρωπους
17 με υποστρεψαντα
   και προσευχομενου μου] προ-
   σευχομενον τε
   om με
20 οτε] οτι
   εξεχυννετο] εξεχειτο
   συνευδοκων + τη αναιρεσει
   αυτου

CODEX 1175

21 εθνη] εθος
  εξαποστελω
22 του λογου τουτου
  αυτων την φωνην
23 κραυαζοντων*
  τε] δε
25 προσετιναν
  αυτον] αυτου
28 om δε 1°
29 επιγνους] γνους
30 απαν
xxiii. 1 ο ante παυλος
  της ημερας ταυτης
5 γαρ οτι] γαρ
6 εκραξεν
  ειμι + και
  κρινομαι + εγω
7 λαλησαντος
  επεπεσε] εγενετο
8 μεν ante γαρ
10 αγειν + τε
11 ουτως
12 τε] δε
  πειν] πιειν
13 την συνωμοσιαν ταυτην
  ποιησαμενοι] πεποιημενοι
14 ειπον
  αναθεματι] αναθεμα
  ου] αν
15 εις] προς
  ακριβεστερον διαγινωσκειν
16 παραγενομενος
  ανηγγειλεν
17 εφη] ειπεν
  απαγαγε
  τι απαγγειλαι
18 νεανισκον
  λαλησαι + σοι
20 μελλων] μελλοντων
21 om αυτον
  τεσσαρακοντα

πειν] πιειν
ου] αν
22 με] εμε
23 δυο τινας
  εως] μεχρι
24 ινα] οπως
  διασωσι] σωσωσιν
28 αυτω + κατηγαγον αυτον εις
  το συνεδριον αυτων
30 εξαυτης] εξ αυτων
  σου + ερρωσο
32 απερχεσθαι συν αυτω] συν
  αυτω πορευεσθαι
33 τω ηγεμονι την επιστολην
35 κελευσας] και λευσας
  πραιτωριω] δεσμωτηριω
xxiv. 2 δε + αυτου
  κατορθωματων
4 om δε
  ενκοπτω] κοπτω
  om σε 2°
  επεικεια] επι εικια
5 κινουντας
8 επιγνωναι] γνωναι
10 κριτην + δικαιον
11 επιγνωναι] γνωναι
  εις] εν
12 επιστασιαν
13 ουτε
14 πιστευων + πασι
  τον ante νομον
  om τοις post και
15 om τον ante θεον
16 τουτω + τε
18 δε + των
19 εδειν
  τι] τοι
  εμε] με
21 εφ] υφ
22 ο χιλιαρχος λυσιας
  διαγνωσωμαι

xxiv. 23 τω] το
om αυτου
25 και του κριματος του μελλοντος] του μελλοντος κριματος
εμφοβος + δε
26 δοθησεται + αυτω
xxv. 6 om εν
πλειους
7 καταβαντες
8 om τι
10 om εστως 2°
ιουδαιους + μεν
ηδικησα
11 μου] μοι
13 om τινων
βερενικη
16 δε] τε
17 ουν + αυτον
εκελευσεν
18 πονηραν
20 εγω + γε εις
κακει] κακεισαι
21 τον ante καισαρα
22 φηστον + εφη
και] καγω
23 βερονικης
πολεως + ουσιν
om και ante κελευσαντος
24 ενετυχον
επιβοωντες
25 μηθεν
αυτον αξιον
του παυλου] τουτου
26 σχω] σχοι ην
27 γαρ + ειναι
xxvi. 2 om ων
3 σε οντα
ειδως ante παντων
4 την ante εκ
7 καταντησαι

9 εγω + μεν
10 διο και] ο και
11 περισσως + τε
13 βασιλευ
14 καταπεσοντων + ημων
φωνης λεγουσης
15 ιησους + ο ναζωραιος
συ] σοι
16 αναστηθι + και στηθι
οφθησομαι
17 εξαποστελω
20 om τε ante και
εις ante πασαν
παρηγγελλον
ζωντα ante θεον
21 με ιουδαιοι] οι ιουδαιοι με
συλλαβομενοι + οντα
22 μωυσης
24 om τη
26 ου πειθομαι ουθεν] ουθεν πειθομαι τι
ου 2°] ουδε
εν γονια εστιν
27 βασιλευ
29 εν ολιγω και εν μεγαλω] εν πολλω και εν ολιγω
30 βερονικη
31 αξιον + τι
32 ηδυνατο
επικεκλητο
xxvii. 1 παρεδωκεν
εκ ante σπειρας
2 αδραμυτηνω
τους] την
3 πορευθεντα
4 ειναι τους ανεμους
5 κατηλθομεν
6 κακει + σε
om ο 1°
7 μογις
8 μογις

CODEX 1175

παραναλεγομενοι
10 om και του πλοιου
11 του ante παυλου
13 του ante νοτου
    παρενελεγοντο
14 πολλυ
    ευρακυλων] ευροκλυδω
15 δυναμενου
16 μογις
17 εκπεσωμεν
19 ερριψαν
20 om δε*
    πλειους
    om τε
    επικειμενου + λοιπον
    απασα
21 πειθαρχησαντες
26 δει ημας
27 προσαγειν
28 βραχυς
    πεντε και δεκα
29 τε] δε
    τεσσαρες
33 ημελλεν ημερα
    μηδεν
34 om και
    προ] προς
35 ειπας] ειπων
36 προσελαβον
37 ημεθα] ημεν
    ως] διακοσιαι
39 επεγινωσκον
    εβουλοντο
    εξωσαι
41 διελυετο
    βιας + των κυματων
43 βουλευματος
    κολυμβαν

xxviii. 1 μελιτη
2 παρειχον
3 επιθεντες
4 ιδον
5 αποτιναξαμενος
6 προσδοκοντων θεορουντων
   μηδεν
   μεταβαλλομενοι
   ελεγον
   om αυτον
   θεον ειναι
8 επιθεις + τε
   ιασατο
9 γενομενου + και
12 ημερας τρεις
13 περιελθοντες
14 ηλθομεν
15 κακειθεν] κακει σε
   οι ante αδελφοι
   ηλθαν] εξηλθον
   υπαντησιν
   ημιν] ημων
   αχρις
16 εισηλθομεν
   εις + την
   εαυτον
17 και συνελθοντων
   om δε αυτων
   ποιησας] πραξας
20 εινεκεν] ενεκεν
   αναλυσιν
21 ειπον
24 ηπιστουν] ηπειθουν
25 δε] τε
26 λεγον
   βλεψητε
28 om τουτου
31 ακωλυτως + αμην

Collation with Textus Receptus (Acts i–x. 16)

i. 3 τεσσερακοντα
4 παρηγγελεν
om αυτοις
6 επηρωτων] ηρωτων
8 μοι] μου
9 σαμαρια
11 εσθητι λευκη] εσθησεσι λευκαις
αναληφθεις] αναλημφθεις
13 ανεβησαν εις το υπερωον] εις το υπερωον ανεβησαν
και ο ιωαννησ και ιακωβος hoc ord
14 om και τη δεησει
om συν ante τοις αδελφοις
15 μαθητων] αδελφων
ως] ωσει
16 om ταυτην
17 συν ημιν] εν ημιν
18 του μισθου] μισθου
19 ακελδαμαχ
20 λαβοι] λαβετω
21 εν ω] ω (add marg man sec)
22 εως] αχρι
ανηλημφθη
συν ημιν γενεσθαι hoc ord
23 βαρσαββαν
24 ειπον] ειπαν
ον εξελεξω εκ τουτων των δυο ενα hoc ord
25 εξ ης] αφ ης
26 αυτων] αυτοις
ii. 1 παντες
add ομου post ομοθυμαδον
4 εκαθισε τε] και εκαθισεν
αποφθεγγεσθαι αυτοις hoc ord
5 εν] εις

7 om προς αλληλους
9 εγενηθημεν
11 αρραβες
12 τι αν θελοι τουτο] τι τουτο θελει
13 χλευαζοντες] διαχλευαζοντες
14 ο ante πετρος
17 εσχαταις ημεραις] ημεραις εκειναις
ενυπνια] ενυπνιοις
20 πριν η] πριν
22 αποδεδειγμενον απο του θεου hoc ordine
καθως και] καθως
23 χειρων] χειρος
25 προορωμην
26 ηυφρανθη
27 αδου] αδην
28 ευφροσυνης] ευφροσυνην
30 om το κατα σαρκα αναστησειν τον χριστον
του θρονου] τον θρονον
31 οτι ου] οτι ουτε
κατελειφθη] εγκατελειφθη
om η ψυχη αυτου
αδου] αδην
ουδε] ουτε
33 του αγιου πνευματος] του πνευματος του αγιου
om νυν
36 κυριον αυτον και χριστον hoc ordine
37 τη καρδια] την καρδιαν
ποιησωμεν
38 εφη προς αυτους μετανοησατε] προς αυτους μετανοησατε φησιν
add των ante αμαρτιων

39 προσκαλεσηται] επικαλεση-
   ται
40 διεμαρτυρατο
   παρεκαλει + αυτους
41 om ασμενως
   add εν ante τη ημερα
43 εγινετο δια των αποστολων
   hoc ord
   add εν ιερουσαλημ φοβος τε
   ην μεγας επι παντας
44 παντες δε] και παντες δε
47 τη εκκλησια] επι το αυτο
iii. 1 δε πετρος] πετρος δε
   ενατην
6 πετρος δε ειπεν hoc ord
7 add αυτον post ηγειρεν
   αι βασεις αυτου hoc ord
9 πας ο λαος αυτον hoc ord
11 του ιαθεντος χωλου] αυτου
   add τον ante ιωαννην
   πας ο λαος προς αυτους hoc
   ord
   σαλομωντος
12 ο πετρος
13 add ο θεος ante ισαακ et
   ante ιακωβ
   υμεις + μεν
   om αυτον
16 om επι
18 παθειν τον χριστον αυτου hoc
   ord
   ουτω] ουτως
20 προκεκηρυγμενον] προκεχει-
   ρισμενον
21 παντων αγιων] των αγιων
   απ' αιωνος αυτου προφητων
   hoc ord
22 μωσης] μωυσης
   om γαρ προς τους πατερας
23 αν] εαν

24 προκατηγγειλαν] κατηγγει-
   λαν
25 add οι ante υιοι
   ημων] υμων
   add εν ante τω σπερματι
26 αναστησας ο θεος hoc ord
   om ιησουν
iv. 3 εθεντο + αυτους
4 om ωσει
5 πρεσβυτερους και γραμμα-
   τεις] τους πρεσβυτερους
   και τους γραμματεις
   εις ιερουσαλημ] εν ιερουσα-
   λημ
6 ανναν τον αρχιερεα και και-
   αφαν και ιωαννην και αλε-
   ξανδρον] αννας ο αρχιερευς
   και καιαφας και ιωαννης και
   αλεξανδρος
   γενους] γενου sic
8 om του ισραηλ
11 οικοδομουντων] οικοδομων
12 ουτε] ουδε
   ετερον εστιν hoc ord
14 τον δε] τον τε
15 συνεβαλλον
16 ποιησομεν] ποιησωμεν
   αρνησασθαι] αρνεισθαι
17 διανεμεθη
   om απειλη
18 om αυτοις
19 προς αυτους ειπον] ειπαν προς
   αυτους
22 τεσσερακοντα
23 ειπον] ειπαν
24 ειπον] ειπαν
25 ο δια στοματος δαβιδ] ο του
   πατρος ημων δια πνευματος
   αγιου στοματος δαβιδ
   του παιδος] παιδος
26 αληθειας + εν τη πολι ταυτη

iv. 28 om σου 2°
29. επιδε] εφιδε
30 χειρα σου εκτεινειν σε] χειρα σε εκτινειν
31 πνευματος αγιου] του αγιου πνευματος
32 om η ante καρδια et ante ψυχη
33 δυναμει μεγαλη hoc ord
οι αποστολοι το μαρτυριον hoc ord
του κυριου ιησου] ιησου χριστου του του κυριου
34 υπηρχεν] ην
35 διεδιδοτο] διεδιδετο
36 ιωσης] ιωσηφ
υπο των] απο των
μεθερμηνευομενον] μεθερμηνευομενος
v. 1 σαπφειρη] σαπφιρη
2 συνειδυιας] συνειδυιης
om αυτου
3 πετρος] ο πετρος
5 ανανιας] ο ανανιας
om ταυτα
8 αυτη] προς αυτην
ο πετρος] πετρος
9 om ειπε
τη θυρα] ταις θυραις
10 παρα] προς
12 εγενετο] εγινετο
πολλα εν τω λαω hoc ord
15 κατα] και εις
κλινων] κλιναριων
κραββατων] κραβαττων
18 om αυτων
19 της νυκτος] νυκτος
ηνοιξε] ανοιξας
21 των υιων] υιων
22 παραγενομενοι υπηρεται hoc ord

23 om εξω
προ] επι
24 om ιερευς και ο
25 om λεγων
26 om ινα
28 om ου
πεπληρωκατε] επληρωσατε
29 ο πετρος] πετρος
ειπον] ειπαν
32 om αυτου
om δε
33 εβουλευοντο] εβουλευσαντο
34 om τι
36 θαυδας
προσεκολληθη] προσεκλιθη
ανδρων αριθμος hoc ord
ως
37 om ικανον
38 εασατε] αφετε
39 δυνασθε] δυνησεσθε
αυτο] αυτους
40 om αυτους
41 κατεξιωθησαν υπο του ονοματος αυτου hoc ord
42 τον χριστον ιησουν hoc ord
vi. 2 ειπον] ειπαν
3 ουν] δε ουν
om αγιου
5 πληρη] πληρης
7 υπηκουον] υπηκουεν
8 πιστεως] χαριτος
11 υπεβαλλον
om ακηκοαμεν αυτου
μωσην] μωυσην
13 ρηματα βλασφημα λαλων] λαλων ρηματα
του τοπου] τοπου
om τουτου
15 απαντες] παντες
ειδον] ιδων
vii. 1 om αρα

CODEX 1175

2 πατερες ακουσατε] πατερες
...θη α.. ουσατε
οντι] οτι
3 την γην
4 τοτε] και τοτε
εις ην] εισιν
5 αυτω δουναι] δουναι αυτην
κατασχεσιν αυτην] κατασχε-
σιν αυτω
6 αυτο] αυτω
7 ο θεος ειπεν hoc ord
εξελευσονται] εξελευσεται
λατρευσωσιν
8 om ο ante ισαακ et ante
ιακωβ
10 εξειλετο] εξειλατο
εναντιον] εναντι
ολον] εφ' ολον
11 γην αιγυπτου] αιγυπτον
12 σιτα] σιτια
εν αιγυπτω] εις αιγυπτον
13 τω φαραω] φαραω
14 ιακωβ τον πατερα αυτου hoc
ord
om αυτου 2°
15 κατεβη] και κατεβη
16 ο] ω
του συχεμ] εν συχεμ
17 ωμοσεν] ομολογησεν
18 ετερος] επ' αιγυπτον
19 πατερας ημων] πατερας
τα βρεφη αυτων εκθετα hoc
ord
20 εγενηθη
μωυσης
21 εκτεθεντα δε αυτον] εκτεθεν-
τος δε αυτου
ανειλατο
22 μωυσης
εν εργοις] εργοις αυτου
23 επληρουτο] επληρωθη

τεσσερακοντα
24 εκδικησεν
καταπονωμενω
25 σωτηριαν αυτοις hoc ord
27 ημας] ημων
28 χθες] εχθες
29 μωυσης
30 τεσσερακοντα
om κυριου
31 μωυσης
om ιδων
om προς αυτον
32 om ο θεος ante ισαακ et ante
ιακωβ
μωυσης
33 συ εστηκας
34 ηκουσα] ακηκοα
αποστελω] αποστειλω
35 δικαστην + εφ' ημων
αρχοντα] και αρχοντα
απεστειλεν] απεσταλκεν
36 αιγυπτου] αιγυπτω
τεσσερακοντα
37 ο μωυσης] μωυσης
ο θεος υμων] ο θεος ημων
ακουσεσθε] ακουετε
39 ταις καρδιαις] εν ταις καρδ.
40 μωυσης
γεγονεν] εγενετο
42 τεσσερακοντα
43 ρεμφαν] ραιφαν
44 ην εν] ην
ο λαλων τω μωση] μωυση ο
λαλων
εωρακει] εωρακεν
48 ουχ] ουκ
κατοικει ναοις hoc ord
51 τη καρδια] ταις καρδιαις υμων
52 γεγενησθε] εγενεσθαι
55 πνευματος] πιστεως και πνευ-
ματος

vii. 56 ανεωγμενους] διηνυγμενους εστωτα εκ δεξιων hoc ordine
viii. 1 τε] δε
σαμαριας
αποστολων + μονοι οι εμειναν εν ιερουσαλημ
2 εποιησαντο] εποιησαν
3 ανδρας] τους ανδρας
γυναικας] τας γυναικας
5 πολιν] την πολιν
σαμαριας
6 τε] δε
βλεπειν αυτους και ακουειν hoc ord
7 πολλων] πολλοι
φωνη μεγαλη hoc ord
εξηρχετο] εξηρχοντο
8 και εγενετο] εγενετο δε
χαρα μεγαλη] πολλη χαρα
9 εξιστων] εξιστανων
habet Σαμαρειας
10 η μεγαλη] η καλουμενη μεγαλη
12 του ιησου] ιησου
13 γιγνομενας
14 τον πετρον] πετρον
15 προσηυξαντο] προσευξαντο
16 ουπω] ουδεπω
17 επετιθουν] επετιθοσαν
επ' αυτους] αυτοις
18 θεασαμενος] ιδων
19 αν] εαν
21 ενωπιον] εναντιον
22 θεου] κυριου
24 υπερ] περι
25 υπεστρεψαν] υπεστρεφον
ιερουσαλημ] ιεροσολυμα
ευαγγελιζοντο
27 της βασιλισσης] βασιλισσης

εις ιερουσαλημ] εν ιερουσαλημ
28 και ανεγινωσκε] ανεγινωσκεν ησαιαν τον προφητην hoc ord
30 ησαιαν τον προφητην hoc ord
31 δυναιμην] δυναμαι
οδηγησει
35 ο φιλιππος] φιλιππος
ευηγγελιζετο
37 om vers
40 εως του] εως ου sic
ix. 2 εαν] αν
ευρη] ευροι
om οντας
3 πορευεσθαι + αυτον
και εξαιφνης] εξεφνης
περιηστραψεν αυτον] τε αυτον περιηστραψεν
φως + μεγα
απο του] εκ του
5 om κυριος ειπεν
ον συ] ον σοι
5–6 σκληρον σοι . . . . κυριος προς αυτον] αλλ'
6 τι σε] οτι σε
7 ενεοι
8 ηγερθη] ανεστη
ο σαυλος] σαυλος
10 εν οραματι ο κυριος hoc ord
12 ανδρα εν οραματι hoc ord
ανανιαν ονοματι hoc ord
13 δε + αυτω
ο ανανιας] ανανιας
ακηκοα] ηκουσα
τοις αγιοις σου εποιησεν hoc ord
15 εστιν μοι hoc ord
και] τε και
τε ισραηλ] ισραηλ
17 τας χειρας επ' αυτον hoc ord
πλισθεις

18 απεπεσαν
αυτου απο των οφθαλμων hoc ord
ωσει] ως
τροφην] τροφης
ενισχυσεν] ενισχυθη
19 om ο σαυλος
om μετα των
20 χριστον] ιησουν
21 ονομα τουτο] ονομα του κυρ-
ιου ιησου
22 συνεχυνε] συνεχεεν
τους ιουδαιους] ιουδαιους
24 παρετηρουν τε] παρετηρουν δε και
25 μαθηται + αυτου
καθηκαν δια του τειχους] δια του τειχους καθηκαν αυτον
26 om ο σαυλος
ιερουσολυμα
28 εν ιερουσαλημ] εις ιερουσαλημ
και παρρησιαζομενος] παρρη-
σιαζομενος
om ιησου
29 τε και] δε και
ανελειν αυτον hoc ord
30 επιγνοντες] γνωντες
31 αι . . εκκλησιαι . . . . ειχον . . . οικοδομουμεναι . . . πορευομεναι . . . επληθυνον-
το] η . . εκκλησια . . . ειχεν . . . οικοδομουμενη . . . πο-
ρευομενη . . . επληθυνετο
33 ευρε] ευρον
ονοματι αινεαν hoc ord
κραββατω] κραβατου
34 ιησους ο χριστος] ο κυριος ιησους χριστος
36 ιοππι

πληρης ην hoc ord
εργων αγαθων hoc ord
37 εθηκαν αυτην
υπερωω] τω υπερωω
38 λυδδης] λυδδας
ιοππη] οππη
αυτων] ημων
39 πετρος] ο πετρος
40 θεις] και θεις
42 επιστευσαν πολλοι hoc ord
43 αυτον ημερας ικανας μειναι hoc ord

x. 1 om ην
2 ποιων τε] ποιων
3 ωραν] περι ωραν
4 αι ελεημοσυναι] ελεημοσυναι
ενωπιον] εμπροσθεν
5 ανδρας εις ιοππην hoc ord
σιμωνα + τινα
6 οικια] η οικεια
om ουτος λαλησει . . . . ποιειν
7 τω κορνηλιω] αυτω
om αυτου
8 απαντα αυτοις hoc ord
9 εκεινων] αυτων
10 εκεινων] αυτων
επεπεσεν] εγενετο
11 om επ' αυτον
om δεδεμενον και
12 της γης και τα θηρια και τα ερπετα και τα πετεινα του ουρανου] και ερπετα της γης και πετεινα του ουρανου
14 η ακαθαρτον] και ακαθαρτον
15 εκαθερισε
16 om παλιν
ανελημφθη

www.ingramcontent.com/pod-product-compliance
Lightning Source LLC
Chambersburg PA
CBHW071227170426
43191CB00032B/1067